爱上历史丛书

乱世中的演进

沧桑分合

葛剑雄

主编

郭建

著

SPM 南方出版传媒 广东人民出版社

· 广州 ·

图书在版编目（CIP）数据

沧桑分合：乱世中的演进 / 郭建著；葛剑雄主编 .— 广州：广东人民出版社，2021.7

ISBN 978-7-218-14671-3

Ⅰ . ①沧… Ⅱ . ①郭… ②葛… Ⅲ . ①中国历史－三国时代－通俗读物 ②中国历史－魏晋南北朝时代－通俗读物 Ⅳ . ① K235.09

中国版本图书馆 CIP 数据核字（2020）第 243243 号

CANGSANGFENHE:LUANSHI ZHONG DE YANJIN

沧桑分合：乱世中的演进

郭建 著

出 版 人：肖风华

责任编辑：李力夫
责任技编：吴彦斌 周星奎
装帧设计：安 宁

出版发行：广东人民出版社
地 址：广州市海珠区新港西路 204 号 2 号楼（邮政编码：510300）
电 话：（020）85716809（总编室）
传 真：（020）85716872
网 址：http://www.gdpph.com
印 刷：北京彩虹伟业印刷有限公司
开 本：880mm×1230mm 1/32
印 张：9.5 **字 数：**230 千
版 次：2021 年 7 月第 1 版
印 次：2021 年 7 月第 1 次印刷
定 价：58.00 元

如发现印装质量问题，影响阅读，请与出版社（020-85716849）联系调换。
售书热线：（020）85716826

再版前言

本书初版于1997年。这次再版，完全按原版排印，仅根据作者的要求，作了个别文字上的修改。一则不能让钟爱我们的读者误以为是一本新书，一则作者都认为没有重写或全面修改的必要。

为什么写在23年前的旧作不需要改写，就能直接供给读者呢？一方面这是作者的自信，二十余年来自己和读者都没有发现什么讹误不妥之处，自然保持原貌为好。另一方面，这也是历史类书籍的优势——以历史事实为基础，只要这部分正确，就有其长久的价值。所以我在本书的《总序》中说，完成于九百多年前的《资治通鉴》的价值“并没有随着北宋的覆灭而丧失，相反，随着时间的推移，越来越受到历代统治者的重视”。到了今天，你可以不赞成《资治通鉴》所传达的价值观念和它所总结的经验教训，但改变不了它们曾经受到历代统治者的高度重视，也为中国当代政治家所重视的事实。你可以不看书中“臣光曰”的大段议论，但如果要了解历史事实、特别是唐后期和五代期间的史实，就必须读《资治通鉴》。

多年前，师兄周振鹤教授提出“历史是介于科学与人文之间”的观点，我深以为然，并且经常运用演化。一切过去曾经存在的人和事都是客观存在，是事实，研究并复原它们属于科学的范畴，应该只有唯一正确的答案。如果客观条件具备，这一过程完全可以重复，而且可以得到验证。但现存的历史都是后人有意识、有选择的记录，而人的意识和选择属于人文，不必也不可能用科学的标准来衡量。至于人们的历史观念和对历史的评价纯属人文，更不必也不可能找到唯一的标准答案。

我在《总序》中说明，作为普及性的历史书，本书的目的是向尽可能多的读者提供一点历史事实、历史经验和历史智慧。对于历史事实，我们可以根据自己的研究成果，或是吸收他人已有的可靠的研究成果，作如实的叙述。如果不得不涉及至今尚未被揭示的，或存在争议的事实，一般都会加以说明，或者作出自己的判断。对这一部分，如果出现错误，即使是次要的、细节的，也要及时纠正。就在交稿前，有网友在我的微博上指出，我在《汉魏故事》一文中称曹丕为“建安七子”之一是错的。看到后，我颇感意外，曹丕是“三曹”之一，当然不属“建安七子”，但翻到那一页，我当初就是这样写着，二十多年来居然没有发现。要不是那位读者发现并指出，这次再版还会错下去。

但如果是对本书提供的“历史经验”“历史智慧”部分，那基本都属于人文，并没有标准答案，作者与读者之间完全可以有不同的见解和观点，见仁见智，何妨求同或求异！所以这部分就不必修改了。

本书初版时，我和全体作者都属中青年，最年长的我也还不满六十。如今，最年轻的两位作者都已接近我当时的年龄，而作者之一、复旦大学法学院的姚荣涛教授不幸已于2020年6月因病逝世。本书的再版也是对姚教授的纪念和安慰。

葛剑雄于庚子岁末

葛剑雄

总 序

北宋元丰七年（1084年）十一月，经过近19年的努力，司马光和他的助手们终于在西京洛阳完成了294卷历史巨著——《资治通鉴》。在呈报给皇帝的表文中，司马光希望这部书能使皇帝“鉴前世之兴衰，考当今之得失，嘉善矜恶，取是舍非，足以懋稽古之盛德，跻无前之至治，俾四海群生，咸蒙其福”。可是不久，继位的哲宗和之后的徽宗辜负了司马光的一片苦心，并没有吸取这部书中所提供的历史经验和教训，更没有赢得“稽古之盛德”和“无前之至治”。就在《资治通鉴》问世后的42年，金朝的大军兵临开封，宋朝失去了半壁江山，连徽宗和他的儿子钦宗都当了俘虏，“四海群生”遭遇的不是福，而是无穷的祸。

但《资治通鉴》的价值并没有随着北宋的覆灭而丧失，相反，随着时间的推移，越来越受到历代统治者的重视。今天，包括《资治通鉴》在内的古代优秀历史著作，依然是值得我们珍视的宝贵遗产。

我们之所以重视《资治通鉴》一类历史著作，一个重要的原因，是它们不仅给人们提供了历史事实，而且明确地表达了作者对历史的看法和他所总结的历史经验。尽管由于时代不同了，我们不会完全同意他们的见解，或者只能将他们的看法作为批判的对象。但有一点是可以肯定的，他们所总结的一些具体的历史经验，具有永恒的价值。

历史发展有其基本的规律，这是不以人们的意志为转移的，是必然的。但任何一个社会发展阶段、任何一个朝代、任何一位君主、任何一个事件，都有其偶然性，不可能都按照某一种具体的规定出现或消失，兴盛或衰亡。在很大程度上，直接影响到这些人或事的，是人事，而不是天命；是偶然因素，而不是必然性；其结局往往千变万化，而不是只有一种可能性。

就拿中国的历史来说，封建社会占了目前我们所知道的历史时期的大部分。如果只研究封建社会的一般规律，只看到这个社会从产生、发展到消亡的大过程，就无法解释各个朝代的兴衰。在封建社会处在上升的阶段，在地主阶级被称为新兴的时期，照样有王朝衰落以至灭亡，而另一个勃兴的新朝并没有摆脱封建社会的特性，另一批成功的君主也不可能不代表地主阶级的利益。为什么同样是封建王朝，有的能持续三四百年，有的却只存在了一二十年，甚至胎死腹中？为什么同样是地主阶级代表，有的君主能开疆拓土，有的却只会割地赔款？有的可以清心寡欲，有的却一定要穷奢极侈呢？为什么在同一个阶级中也有忠奸贤愚，而同样是忠臣，结果却截然不同呢？

我们当然应该特别重视对历史发展总体性和规律性的研究，只有这样，才能把握住历史的大方向，才能对我们的事业有必胜的信心和执著的追求。但这并不意味着可以忽视具体的、一般性的历史经验，因为如果我们不重视这一类经验，我们的追求就未必能取得预期的结果。而且，对个人和一个部门来说，这类经验更具实用性和启发性，更易形成自己的智慧，更易转化为自己的财富。

这套书共8卷，每卷选择一个在中国历史上影响较大的朝代或时期，在该时段中选择一二十个题目，可以是人物、事件、制度、观点、阶段等等，通过具体的史实，提出作者的看法和见解。有时，通过史实的叙述道理已不言自明，作者自然就不必多说了。

我们不是写中国通史，所以只能写每本书涉及的阶段，但也不限于一朝一代，可以兼及前后左右。我们也不是作一朝一代的通史，只是从这一朝代或阶段中选取我们认为意义较大、便于表达而作者又有较好研究基础的题目。见仁见智，在所不免，读者或许会对自己认为重要的题目没有选入感到遗憾，那就只能请大家谅解了。

因为希望我们的书有更多的读者，在每一卷的开始都有一篇概述。这主要是为对该阶段的通史不太熟悉的读者准备的，也是为了使读者能对下面这些题目的相互关系和背景有一定的了解，具有这方面基础的读者完全可以不看。由于每篇都有相对的独立性，尽可以挑自己感兴趣的先看，不必照编排的顺序。我自己看书时常常如此，看了有味道的文章往往会不止看一遍，而不感兴趣或看了开头就乏味的文章从此不再看。当然，作为这套书的主编和作者之一，我还是希望书里的每一篇都能吸引尽可能多的读者。

1999年10月

目录

充满矛盾的时代
三国两晋南北朝历史概述

这是一个发展与破坏互见的时代，这是一个希望与绝望并存的时代，这更是一个兴衰存亡变幻莫测的时代。

这是一个战乱频仍的时代，在381年间，没有战争的年份只有72年，平均5年多才会有一年是和平的。相比之下，在战国时期，在254年中打了185年的仗，平均每3年多就可以停上一年。这又是一个灾荒横行的时代，在4个世纪的时间里发生了水、旱、蝗、疫各种灾害619次，每3年要有2次，比起以前的4个世纪和以后的4个世纪都要多得多。战乱和灾荒并不影响这个时代成为一个多产帝王的时代，381年间在史书上被记载为皇帝的人就有88个，其他不被后世正史所承认的称孤道寡者足足有上百人之多。说来奇怪，战乱与篡位也没有影响这个时代成为一个频繁立法的时代，一部又一部结构完整、概念明确、文字精练的法典得以制定，其精神及体系一直延续到近代。这是一个破坏与重建的时代，频繁光顾的天灾人祸极大地破坏了社会经济，人口几度锐减，良田一次次成为荒野，然而社会经济也总是一次又一次地得到恢复与发展。尤其是长江流域逐渐成为与黄河流域比肩的经济中心。如果相信官方的记载，到这个时代结束时，全国的耕地面积比这个时代开始时增加了一倍半。在这个时代定型的农具，被后世整整沿用了1000多年。更令人惊讶的是，在这个“乱世”里，科学文化并没有停滞，天文学、数学、医学、农学、哲学、史学、文学、绘画、雕塑等等都有着辉煌的成就，这个时代在中国文化史上也有着重要的地位。

这个充满着矛盾的时代就是在中国历史上被称之为“三国两晋南北朝”的历史时期。

从严格意义上而言，这个时代应该从曹丕正式称帝、东汉正式灭亡开始叙述。然而一般来说自公元184年黄巾大起义后，东汉政权就已经名存实亡，在曹丕正式称帝废汉以前，早已形成了三国鼎立的局面。所以历史上一般习惯将奠定三国鼎立局面的赤壁之战作为这一历史时期的起始，而以隋朝灭南陈统一全国作为这一历史时期的结束，即从公元208年至公元589年为三国两晋南北朝历史时期。本书为了叙述的方便，还要追溯东汉末年黄巾大起义后军阀割据的情况。

在过去的历史学家看来，叙述这段历史最麻烦的就是确定“正统”。晋朝时，原为蜀汉大臣的史学家陈寿编《三国志》，以晋朝的前朝曹魏为“正统”，以后的各朝各代的史学家都按照陈寿的路子，把自己所处的朝代的前朝当作“正统”，把并立的其他政权贬为“僭伪”。至隋朝实现大一统，就把自己的前朝北朝当作正统来记述，这影响了后世的历史书籍，总是有意无意地把魏晋北朝作为历史的主线来加以描述，以至于常把这段历史称为“魏晋南北朝”。当然这种承认既成事实、默认强权政治的办法也常常受到一些学者的非难，尤其是重视“夷夏之分”的宋朝史学家，一般都将汉族政权的南朝作为这一段历史的主线，著名的《资治通鉴》就是按南朝的年号来纪年的。又如南宋理学家朱熹对于正统更是注重，他所编写的《通鉴纲目》，把刘氏皇族的蜀汉当作正统而把曹魏当作僭伪。本书论说的兴衰并不仅仅是皇朝的兴衰，而是社会的兴旺与衰落，自然不必跟着古人去蹚“正统”的混水，如果说有一个论说的基线、评述的主脉，那只能是整个中华民族的发展与兴旺。这是本书所主张的“正统”。

一、频繁的战乱和走马灯似的皇朝更迭

东汉皇朝在黄巾农民大起义的沉重打击下很快就陷于分崩离析的局面，各类大大小小的野心家乘着镇压黄巾农民大起义的机会，纷纷起兵割据一方；而风雨飘摇的皇朝内部，皇帝与权臣、太监与外戚也是勾心斗角纷争不断，尤其是这种斗争都采用了走极端的使用武力的形式，这样一来，刀光血影的场面就成为国家政治的主要表现方式。

中平六年（189 年），叫太监为爸妈的汉灵帝在当了 21 年皇帝后终于死去，他的 14 岁的儿子刘辩即位，史称少帝。小皇帝一切都由母亲何太后主持，而何太后又靠她那屠夫出身的兄弟何进拿主意。何进见太监权势太大，就想召割据并州（今山

西一带）的军阀董卓带兵进洛阳来杀太监，不料太监们得到风声，抢先在皇宫中作乱，杀死何进。士族豪强头面人物袁绍、袁术兄弟起兵发动政变，一气杀死两三千名太监，作恶多端的太监集团就此完蛋。紧接着野心勃勃的董卓又率兵入城，赶走袁绍，大权独揽，把少帝废了，另立9岁的陈留王刘协为皇帝（史称汉献帝），自己做起了不是皇帝的皇帝。东汉皇朝名存实亡。逃到外地的袁绍号召“勤王”纠集各地的军阀豪强来打董卓，董卓挟持小皇帝及朝廷百官退往长安，临行前大烧大杀，200年的豪华都城洛阳成为一片废墟。参加联军的军阀豪强实际上和董卓并没有本质上的区别，各怀鬼胎，很快散伙回家割据一方去了。两年后董卓虽然被文官首领王允杀死，可董卓的部将又把朝中文官屠杀殆尽。过去东汉朝廷是由太监、外戚、文官、武将几大势力组成，现在前面的三大势力都被消灭，唯有武夫豪强纵横天下，这样一来，全国便成为武夫豪强混战的战场。

这一时期的主要割据势力有这样几股：袁绍割据冀、青、并三州（今河北、山西一带），与他反目成仇的兄弟袁术割据淮南，刘表割据荆州（今湖南、湖北一带），刘焉割据益州（今四川地区），孙策割据江东（今长江中下游地区），公孙度割据辽东，公孙瓒割据幽州，韩遂、马腾割据凉州，中原地区则有曹操、陶谦、吕布等大小军阀彼此争夺。另外各地的黄巾军余部也仍然在坚持斗争。

开始时各股割据势力中实力最强的是袁绍、袁术兄弟。袁氏是东汉时期著名的世家大族，接连4代有5个人位列三公，门生故吏遍及天下。可是袁氏兄弟失和，又过早地暴露出称王称帝的野心，其中袁术还在197年自立为帝；袁绍也不愿在名义上拥戴东汉朝廷，这样就失去了政治主动权和号召力。二袁只知道纵兵掳掠，所占地区十室九空，很快就失去了在空间上和兵力上的优势，先后被曹操打败。尤其是袁绍，在199年至200年的官渡之战中，居然以10∶1的优势而大败，几乎全军覆没，以后他的两个儿子又重蹈父叔覆辙，互相攻战不休，终于被曹操各个击破。曹操凭借着他过人的战略眼光，由弱变强，经过17年苦战，终于基本统一了北方。同时，原本比较弱小的刘备、孙权两个集团也稳固地占据了长江流域，208年这两个集团依托长江天险与大举南下的曹操军队在赤壁一带展开决战，击败曹操军队，这表明统一全国的条件还不成熟。曹操转而进一步经营北方，刘备进击益州，孙权巩固江东。全国其他地方的割据势力先后被这三大势力并吞，最终形成了三足鼎立的局面。220年曹操的儿子曹丕正式废掉汉献帝，自称皇帝，建立魏朝（史称曹魏）。第二年自称汉皇室后裔的刘备也在成都登上帝位，表示恢复汉朝（史称蜀汉）。孙权则等到曹丕死后的229年才正式称帝，建立吴国（史称孙吴或东吴）。

三国鼎立的局面维持了大约六七十年，强大的北方终于显示出它的雄厚实力。尽管就军事行动而言，南方（包括蜀、吴）对北方的进攻以2∶1的优势在数量上超过北方，但是北方的攻势在质量上要高得多。263年魏军两路攻蜀，一举消灭蜀汉。只是当时的魏国政权已经掌握在司马氏集团手中，两年后司马炎学着曹丕的榜样，自立为皇帝，建立晋朝。在稳定了政权后，晋军于280年大举南下，顺利渡过长江，统一全国。

晋朝的统一并未象征着和平与繁荣时代的来临，相反，只不过过了10年多一点的时间，中国就又一次陷入了战乱的深渊。晋朝的朝廷就像是一部绞肉机，不停地上演着骨肉相残、外戚专权、豪强割据、荒淫残暴等等丑剧。以皇族外戚互相残杀的“八王之乱”为导火索，很快演变成统治者之间的全面大混战。苦难深重的人民被迫铤而走险，武装反抗。晋朝统治者企图转嫁危机，煽动民族冲突，一些少数民族首领也乘机起兵。种种矛盾交织激化，使得这次战乱在空间和时间两方面都远远超过了上述的那一次。原来建都洛阳的晋皇朝（史称西晋）在316年正式覆没，晋皇室的一支在南方重建皇朝，史称东晋。东晋和原来被晋朝消灭的东吴一样，依托长江割地自保；而北方则陷入军阀豪强大战乱局面。在135年间，北方先后有19个各族政权互相混战，割据一方，一般举其中的成汉、二赵（前赵、后赵）、三秦（前秦、后秦、西秦）、四燕（前燕、后燕、南燕、北燕）、五凉（前凉、后凉、南凉、北凉、西凉）、夏这16个政权为代表，而把这一时期称之为“十六国时期”。此外还有为时很短的冉魏、西燕以及后来统一北方的北魏前身代国。北方这些政权既与其他势力不停交战，又经常和南方的东晋互相征伐，战争无休无止，社会经济遭到极大的破坏。

十六国始于304年。这一年匈奴族首领刘渊在左国城自立为王，建立汉国（后改国号为赵，史称前赵），割据今山西、河北、河南、陕西各一部；同年氐族首领李雄在成都自称成都王，建立成国（后改国号为汉，史称成汉），割据今四川、云南、贵州各一部。在晋皇朝被刘渊的汉国最终攻灭后，晋朝的凉州刺史张定割据凉州，占据今甘肃、宁夏、新疆各一部；羯族首领石勒自立为赵王，与前赵及晋朝的残余势力激战多年，曾大体上统一北方，史称后赵。然而后赵皇族自相残杀，后赵大将冉闵发动军事政变，大肆屠杀羯族及其他少数民族，又引起北方的大混战。鲜卑族慕容部建立的燕国（史称前燕）趁机由辽河流域向中原扩张，氐族建立的秦国（史称前秦）则由关中地区向东扩张，混战近20年，至370年左右前秦基本统一北方。前秦皇帝苻坚企图一举统一全国，383年倾尽全力进攻东晋，结果在淝水大战中惨遭失败。北方再一次陷入混战局面，原来被前秦所灭的各个割据势力纷纷复国，先后有鲜卑族首领慕容垂建立的后燕、羌族首领姚苌建立的后秦、另一个鲜卑族首领慕容冲建立的西燕、陇西鲜卑族首领乞伏国仁建立的西秦、氐族首领吕光建立的后凉、匈奴族首领赫连勃勃建立的夏国等等割据政权彼此混战。尤其是鲜卑族拓跋部建立的代国在386年复国后（拓跋部在315年曾建立代国，于376年被前秦所灭），改国号为魏（史称北魏，或称后魏、拓跋魏、元魏），逐步吞并各个割据政权，至439年消灭最后一个较强大的割据政权北凉，北方自西晋灭亡以后第三次出现了统一的局面。

在北方十六国大混战的同时，南方的政局也在发生着变化。东晋政权在北方少数民族政权的威胁之下，却仍然和西晋时一样频繁爆发着皇族与皇族、权臣与权臣之间的争权夺利的斗争，只是其程度不如西晋那样激烈，在大敌当前时会暂时缓和一些。这种斗争缓慢地消耗着东晋的统治力量，尽管在北方陷于混战局面时，东晋有机会北伐统一全国，可是每一次都坐失良机，甚至在这喘息之际大起内讧，终于只能偏安江南。东晋皇朝的统治是司马氏皇族与南迁的世家大族及江南土著士族的联合统治，当司马氏皇族失去其号召力时，东晋也就面临灭亡。420年，执掌军权的权臣刘裕取代晋皇朝，建立自己的宋朝，史称刘宋。

宋开始了南北朝对峙的历史时期。北魏在刘宋建立之初就曾几次发动进攻，而刘宋也曾多次兴兵北伐，双方各有胜负。宋文帝刘义隆统治时期（424—453），政治较为清明，国力强盛为南朝之最，宋文帝与群臣筹划北伐中原；而当时北魏的太武帝也是雄才大略的君主，在统一北方后也一心要吞并江南。双方在450—451年间进行了关乎生死存亡的大决战。先是魏太武帝亲自率兵进攻刘宋在黄河以南的战略据点悬瓠城，不克而退。宋文帝乘势出动全国主力部队大举北伐，有一路军队一直打到了潼关。魏太武帝也发兵号称百万，渡过黄河准备决一死战，在击败宋军主力后扫荡淮河两岸，猛攻宋军据点彭城、盱眙，直逼长江，陈兵瓜步，扬言渡江。宋军只得坚壁清野，死守几个战略要点。魏军战线拉得过长，既不能渡江，又攻不下坚城，只得逐步撤退，沿途烧杀抢掠，所过之处，赤地千里。刘宋国力大衰，北魏也损兵过半，从此双方再不敢轻易言战，大致沿着淮河、秦岭一线对峙。

刘宋度过危机后不久就爆发了皇族内部及皇族与权臣的激烈冲突，几经战乱后，于479年由军事将领出身的权臣萧道成夺取政权，建立起齐朝统治（史称南齐，或萧齐）。南齐几乎重复了刘宋的历史，在经过一个短暂的稳定时期后，很快又开始自相残杀，政权在502年落入另一个握有兵权的权臣萧衍手中，国号改为梁朝，史称南梁，或萧梁。当时北魏已开始发生内乱，来自北方的威胁大大减轻，可是南梁的梁武帝却倒行逆施，在其47年的统治时间里，对内大兴“文治”，崇礼乐、重士族、佞佛教、纵权贵；对外连年用兵，却进退失据，导致兵疲国穷。547年魏将侯景在内讧中失利，投降南梁，梁武帝欣然纳降，却不料引狼入室。侯景在第二年就发动叛乱攻入建康城，南梁的皇族及权贵各怀鬼胎，号称平叛，实则观望等待自己称王称帝的时机。结果梁武帝被活活饿死，东吴、东晋、刘宋、南齐、南梁五朝首都建康城变为一片废墟。侯景作乱整整4年，江南最富庶的地区遭到空前的破坏，南朝由此一蹶不振。557年军事将领陈霸先建立陈朝，史称南陈。然而南陈的疆界已在江淮之间，甚至与北朝隔江对峙，丧失了有利的战略位置。南陈内部也矛盾重重，地方长官割据一方，国贫民穷。尤其陈后主即位后，奢侈荒淫，坐等北朝来统一。

北魏在450—451年的战争后，停止了大规模对外扩张的行动，全力巩固内政。北魏孝文帝即位后，推行了全面的改革，加速了北方经济的恢复与发展，加速了民族的大融合。可是在孝文帝死后，社会矛盾又一次激化，接连爆发各族人民的起义，523年北方六镇镇兵起义、524年关陇镇兵起义、525年河北戍兵起义、528年山东流民起义，大大动摇了北魏的统治。而北魏朝廷内部也爆发了激烈的争夺，在镇压人民起义过程中扩充了实力的军阀尔朱荣乘机作乱，几乎杀光了北魏的朝臣。虽然尔朱荣不久也被杀死，但北魏也随之在534年分裂成东魏、西魏两部分。东魏以邺为都城，占有洛阳以东的原北魏领土，其政权实际掌握在军阀高欢手中。西魏以长安为都城，占有洛阳以西的原北魏领土，其政权实际掌握在军阀宇文泰手中。这样在南北分裂之外，又出现了东西对峙的局面。至550年，高欢的儿子高洋代东魏称帝，国号为齐，史称北齐，或称高齐。557年，宇文泰的儿子宇文觉也代西魏称帝，国号周，史称北周，又称宇文周。北齐的高氏皇族虽然从血缘上而言是汉族的后代，可是在政治上却实行鲜卑化，排斥汉族，推行民族压迫政策，建立鲜卑贵族的寡头统治，内部矛盾重重，从而由强转弱。北周的宇文氏皇族虽然从血缘上而言是鲜卑化的匈奴人，但却能吸收汉族文化，号称要恢复西周的传统，注意联合汉族士族集团，推行一些改革措施，逐步由弱转强，终于在577年消灭了北齐，统一了北方。不久，北周的政治落入外戚杨坚手中。581年杨坚称帝，建立起隋朝的统治。在稳定了政权后，隋朝大举渡江，589年消灭南陈，自304年以来长达285年的分裂战乱终于告一段落。

二、复杂的社会结构

频繁的政治动荡和战乱，反映了这一时期复杂的社会矛盾。除了地主与农民这两大阶级的对立之外，在地主阶级内部，也存在着重重的矛盾：皇族与军阀、外戚与宦官、士族与庶族等等。尤其突出的是士族豪强与农民、皇权、庶族地主的矛盾斗争。

士族豪强很早就出现于中国社会，秦汉之际已有不少地方豪强地主称霸一方、鱼肉乡邻、对抗中央政权的现象。西汉时中央政府采用严厉镇压的方法来抑制豪强势力的发展，王莽篡汉，地方豪强乘着社会混乱势力大为扩张。东汉政权建立后，对于地方豪强势力采取了容忍纵容的政策。累世为官的世家大族除了称霸一方之外，还互相标榜“名教”，假惺惺地做出孝子顺孙、忠臣廉士的样子。在东汉末年中央多次爆发外戚与宦官、宦官与自命“清流”的官僚集团的激烈斗争，以儒教卫道士自居的清流进一步与世家大族结合，形成了盘根错节的士族阶层。

士族也称“世族”“豪族”“门阀”“高门”“大姓”等等。在政治上士族大多累世为官，在中央或地方有着很大的政治势力；在社会上士族大多为一方豪帅，有着很大的号召力，每当战乱之时，士族往往率领族众组成地方武装，或筑壁自保，或退入地势险要之处等待时机；在经济上士族大多是拥有经济自给自足的独立庄园、役使大批农民的大地主，这些农民对他们有着人身依附关系，不得自由迁徙，平时为他们耕种放牧，战时还得为他们出征打仗；在文化上士族又俨然以礼教的卫道士自居，点评人物，操纵舆论，著书立说，宣扬三纲五常的名教伦理。由于这些特点，三国两晋南北朝时期，士族阶层成为时代的主宰。皇权要依靠，甚至仰仗士族阶层的配合或支持，才能够维持统治。士族阶层按照同宗、同乡、同僚、同学等等关系组成一个个不同的集团，在追求不同利益目标的斗争中彼此倾轧，勾心斗角，往往诉诸武力，兵戎相见。当士族集团认为皇权严重妨害或侵犯了他们的既得利益时，他们就会毫不犹豫地加以反抗，甚至促成改朝换代也在所不惜。这就是造成三国两晋南北朝时期长期分裂战乱的主要社会政治原因之一。

相对于士族而言，没有上述这些特权势力背景的统治阶级成员就是所谓“庶族”“素族”“寒门”“小姓”“寒素”的阶层。他们人数众多，面对士族的压力一直进行着种种斗争。当这种矛盾激化时，庶族集团经常采取武力手段，甚至酿成血腥的屠杀。相对而言，庶族阶层较为支持皇权，这一时期有不少皇帝就是通过由寒素把持军队而登上皇位的。然而历朝很少有敢于触动士族阶层既得利益的皇帝，皇帝往往只是利用庶族阶层的力量来平衡一下士族阶层过于强大的势力，只要有可能，皇室贵族、外戚集团一般总是力图与士族阶层和平共处，甚至不惜牺牲庶族阶层的利益。

在被统治阶级一方，大批的农民在这一时期失去了人身的自由，成为与地土豪强有人身依附关系的、半农奴性质的“部曲”“荫客”。他们往往并不列入政府的户籍，除了为主人耕种土地、缴纳地租以外，还要为主人提供种种劳役，直至为主人出征打仗。还有很多农民沦为奴婢，战乱中军阀豪强掳掠平民百姓，号为“生口”，赏赐分配给将士官吏。另有很多的农民因战乱或债务而沦为奴隶。占有奴婢的多少是豪强财富水平的象征，史书上记载的豪富之家无不以“奴婢千数”“家僮数百”夸耀于世。三国时，蜀汉的官员杨颙对诸葛亮说：“奴执耕稼，婢典灶爨”，男奴隶从事农业劳动，女奴隶从事家务劳动。南北朝时，“耕当问奴，织当问婢”是南北通行的谚语。北齐时颜之推在他的《颜氏家训》中告诫子孙，20 口之家有奴婢 20 人、良田 10 顷、现钱数万也就可以知足了。可见当时奴隶制剥削方式占有重要的地位。即使保持着自由身份的农民，也处在封建国家的横征暴敛之下，承担着沉重的徭役，受到封建国家的严密控制。

除了上述种种社会阶级矛盾以外，三国两晋南北朝时期还存在着各民族之间的矛盾斗争，汉族与少数民族之间以及各少数民族之间的民族矛盾也是这一时期最主要的社会矛盾。北方的匈奴、鲜卑、氐、羌、羯等少数民族号为“五胡”，散居在今天的东北、华北、西北地区，还有很多部落一批批地从蒙古高原及今黑龙江流域南下。南方的少数民族种类繁多，长江流域广大地区的少数民族总称为蛮族，大致分为“五溪蛮”“五水蛮”等族群；今西南地区的少数民族总称为“僚族”；今两广地区的少数民族总称为“俚族”。汉族统治者常常通过挑起民族冲突来转移阶级矛盾，转嫁统治危机；少数民族的贵族首领也往往煽动民族仇恨，以实现个人及其集团的野心，从而使得各民族之间的关系经常陷于紧张状态，有时还出现民族仇杀的惨剧。这也是这一时期长期分裂战乱的重要社会原因。另外，即使在汉族内部，这一时期也有着南方与北方的隔阂。北方人常把南方人叫作“蛮子”“岛夷”，而南方人则视北方人为“索虏”“胡人”，把由北方移居江淮之间的汉族人叫作“伧楚”“伧子”，南方人与北方人的语言、生活习惯都有所不同。

由于上述阶级矛盾与民族矛盾的长期并存、交织激化，造成了在三国两晋南北朝时期“乱世”的格局一直无法打破。只有在众多的矛盾冲突逐步缓解以后，传统的大一统时机才开始得以出现。

三、反复的破坏与重建

三国两晋南北朝时期的社会经济一直呈现出大起大落的状态。具体而言，北方经济在东汉末年、十六国、北魏末年；南方经济在东晋末年、南梁末年，都曾遭受到巨大的破坏。但在这些战乱引起的大破坏过后，社会局势一旦得到稳定，社会经济总可以在一两代人的时间内得到恢复，只要稳定的时间足够长，社会经济就会有不同程度的发展和增长。

从总体上来看，这一时期南方的经济发展比北方快，增长更为明显。两汉时，长江以南属于经济不发达地区，所谓江南“人无千金之富”，很多地方的农业还处在“火耕水耨”的水平。经过东吴时期的开发，尤其是在西晋末年大批北方人民移居江南以后，带来了先进的技术和众多的人力，南方经济由此大为发展，逐渐成为全国的又一个经济中心。

农业是古代社会的命脉，由于战乱和灾荒，农业在这一时期曾多次遭到严重的破坏，导致良田荒芜，饥荒频发，史书上即有人吃人惨剧的记载。每当社会稳定，统治者一般都会高度重视农业，改革土地及赋税政策，兴修水利工程，促进了农业的恢复与发展。北方地区的农田大量被垦复，农业生产工具也得到了进一步的改善，专门用于某一项农活的工具种类增多，中国传统农具大多都在这一时期定型。北魏时农学家贾思勰总结了农业生产的经验及技术，编写了《齐民要术》一书，具有深远的影响。为了节省人力，水力磨坊大为普及，便利了粮食的加工。南方地区推广了牛耕技术，粮食的单产有了很大的提高。

手工业在这一时期也没有停止发展的步伐。北方由于长期战乱，手工业一度遭到很大的破坏。北魏初年，掳掠民间工匠编为伎作户，视为贱民，子孙相袭为官府服役制造产品，不得迁徙，不得改业，不得与平民通婚，至北魏中期才放松控制，民间手工业才得以恢复发展。无论南北方，这一时期的手工业技术都有了很大的提高。如在冶炼业方面，北魏的綦毋怀文发明了“灌钢法”，南梁的陶弘景也记载了类似的炼钢术，提高了钢铁的产量与质量。尤其是在这一时期，制瓷技术进入成熟阶段，南北方都能烧制高质量的青瓷，制瓷业开始成为重要的手工业部门。传统的纺织业也有明显的进步，除了北方河东地区仍然是丝织业的中心以外，蜀郡的织锦业、江南的丝织业也逐渐发展为重要的产业部门。南方的造船业、造纸业的发展更是迅速，南方造的大船远航海外，南方的桑皮纸、藤纸行销全国。

东汉以后，由于自给自足的大地主庄园制的推广以及战乱灾荒的影响，自然经济的比重有所增加，北方的商品经济一度有所萎缩，实物交换成为最主要的交易方式。在很长的一段时间内，绢帛、粟米一直是最重要的计价标准和支付手段、流通手段，起着主要货币的作用。然而商业活动依然相当频繁，奢侈品贸易尤其繁荣。每当战乱告一段落，城市的商品交易马上就会活跃起来。洛阳虽历经东汉末年、西晋末年的两次大破坏，但当和平局面来临，又从废墟中得以重建，依然是北方最大、最繁荣的城市。到北魏中期时，城中居住着十多万户居民，设在城西的市场周长有 8 里长。城里单是工商业者居住的区域就有 10 个里坊，按行业分别居住。北魏末年洛阳再度遭到破坏，这次破坏使得洛阳在半个多世纪后的隋朝统一时才再现辉煌。北方的城市大多有着与洛阳同样的遭遇。秦汉的都城长安，先后遭到五次毁灭：东汉末年的董卓之乱、西晋末年八王之乱及前赵破城、后赵诸石混战、前秦覆没、后秦之灭。其中在前赵破城后，城中只剩下百余户人家。东晋大将刘裕攻灭后秦时，把长安的工匠居民全部带走，长安从此成为一座空城，直到100多年以后才由西魏重建。比长安更惨的是曹魏时兴建的邺城，在经历三次毁灭后，足足荒废了160年，在东魏、北齐时才重建，而且好景不长，二十多年后又被北周攻破。580年，杨坚为夺取皇位镇压异己，因邺城守将起兵反抗，把邺城全部焚毁，这座城市就此消失。不过除了这个特例外，到隋文帝时，北方的大多数城市已经恢复了繁荣的景象。

与北方城市相比，这一时期南方城市算得上是幸运的。江南最繁盛的大城市是东吴、东晋、宋、齐、梁、陈六朝首都的建康城，城里有4个正式的市场，秦淮河两岸还有许多市集。南方河道纵横，水运便利，有利于商品经济的发展，地处江河交汇的城市如江陵、山阴、成都、寿春、襄阳等，商业都很繁盛。

这一时期在商业方面最重要的进步，莫过于对外贸易的发展。除了传统的陆路“丝绸之路”以外，中国与世界的联系又开始经由海路进行。东晋南朝时期南方的丝织业、制瓷业等手工业为开展对外贸易提供了货源，而南方水运业、造船业的发展又为开展对外贸易提供了可能。番禺是最主要的海外贸易中心，载重两万斛的巨船从这里出发，前往天竺（今印度）、狮子国（今斯里兰卡）、波斯（今伊朗）等国家，运去丝绸、瓷器、漆器等中国特产，载回香料、药品、珍宝等海外奇货。

三国两晋南北朝时期这些经济成就的取得，使得这个时代结束时百姓的生活水平并不低于两汉时期，在衣食住行各方面的条件都有所改善。比如，丝织品的穿着更为普遍了，过去很少穿丝绸衣服的南方，在东晋南朝时富人们都已普遍穿着绫罗绸缎。北方畜牧业的发展，为人们的服装提供了新的原料。西晋时，流行用毛毡做头巾、衣带、裤脚，有人认为这是不祥之兆，因为毛毡是“胡产”，预示着“胡人”将控制中原；实际上说明了羊毛制品开始在汉族人民的衣着中占有一席之地。南北朝时，南方的显贵也穿着貂裘。棉布也经过海外贸易逐渐输入中国，成为一种贵重的纺织品。

在食物方面，这一时期中国人的食谱得到了大大丰富，北方在游牧民族的影响下，肉食品，尤其是乳制品的食用大为普及，汉族人也食乳酪，并视为是能够“养性”的食物，用来招待贵客。三国末年，曹魏的王济用羊酪招待东吴大将陆机，说：“你们江南有什么可以和这相比的吗？”陆机回答：“我们有千里湖的莼羹，味道鲜美，用不着放盐豉调味。”东晋时，南迁的士族首领王导请江南士族首领陆玩吃饭，陆玩吃了一点乳酪，回家后腹泻不止。南方人喜欢吃水产品，西晋时，江南人张翰到朝廷当官，在秋风萧瑟时，思念江南的莼羹、鲈鱼，竟然辞官回家。主食方面，除了传统的米饭外，面食更加丰富，《齐民要术》提到了面条、馓子、烧饼等面食的做法。饮茶的风俗，也在这一时期的长江流域开始流行。三国时吴国的韦曜不胜酒力，每逢宴会，孙权都暗中让他以茶代酒。南北朝时南方人王肃投奔北魏，仍然保持饮茶习惯，每次要喝上一斗，洛阳的士子称他为“漏卮（zhī，古代的盛酒器）”。有一次宴会上，北魏孝文帝问他：“羊肉比鱼羹如何？乳酪比茶水如何？”王肃说：“羊者为陆产之最，鱼者为水族之长，都是好东西，各人口味爱好不同而已。羊好比齐鲁大国，而鱼好比邾吕小国。只是茶不能作乳酪之奴。”从此洛阳人把茶称为“酪奴”。每逢聚会，洛阳人也会用茶待客。

在居住和出行方面，三国两晋南北朝时也出现了一些新的变化。室内家具中最有影响的变化是“胡床”的普遍使用。胡床是一种可以折叠的轻便坐具，是由游牧民族传入内地的。在这以前，汉族人都是两膝着地，或盘腿席地而坐的，有了胡床，就可以像我们现在这样垂足而坐了。另一个更有影响的变化发生在人们的出行方式及运输工具方面，这就是马镫和马颈圈。秦汉时驰骋千里的骑兵都是完全靠两条腿夹住马腹来控制马的动作的，以后才从游牧民族那里学会了使用马镫。根据近年在长沙出土的西晋陶俑分析，至少在西晋时已经有了马镫的雏形。南北朝时马镫得到普及，使得骑兵在马上坐得更稳，在凶猛的格斗冲击时不会轻易地掉下马来。对于普通人来说，有了马镫就能更方便地上下坐骑，骑乘时也更容易控制。马颈圈是马匹的挽具，环绕在马的脖子上，压住马的肩部，使马在拉车时能使用胸部和肩部的力量。过去中国的马车是靠马的胸部来拉动车辆的，挽具比较复杂。东汉末年战乱以后，马匹大批死亡，牛车成为主要的交通工具。牛的肩部较宽，挽具可以压在肩部。从三国两晋南北朝时的绘画来看，牛车的使用促进了挽具的改革，逐步影响到马车的挽具。到南北朝时，已出现了完整的马颈圈挽具，使得马车的载重量大大提高。这项发明大约在500年后传到了欧洲，在这之前欧洲人是使用马脖子来拉车的，中国的这项发明传入后，欧洲人才用马来拉动货车，或用马来犁地。因此马颈圈被认为是中世纪欧洲传入的最重要的发明之一。

四、战火中再生的凤凰

三国两晋南北朝时期人们的精神生活也并非是一团漆黑的。长期的战乱并没有使得社会就此倒退到完全的野蛮时代，相反，人类的文明犹如火中再生的凤凰，顽强地继续着发展的历程。

作为人类与自然界斗争成果的结晶，科学技术在这一时期仍有着长足的进步，最为突出的是在数学和天文历法领域取得的进展。曹魏时数学家刘徽采用了“割圆术”来推算圆周率，把圆周率求到小数点后第四位。刘宋时大科学家祖冲之进一步求出圆周率在3.1415926和3.1415927这两个数之间，而且还提出圆周率的约率是22/7，密率是355/113。这些成果要比欧洲早1000年左右。祖冲之的儿子祖暅也是一位数学家，他发现了计算球体体积的公式。汉朝时的历法经过长期的沿用，已逐渐暴露出缺点。东晋时天文学家虞喜发现每一个恒星年与太阳年并不完全一致，每50年左右相差一度。这一对岁差现象的发现，使得历法家有可能编制新的、比前人更为准确的历法。后来祖冲之就利用这一成果，编制了《大明历》，确定一年为365.2428天。《大明历》在以后的700多年间一直是最准确的历法。北魏末年，天文学家张子信在海岛上坚持30多年观测天象，计算日月五星的运行轨道及校正历法。地学方面，西晋时裴秀完善了绘制地图的技术，提出了绘制地图的理论“制图六体”。更有名的是北魏时郦道元编写的《水经注》，这本书记载了1252条水道的源流及变迁情况，还详细描述了水道沿岸的山陵平原、城镇关津、风土人情，是古代最伟大的地理学著作之一。

另一个取得长足进步的领域是在机械技术方面。这方面最著名的发明家是曹魏时的马钧。他重新设计制造了久已失传的指南车，还设计制造了提水工具“翻车”，改造了丝织机械“绫机”。祖冲之也曾发明一种人工机械船舶，号称“千里船”。

东汉末年，著名的医师华佗采用全身麻醉的方法进行外科手术，是古代医学的重大成果。而西晋时太医令王叔和编写的《脉经》，则奠定了传统中医的诊脉学理论基础。

科学技术的发展并未能有力地影响三国两晋南北朝时期人们的思维方式。在这一时期，对人们精神生活影响最大的却是宗教。由于战乱灾荒的破坏，人们对于现实生活的信心大大降低，消极厌世，追求来世、追求脱离尘世的思想大为泛滥。影响最大的莫过于当时传入中国不久的佛教了。

佛教是在东汉时传入中国的，十六国时期北方少数民族纷纷入主中原，促进了佛教的传播，动荡不安的社会状况则为佛教的流传提供了温床。后赵时，西域僧人佛图澄到中原传教，石勒、石虎对他极为敬重，尊他为“大和尚”，言听计从。佛图澄主持兴建了893座佛寺，门徒上万。他的弟子释道安为佛寺僧徒制定戒律，并整理了佛经，影响遍及南北。一批批的西域僧人来到中国，中国的佛教徒也纷纷前往印度追求佛法，逐渐形成了不同的佛教宗派。大量的佛经被翻译为汉文，佛教的教义也逐步被中国化，增加了孝亲忠君的内容，使得佛教更容易被中国社会各阶层接受。南北朝时期，佛教已成为任何人不可忽视的社会力量，甚至开始与皇帝争夺剥削对象，隐约威胁到皇权的权威。

另一种在民间普遍流行的宗教是道教。东汉末年的太平道教、五斗米道教曾是民间的秘密组织形式，三国时这些宗教遭到了统治者残酷的镇压。而一些鼓吹炼丹、辟谷、导引之类的长生不老术，企求飞升成仙、驱鬼遣神的道教流派则得到统治者的欣赏，开始在各地流行。西晋时的葛洪撰写《抱朴子》，结合神仙术来演绎道家思想，在政治立场上则完全站在儒家方面，成为道教的主要理论家。北魏初期的寇谦之则用儒家的“礼度”来改造五斗米教（也称天师道），创立新天师道，为北魏皇帝祈福求仙，得到北魏太武帝的欣赏。道教由此大为发展，与佛教并列。只是道教的教义庞杂，对于社会的影响没有佛教那么大。

宗教的流行也与统治阶级主流思想的转变有关。东汉末年以来激烈的阶级斗争以及民族斗争形势、统治阶级内部空前残酷的争夺局面，大大动摇了传统儒学的正统地位。曹魏、西晋时，一些统治阶级头面人物不再迷信儒家的权威，转而推崇“自然无为”的道家学说，以无为本，号为“玄学”。甚至消极避世，放浪形骸，清谈之风大盛。这样就为宗教的流行铺平了道路。玄学与佛教的教义得以结合，而道家的复兴也为道教的兴起提供了帮助。

三国两晋南北朝时期的战乱灾荒、宗教迷信并没有扼杀中国人的想象力和创造力。在中国文学史上，这一时期是承前启后的重要阶段；而在中国艺术史上，这一时期又是大放光彩的重要时期。

这是一个诗人辈出的时代。在三国鼎立局面初步形成时，以曹操、曹丕、曹植父子为代表的“建安诗人”，用现实主义精神描写社会面貌，其艺术风格被后人誉为“建安风骨”，而且在诗歌的体裁上发展了五言、七言诗歌的艺术感染力。东晋时以陶渊明为代表的“田园诗人”，用真实动人的艺术手法赞美田园风光，在中国文学史上具有重要地位。而东晋、刘宋时，谢灵运又开创“山水诗”的艺术流派，写景抒情，在文学史上另树一帜。南齐永明年间，谢朓、沈约等人注重诗歌声律的研究，运用四声平仄关系来写诗，号为“永明体”，对中国格律诗的发展具有重要意义。士大夫们写的诗歌也受到民间乐府民歌的影响。这一时期，北方民歌以质朴爽朗、浑厚刚健见长，脍炙人口的《敕勒歌》《木兰辞》就是典型代表。南方民歌则以小巧清新、委婉动人的风格打动人心。

这也是一个史学家、散文家、小说家兴起的时代。纷杂的政治局势为私人修史创作提供了丰富的素材。除了流传至今的刘宋范晔的《后汉书》、西晋陈寿的《三国志》、南梁沈约的《宋书》、南梁萧子显的《南齐书》、东魏魏收的《魏书》以外，还有大量的史书都已亡佚。据史书记载，两晋南北朝时，撰述晋史的有二十多家，记述十六国史事的也有二十多家。到隋朝时，还保留有近20种南北朝史书。此外还有很多记载一方史地风物的方志，至今犹存的有《华阳国志》《洛阳伽蓝记》等。这些史书方志也是优秀的文学作品。而描写现实生活、抒发真实情感的优秀散文体作品在这一时期也层出不穷，最著名的如陶渊明的《桃花源记》，是千古不朽的佳作。这一时期传统的辞赋体裁作品仍然很多，讲究对仗工整、引经据典的骈俪文体更为流行，连官府公文都以用这种文体为荣。同时小说也在文坛上牢牢地占领了一块阵地，干宝的《搜神记》、刘义庆的

《世说新语》就是其中的代表作。

诗文并茂的时代需要有理论的指导，曹魏时曹丕撰写了《典论·论文》，评论建安时期文章的风格体裁，是中国最早的文学批评作品之一。南齐时刘勰《文心雕龙》一书，系统地分析文体与文风发生发展的原因，奠定了后世文学理论的基础。南梁的钟嵘撰写的《诗品》，开后世诗评之先河。

比文学的发展更为引人注目的是造型艺术的突出成就。这一时期优秀画家层出不穷，如东晋时的大画家顾恺之，以人物画著称于世，所画人物逼真传神，一旦画上眼睛就似乎要开口说话。南梁时画家张僧繇，以画壁画闻名，传说他为安乐寺画了4条白龙，其中两条点上眼睛后就飞上了天。由于纸张广泛用于各类公私文件，书法比绘画发展得更快，真正成为一门中国特有的艺术。自东汉末年起，隶书已逐渐被楷书、行书代替。曹魏时书法家钟繇擅长楷书，推动了书法的进一步革新。东晋王羲之、王献之父子号为“书圣”“小圣”，他们的作品千古流传。后世书法的各种流派都在这一时期初见端倪。佛教的传入为造型艺术提供了丰富的题材，建筑、雕塑、绘画合一的石窟艺术就是在佛教的影响下，沿着佛教传播的路线由西向东流行起来的。新疆的克孜尔石窟群、甘肃敦煌莫高窟、山西大同云冈石窟、河南洛阳龙门石窟等等规模宏大、造型生动的石窟艺术宝库，都是在这一时期开凿的。

挟天子以令诸侯
曹氏集团的兴起

在中国历史上，当天下大乱时，权威落地的皇帝名号往往成了其他政治势力借用的旗帜。运用这种“挟天子以令诸侯”政治策略最成功的，就是在东汉末年军阀混战中异军突起的曹操集团。

公元196年7月，当时中国名义上的最高统治者汉献帝刘协，凄凄惶惶地回到了瓦砾遍地、残破不堪的京城洛阳。这位倒霉的傀儡小皇帝，这一年刚满15岁。6年前军阀董卓把他推上这个有名无实的皇位，把他带到了长安，他在冷清狭小的临时皇宫中度过了形同软禁的5年，对于当时军阀混战、民不聊生的社会环境没有什么切身的体会。董卓死后，董卓的部将李傕、郭汜等在关中混战，李傕把他劫持到了自己的兵营，后来是靠着军阀们的协助才得以脱身。一些朝廷的文官在几小股地方军阀的帮助下，想把小皇帝带回洛阳去。汉献帝这才真正体会到了在战乱之中颠沛流离的滋味。一路上他们遭到关中诸军阀（李傕等人不久就对同意放跑小皇帝感到后悔）及匈奴军队的追击，又被形形色色的地方武装勒索，兵员日减，粮食全无，小皇帝经常风餐露宿，饱受惊吓。一行人为躲避追击，南辕北辙，先是在陕北渡黄河，这一带河岸陡峭高达十几丈，渡河时只得把小皇帝背下去。船少人多，后到的士兵、小官争着上船，拼死攀拉船舷，急于逃命的大官命令卫士挥刀乱砍，掉落在船中的断指多到可以用手一捧一捧地往河里扔。渡过黄河的仅有汉献帝、同病相怜的小皇后和随从的几十个文官、卫士。在黄河北面的安邑暂住后，再从孟津渡过黄河，回到洛阳。长安到洛阳不过700多里路，汉献帝这一行人竟然走了一年多。

回到洛阳的东汉皇帝并没有回到“家”中。洛阳城里的宫殿早已被烧光，汉献帝只得住到已死的大太监赵忠的宅院里。跟随的及前来投奔的百官公卿都只能倚靠着断壁残垣歇歇脚，小官们自己采野菜果腹，不然就是饿死或被散兵游勇杀死。正忙着混战的军阀们谁都顾不上这位小皇帝及这个残破的东汉朝廷，割据冀（今河北一带）、青（今山东北部）、并（今山西一带）3州，在各路军阀中势力最大的袁绍，完全有能力迎接汉献帝并重建在他控制下的东汉朝廷，他的谋士沮授也确实向他提出过这样的建议，可袁绍总觉得自己一族四世五公（出了5个位至三公的大官），宗族势力强大，自己足以称孤道寡坐上帝王宝座，没有必要去理睬洛阳的倒霉小皇帝。袁绍的大多数谋士也都认为汉朝气数已尽，现在是群雄并起，都想当皇帝，把小皇帝接来，反而要事事请示做表面文章，万一有所不顺，还会被政敌攻击为悖逆。于是袁绍打定主意不理睬洛阳的小皇帝，在第二年又大模大样地接受了“大将军”的头衔（东汉时大将军一职可算是朝廷中主持朝政的最大的官），等待称帝的时机。而袁绍的弟弟袁术更按捺不住称帝的野心，尽管只割据淮南一带，势力不及袁绍，但却在第二年就公然自称为天子，过起当皇帝的瘾来了。

大军阀对东汉小皇帝不屑一顾，而当时已割据兖（今山东、河南部分地区）、豫（今河南东南一带）两州的一代枭雄曹操却敏锐地把握住了这个时机，在汉献帝到达洛阳的一个多月后，就派自己的堂弟曹洪去迎接汉献帝。一路护送汉献帝的将领董承开始不愿意接受，可后来发生内讧，反而请求曹操帮助。曹操亲自带兵来到洛阳，驱逐另一个护驾的将领韩暹，掌握了残破不堪的小朝廷。他见洛阳已是一座空城，又处在几股军阀的兵锋之下，自己的军事实力不足以坚守这座成了废墟的名城，于是就将汉献帝及朝廷迁到自己的根据地许昌。从此曹氏集团就得以“挟天子以令诸侯”，借用汉朝皇帝的名义号令、讨伐敌对的军阀豪强，在原已不弱的军事实力的支持下，又占据了极其明显的政治优势。

曹操算不上是显贵之后，他的父亲曹嵩原来只是个无名之辈，家世及早期的生平都搞不清楚，甚至连“曹”这个姓氏可能也是后来才确定的。传说他实际上是夏侯氏的子孙，后来因为被大太监曹腾收为养子，才改姓曹。东汉末年太监专权，曹腾是最有势力的大太监之一，他先后为安帝、顺帝、冲帝、质帝、桓帝这 5 位皇帝服务，被封为费亭侯，官至中常侍、大长秋。曹嵩在养父的照顾下也官运亨通，官至九卿之一的大司农，又出亿万巨资买得太尉的头衔，成为三公之一。曹操生长在这样一个官宦家庭里，小时候近于顽劣一路，不肯好好读书，整天飞鹰走狗，放荡不羁，不务正业，但又很有心机。他的叔叔要管教他，还要向他的父亲去告发他，他见了叔叔就做出歪脸的偏瘫模样，说是中了邪风；可等到叔叔告诉了他父亲，他父亲前来探视，他又一切正常。父亲问他缘由，他说是叔叔不喜欢他，所以才说他的坏话。他的父亲心存疑虑，从此不再相信他叔叔的话。青年时代的曹操依然如故，和当时重视名节的士大夫们根本形同陌路。不过也有的士大夫相当器重他，如名士桥玄和他一见如故，竟然将自己的妻子儿女都托付给他，请他照顾，并对他说：天下将要大乱，没有命世之才就很难平定，能够平定天下的恐怕就是你了。桥玄把他介绍给了以评论人物出名的许子将，许子将对曹操的评价是："治世之能臣，乱世之奸雄。"

曹操表现出他那"治世之能臣"本色的机会在他 20 岁时来到了。这一年他初登仕途，在父亲的关照下，这位不拘小节的青年居然被举为孝廉。第一任实际官职是洛阳的北部尉，负责洛阳城北部地区的治安。他上任后造起五色棒，挂在官厅的大门两侧，如有犯法的，无论平民还是豪强，都用这五色棒活活打死。有一次汉灵帝最宠信的太监蹇硕的叔叔犯法，他照样打死。好在他的家族背景强大，没有惹上大麻烦，从此名扬京城。以后在担任济南国相时，他又曾接连弹劾借着权贵势力为非作歹的贪官污吏，捣毁 600 多座淫祀（祭祀，即不被政府认可的鬼神的寺庙）。

到了黄巾大起义天下大乱的时候，曹操那"乱世之奸雄"的素质更是表露无遗。他年轻时就熟读兵书，作为骑都尉参与镇压黄巾大起义。董卓之乱时，他潜逃离京，这段过程在小说《三国演义》中被大肆渲染，比如说曹操曾打算刺杀董卓，没有得手，只得仓皇逃命。半路被捕，全靠陈宫鼎力相救才得以逃脱。途经老友吕伯奢家，吕伯奢热情款待，可曹操误认为吕家家人磨刀宰猪是要害他，一口气杀了吕家8口，搞清是误会后，又索性把打酒回家的吕伯奢也杀死，并声称："宁教我负天下人，休教天下人负我。"这些故事在史书中找不到足以令人信服的史料根据。没有哪本史籍上提到曹操刺杀董卓的事，只是有的史书中曾记载，曹操早年在洛阳时曾经闯入大太监张让的府第，被张府的家人围攻，他手舞短戟突围越墙而出，可见他的武功是不错的。有的史书记载：经过吕伯奢家时，吕家子弟确实不怀好意想袭击他，被他杀死数人；有的则以小说故事为直接来源，说他因多疑而滥杀无辜，并宣称"宁我负人，毋人负我"。总之在那个混乱的年代，心狠手辣几乎是每一个军阀豪强的特性，对于曹操的这些故事及其绝对利己主义的宣言，读者们自可信其所信、疑其所疑。

公元190年，曹操在陈留起兵，和当时各地反对董卓的豪强军阀联手讨伐董卓。他散尽家财，又得到当地豪强的资助，建立起一支5000人的军队，曹氏、夏侯氏的子弟纷纷投军，如曹洪、曹仁、曹休、曹真、夏侯惇、夏侯渊、夏侯尚等等都担任军官，成为曹氏集团的核心力量，从此开始了曹氏集团逐鹿中原的军事生涯。讨伐董卓的联盟瓦解后，曹操率领军队向东发展，191年黑山农民军十余万人占领了兖州的东郡（今山东、河南交界地区），曹操击败黑山农民军，建立起以东郡郡治所在地东武阳为中心的根据地。第二年农民军大举反攻，曹操以小部队坚守东武阳，自己率领主力攻击农民军的根据地，以围魏救赵之计大获全胜，东郡成为曹氏集团的第一个巩固的根据地。不久青州的农民军攻入兖州地区，兖州牧刘岱败死，曹操的谋士陈宫说动刘岱的部下，迎立曹操为新的兖州牧。曹操领军在寿张和农民军决战，起初曹操军队连连失利，曹操亲自率领千余兵马突袭农民军的大营也没有成功，自己差一点也做了俘虏。曹操接受教训，改为稳扎稳打的战术，逐步消耗农民军的实力，农民军被迫撤退，最后在济北（今山东肥城北）被围，农民军背后是袁绍占据的青州、冀州，再无退路，粮草殆尽，只得投降曹操。曹操把这十多万农民军收编为青州军，大大增强了实力。

以后的几年里，曹操和袁术、陶谦、吕布等军阀豪强势力在中原一带展开拉锯战。193 年，陶谦的部将杀死曹操的父亲曹嵩，曹操为父亲报仇，率全军猛攻陶谦盘踞的徐州（今山东、江苏之间），连下十余城，屠杀几十万无辜的人民，有 5 个县被他的军队杀得不见人迹，连鸡犬猪羊都被杀光。可就在他尽情做屠夫的时候，他的谋士陈宫、部将张邈在后方发动兵变，投靠了吕布。兖州只剩下东阿、鄄城、范 3 城还在曹操的控制之下。曹操回军和吕布大战，双方在濮阳相持百余日。曹操在战事初起时因误中濮阳守将田氏的反间计，差一点被吕布活捉。双方混战，军粮殆尽，曹操一度动摇，曾想接受袁绍的建议，被谋士程昱劝止。第二年曹操重新发动进攻，吕布战败，曹操才得以恢复对兖州的控制，长安的东汉傀儡朝廷正式任命曹操为兖州牧。196 年当东汉朝廷及小皇帝正在逃难之际，曹操又攻入了豫州，打败了颍川的黄巾军，成为割据两州的大军阀。

曹操奉迎汉献帝及东汉朝廷至自己的根据地许昌，对于其势力的发展具有极其重要的意义。中国传统政治素来崇奉“正统”的观念。早在春秋时期，诸侯争雄，齐桓公为霸主九合诸侯，威震天下，其最重要的政治口号就是“尊王攘夷”：以军事实力为后盾，驱逐外寇，拱卫当时仅有空名的周王室，并在周王室的名义下巩固自己对其他诸侯的统帅地位。汉朝自高祖刘邦开国，到曹操奉迎献帝的那一年，正好满 401 年，汉家天下的观念早已深入人心，虽然这时东汉朝廷早已丧失军事实力，但当时割据形势未定，具有相当影响、能够取代汉朝的政治力量尚未出现，在这种形势下把汉朝皇室控制在自己的手里，就具有了“挟天子以令诸侯”的政治优势。作为一个新兴的势力集团，曹氏集团缺乏显赫的名声及政治号召力，被世家大族视为“阉宦遗孽”，强大的士族阶层对这个集团态度冷淡；曹氏集团也缺乏足够强大的军事实力，经济、政治、军事势力都有待于进一步的发展，利用东汉皇室这块空头招牌，是掩盖本身弱点、抵御强大势力攻击、争取世家大族支持的一个很好的办法。

受尽了颠沛流离之苦的汉献帝带着一些跟随的文官把朝廷迁到了许昌，改年号为“建安”。作为报答，他封曹操为武平侯，官拜司空，行车骑将军事。原来汉献帝要拜曹操为大将军，曹操为了缓解和袁绍之间的矛盾，极力推辞，把这个头衔让给了袁绍。曹操将自己的亲信安插在许昌建立的小朝廷中，他的谋士荀彧被任命为侍中、守尚书令，监督宫廷的文书往来。曹操的司空府才是真正发布政令的所在。

曹操控制汉朝朝廷的政治优势，需要依靠军事征服的胜利来体现。他所占有的地盘是自古号为四战之地的中原地区，当时北方有强大的袁绍，西方有割据关中的韩遂、马腾，西南方有割据南阳地区的张绣，东南方有割据淮南的袁术，东方有占领徐州号为猛将的吕布。曹操分析形势，定下的战略计划是先南后北，先弱后强。首先尽力避免过早和势力强大的袁绍发生冲突，先消灭威胁许昌的张绣，再进攻实力平平而野心过大的袁术，收拾反复无常的吕布，在稳定了自己的南方阵地后，再对付北方势力最强的袁绍。好在袁绍当时正和占据幽州的公孙瓒展开决战，一时无暇南顾。曹操的谋士钟繇西行入关，说动韩遂、马腾效忠于曹操控制下的朝廷，这样曹操就有了实施自己的战略构想的机会。

曹操实施其战略构想的过程绝不是一帆风顺的。197 年春，曹操亲自领军进攻南阳，张绣先降后叛，大出曹操的意料之外，他自己被流矢射中，长子曹昂、侄子曹安民命丧疆场，全军败回许昌。不过正好袁术称帝，和吕布激战正酣，曹操赶紧又率军以“天子之命”讨伐袁术，大获全胜。然后又两次向张绣发动进攻，终于打败了张绣。张绣南逃，联络盘踞荆州地区的刘表，曹操又向汉献帝上表，请求册封刚在江南站稳脚跟的孙策为吴侯，授讨逆将军，暗示孙策向西发展威胁刘表的侧翼，牵制刘表的力量，不让刘表全力支援张绣参加中原的混战。曹操自己则集中主力进攻吕布，很快就包围了吕布的老巢下邳，动用水攻战法，决泗水、沂水灌城，又招降吕布的部将，最终擒获了吕布。曹操拥有了兖、豫、徐 3 州的全部土地和人口。

就在曹操全力经营南方的同时，袁绍打败公孙瓒，占领了幽州，其进攻矛头开始转向中原，大兵压境。曹操打败吕布后立即率主力北上，在官渡一带布防。正在这时，原来护卫汉献帝回洛阳的车骑将军董承宣称受汉献帝“衣带密诏”，在许昌发动兵变，企图暗杀曹操；原来帮助曹操打败吕布的刘备也在徐州反叛。曹操毅然回兵镇压，杀死董承，平定刘备，再派卫觊入关，稳住韩遂、马腾。雄心勃勃的孙策恰好在这时遇刺身亡，解除了曹操的一个后顾之忧。他得知孙策的弟弟孙权受遗命，赶紧上表，请求汉献帝授孙权为讨虏将军、领会稽太守，力图稳住后方。

和行动果断的曹操相反，袁绍行动迟缓，谋士们建议他乘机迅速南下，他却以幼子患病为由不愿动身，待曹操解除内乱后才大举南下，给了曹操喘息之机。谋士又建议以精锐部队反复袭扰曹操控制地区的边境，让曹操有限的兵力疲于奔命，消耗曹操有限的经济实力，可袁绍又不肯接受，仍然打算以一个大会战消灭曹操的主力，再扫荡兖、豫、徐 3 州。袁绍优柔寡断，又猜疑成性，还把那些给他提供建议的谋士或关或贬，搞得手下的谋士将领人人自危。

200 年春天，袁绍率十数万大军发起进攻，大将颜良渡过黄河进攻白马，企图为主力渡河占据一个有利的滩头阵地。曹操派兵反攻，却不是直接去救援白马，而是奔向白马以西的延津，做出要渡河包抄袁军后路的姿态，袁军只得分兵赶往延津。曹军调动袁军后再突袭白马，颜良猝不及防，被关羽击杀。袁军主力渡过黄河，曹操领兵西进，袁军以骑兵追击，曹操故意抛弃辎重，待袁军的骑兵劫掠辎重时，以自己仅有的数百名骑兵出击，居然一举打败了袁军几千骑兵，袁绍的大将文丑阵亡。尽管曹操打赢了两场前哨战，可是并没有能够扭转敌强己弱的局面，只得在袁军主力渡过黄河后和袁军在官渡一带相持，坚垒深沟，避免和袁军决战。袁绍知道曹操军粮有限，派刘备率所部直插汝南，截击曹军粮道，骚扰曹操的后方。袁军军营连绵几十里，军备充足，经常集中弓箭手向曹军营垒射击，箭如雨下，使得曹军在自己的营垒里也要高举盾牌行走，严重打击了曹军的士气。曹操一度动摇了战胜袁绍的信心，想撤回许昌再寻找战机，被荀彧劝止。曹操也派兵攻击袁绍的后勤补给线，一次烧了袁绍上千辆运粮车。可相持了两个多月，粮少兵疲，仍然没有取胜的机会。曹操只得向运粮的部队许愿，说再坚持 15 天就可以打败袁绍，不用再辛苦运输。凑巧的是，战胜袁绍的机会居然真的出现了。到了当年的 10 月，袁绍的谋士许攸劝袁绍撇开官渡的曹军主力，直接攻击许昌，袁绍不允。许攸一怒之下，竟然投奔曹操，并报告袁绍有一批军粮囤积在大营以北 40 里的乌巢，建议曹操派兵去烧了那些军粮，必定使袁绍措手不及。曹操的部下对此大多将信将疑，而只有荀攸、贾诩认为这是个绝好的机会。曹操下定决心，亲自率 5000 精兵前去夜袭。他下令打出袁军的旗号，人衔枚、马缚口，乘着夜黑风高，沿小路直奔乌巢，次日凌晨赶到乌巢后立即发起攻击。押送这批军粮的袁绍部将淳于琼原本以为只是曹军小股部队的骚扰行动，率军出击，被打败后才知道是曹军主力，一面飞报袁绍，一面坚守营盘。袁绍得到报告后，判定曹军既以主力夜袭，大营必定空虚，正可以猛攻曹军大营，一举打败曹操。所以他只派了少量的骑兵去援救乌巢，下令全军拔营进攻曹操的大营。双方的主力相背而行，结果曹操经苦战攻破乌巢，纵火焚烧积聚的袁军军粮，烟火冲天；而曹操的堂弟曹洪死守营垒，袁绍督军猛攻却始终不能得手。当乌巢失守的战报传来，袁军军心动摇，曹军则全线出击，袁绍和其子袁谭抢先渡过黄河逃跑，袁军兵败如山倒。曹操大获全胜，在向汉献帝上报的捷报中，曹操历数袁绍种种“叛逆”罪行，为自己表功，声称一举杀死袁绍8员大将，斩首7万余。

官渡之战消灭了袁绍赖以起家的主力部队，袁绍又气又急，在一年多以后病死了。他的一些部下拥立他的小儿子袁尚继位，而长子袁谭自命为车骑将军，屯兵黎阳。曹操略事休整，先南下打败刘备，然后渡黄河进攻袁氏。起初两次进攻收效并不明显，曹操接受谋士郭嘉的建议，暂缓进攻，等待时机。果然不久袁氏兄弟就反目成仇，兵戎相见。袁谭被打败后向曹操求援，曹操乘机进兵，为谋求分化袁氏兄弟，他和袁谭结盟，并结成儿女亲家，集中兵力进攻盘踞冀州的袁尚。他采用围点打援的战略，先猛攻冀州的州治邺，决漳水灌邺，调动袁尚主力回救邺城，半路邀击，一举击溃袁尚主力。然后继续攻城，几经激战，攻陷邺城，夺取整个冀州。下一步曹操反咬袁谭背弃盟约，与之绝婚，发兵攻打袁谭所占据的青州，很快夺取了这块战略要地。袁绍的另一个儿子袁熙割据幽州，被部将焦触赶走，焦触自称幽州牧，表示愿意归顺朝廷，曹操立即通过朝廷追认焦触的官职，并将随同归顺的郡守、县令都加封侯爵，邀买人心。曹操的策略成效斐然，袁绍的外甥高干当时割据并州，也表示要归顺朝廷，曹操同样通过朝廷封赏了一大批官员。高干不久反悔，不接受名为朝廷、实则曹操的政令，曹操遂宣布高干叛乱，发兵攻打，迅速占领并州，杀死高干。袁尚和袁熙逃到了北方乌桓的境内，曹操接受谋士郭嘉的建议，率军突袭乌桓，在白狼和乌桓主力决战，打败乌桓，二十多万少数民族及汉族百姓投降曹操，被曹操迁往内地。袁氏兄弟继续北逃，到达辽东太守公孙康的地盘。曹操料想公孙康不敢因二袁而和自己兴兵，就引军回到中原。不久后公孙康果然杀死二袁，将其首级献给曹操。

经过整整5年时间，曹操终于在207年得以吞并青、并、冀、幽4州，并稳固了自己的北方边境，成为全国最大的割据势力，而且是打着朝廷旗号的名正言顺的割据势力，北方地区大体上得到了统一，基本结束了战乱的局面。曹操对东汉朝廷进行改革，恢复丞相的官职并由自己担任，整顿了朝政，自己的亲信控制各路要津，其对北方的统治已走上了正轨。

随后，曹操的战略目标转向南方。当时割据荆州的是名士出身的刘表，他是一位硕儒文人，他在所统治的地区大办学校，行古礼、研古经，对中原混战作壁上观，被称之为“坐谈客”。208年，曹操率大军南下，刘表恰好在这时病死，他的儿子刘琮即位，软弱无能，下属劝刘琮向曹操投降，言称曹操是奉天子之命征讨地方不臣势力，如果抗拒就有违臣子之道，况且以荆州的兵力也不足以抗拒曹操。刘琮果然决计投降，曹操得以顺利接管荆州。不愿投降的刘备兵少势孤，一败再败，退到夏口和刘表的长子刘琦合兵。曹操企图一举统一南北，写信给江东的孙权，自称代表天子“奉辞伐罪”，“今治水军八十万众，方与将军会猎于吴”，威胁孙权学刘琮赶紧投降。由于连战皆捷，曹操骄傲轻敌，不料在赤壁一战中被刘备与孙权的联军打败，狼狈退回中原。从此他对南征态度谨慎，曹氏集团的势力范围大致稳定下来，只是在3年后进击关中，占据了关中地区，稳定了中原地区的西部阵地。

曹氏集团尽管势力强大，但在曹操去世以前一直在名义上保持着对东汉朝廷的拥戴，不愿丢掉汉朝的招牌。213年，曹操被封为魏公，加九锡（古代帝王尊礼重臣所赐予的9种等级规格最高的器物，说法不一，曹操所得为车马、衣服、乐则、朱户、纳陛、虎贲、弓矢、斧钺、秬鬯。王莽篡汉时先加九锡，以表示其地位远远高于一般的大臣。曹操以后，两晋南北朝篡权的权臣都先加九锡后称帝，几乎成为惯例），以冀州10郡为其封国，国中官职仿照朝廷设定，又仿照汉初萧何的故事，赞拜不名，入朝不趋，剑履上殿。216年又晋爵为魏王，可设天子所用的旌旗。尽管如此，曹操名义上依然是汉朝的大臣。220年曹操病死，他的儿子曹丕继位，10个月后废汉献帝，自称皇帝，正式建立魏朝的统治。

曹操在统一北方后曾发布“自明本志令”，宣称“设使国家无有孤，不知当有几人称帝，几人称王”。这句话虽有自吹自擂的味道，可确实也是事实。由于曹操“挟天子以令诸侯”的政治策略，使得当时割据一方的大大小小的军阀野心家们不敢率先称孤道寡，以免造成政治上的被动局面。除了迅速败亡的袁术以外，其他的军阀都以自称州牧、将军之类的称号满足一时。在曹操这一策略的制约下，自称汉皇室正统的刘备直到曹操死前一年才自称汉中王，在曹丕代汉后才正式称帝。东吴的孙权在曹丕代汉后向曹丕称臣，被曹丕封为吴王，这个吴王的称号一直到曹丕死后，孙权才把它改为“大帝”。这样曹操的这一政治策略就在一定程度上防止了列国纷争的混乱局面的出现，有利于国家的统一和社会的稳定。

“挟天子以令诸侯”的政治策略为曹操赢得了相当大的政治优势。从以上的叙述中已经可以看到，曹操利用汉朝朝廷的旗号在军阀混战中占了很大的便宜，扩张时可以号称“奉诏伐罪”，师出有名；防守时可以号称“卫护朝廷”，俨然是皇室干城。用文的一手时又可以封官许愿，用不花本钱的官衔、爵号收买人心，对于分化瓦解敌对阵营极具成效。正统的招牌对于招徕人才也颇具效力，文武人才都愿意为朝廷、同时也就是为曹操出谋划策，冲锋陷阵。招降纳叛时这块正统牌子也有助于克服阻力，帮助想投降的人下定决心。

民以食为天
屯田制度的推广

在单一农业经济的历史背景下，吃饭问题是最大的社会问题。于是在天下大乱的时候，谁率先实行一些比较能够解决吃饭问题的政策，谁就获得了政治上的先机。

东汉末年的长期战乱给当时的社会经济造成了极其严重的破坏，战乱制造者之一的曹操，在他的诗中曾写道："白骨露于野，千里无鸡鸣。"和曹操同时代的诗人王粲也写过"出门无所见，白骨蔽平原"的诗句。大批的人民惨遭杀害，史书中屠城、屠乡的记载不胜枚举。再加上饥荒、瘟疫的频繁光顾，中国人口大减，东汉时全国人口的最高纪录是5600万，而到三国末期，魏、蜀、吴人口的总和不过是1600多万而已，而且这已经是经过了三国各自努力发展经济后的统计数字，在三国鼎立局面出现之前的混战时期，人口肯定要比这个数字少得多。

连年的军阀混战中，各个大小军阀不得不维持着尽可能多的军队，强征农民当兵，将大批精壮劳动力编入军队，更加剧了对农业的破坏。很多军阀武夫丝毫不考虑人民的死活，没有粮食就四处抢掠搜刮，而抢到后又任意挥霍浪费，到了抢无可抢时，便土崩瓦解，不攻自破。当时号称最为强大的袁绍、袁术也和众多的军阀一样，以抢掠维持军队的供应，当军队数量过于庞大时，连饭也吃不上，袁绍的军队有时依靠采桑葚为食，袁术的军队有时靠下河捞蛤蜊、摸河蚌充饥。曹操在中原连年作战，也一直苦于缺乏军粮，甚至将死人肉掺杂在军粮里发给士兵。动荡的社会环境使农民流离失所，成为一股股的流民，盲目地往尽可能远的地方逃难。大片大片的良田被荒废，袁绍和公孙瓒部将为争夺青州大战两年，青州十室九空，野无青草。

在经济如此凋敝的形势下，新兴的曹氏集团敏锐地注意到了恢复农业的重要性。曹操占据兖州，打败了青州黄巾军，虏获了大量的物资及劳动力，曹操主要谋士之一的毛玠向曹操建议说："现在天下大乱，朝廷迁移，人民废业，饥馑流散，国家没有一年的储备粮，百姓没有安定耕种的信心，难以持久。袁绍、刘表虽然势力强大，但都没有长远打算，没有打下坚实的基础。战争虽然是靠军队打胜的，然而要保持军力却要靠财富的支撑。现在应该奉迎天子建立正统，恢复农业，积蓄军资。这样就可成就霸王之业。"曹操接受了他的建议，开始在其集团内部讨论如何恢复农业的问题。执掌禁军的中护军韩浩主张恢复农业是当前的第一要务，深得曹操的赞赏。谋士司马朗向曹操建议，趁着天下大乱、土地大量抛荒成为无主土地的机会，恢复西周的井田制，所有的土地都收归国有，平均分配给农民耕种，既解决了粮食问题，更解决了土地问题。这个建议注意到了无主土地的重新分配问题，但恢复井田制则是复古倒退的迂腐之见，没有被曹操接受。曹操的部将枣祗则提出组织屯田，经过曹氏集团内部的认真讨论，得到了实施，成为曹氏集团由弱转强的重大举措。

枣祗是武将出身，曹操起兵时就加入了曹氏集团。袁绍曾想招诱枣祗，被他拒绝。曹操任命他为东阿县的县令。194年，吕布入侵兖州，枣祗坚守东阿，是当时兖州保留在曹氏手中的3座城市之一。当曹操的大军返回时，又全靠枣祗的东阿城提供军粮。曹操把他提拔为羽林监。枣祗的屯田方案是招募流亡的农民为屯田客，由官府授给一定数量的土地，并给耕牛、种子、农具，让农民耕种，按照年收成分成收租。在讨论时，大多数人都认为应该按照农民的耕牛数量收租，而枣祗坚持要按收成分成收租，认为如果按牛收租，丰收时官府不能多得粮食，而遇到灾荒时官府又要减免租谷，对官府不利。曹操原来也主张按牛收租，可枣祗反复陈说，曹操不知所从，下令再议。祭酒侯声把双方的意见归纳为：按牛收租是对农民有利，按收成分成收租是对官府有利。最后枣祗得到荀彧的支持，曹操这才采纳。于是曹操就在奉迎汉献帝的同一年，发布了“置屯田令”，宣称：“定国之术，在于强兵足食，过去秦国以厉行耕战兼并天下，汉武帝以屯田平定西域，这是前代留下的好办法。”下令在其控制地区组织屯田。任命任峻为典农中郎将，主管振兴农业的有关事务；枣祗为屯田都尉，主管许昌一带的屯田。各地都设专门官员主持屯田。屯田成为曹氏集团的既定国策。

组织、控制农民耕种国有土地，促进农业发展的制度由来已久。战国时期商鞅变法就提出以免除农民三代杂役、兵役为条件，招诱韩、赵、魏等邻近国家农民到秦国耕种秦国有土地的措施，商鞅以此保证了秦国的精壮劳动力可以全力投身疆场而无后顾之忧。魏襄王也曾把农民迁移到边境地区组织垦种，以御边储粮。西汉初年晁错建议在边境组织屯田，给迁移的农民充足的生活资料及生产资料，农闲时组织军事训练，以防御匈奴的侵扰。后来汉武帝在西域边境地区进行了大规模的屯田，得以打败匈奴。

任何重大的制度兴革都是时势和历史双重要求的产物。没有战乱频繁、经济凋敝，军粮和民食都极度匮乏的压力，统治者也不会这样积极策划、推行屯田制度。而没有土地大量荒废、大批的无主土地被当作“公田”划归国有，也就没有了推行屯田制度的物质基础。同样，没有农民流离失所、迫切需要寻求安全保障的社会现状，官府也就没有能力招募到足够的劳动力来耕种国有土地，所以曹氏集团的屯田制是当时特定历史条件下的产物。其制度有沿袭古已有之的制度的内容，也有不少在当时历史条件下产生的特有的元素。

曹氏集团推行的屯田制可分为两种：民屯和军屯。枣祗所建议的主要就是民屯。民屯的主体是农民。这些农民有的是丧失了土地、到处流浪的流民，有的是没有土地的当地贫民，还有相当数量的是被曹氏集团在战争中掳掠来的百姓。枣祗等人最早组织的屯田的劳动力，大部分都是被曹氏集团俘虏的原黄巾军的士兵及其家属。开始时所谓“招募”百姓加入屯田，实际上都是强迫征召的，即主持屯田的官员以军事手段为后盾，强迫农民参加屯田。其组织体制是：一般每50人户为一屯，设屯田司马管理。屯田司马的上级是各郡县专设的典农官，一般县设典农（或称屯田）都尉，郡设典农校尉或典农中郎将。典农官是独立的官职体系，和正常的郡县地方官体系并行，级别相同而互不统辖，很多地方甚至不在一个城里办公，典农官在县治或郡治之外另筑城池居住。当然这样的体制很容易造成摩擦。比如贾逵为弘农太守，为了征发兵役，怀疑当地的屯田都尉藏匿青壮劳力，和屯田都尉发生口角，一怒之下，竟然把屯田都尉抓了起来，一顿毒打，把屯田都尉的腿都打断了。贾逵因此而被免官。为了减少矛盾，后来很多地方的典农官都由地方官兼任。

从上述的这些屯田、典农官职的名称就可以知道，屯田是一种准军事的编制。加入屯田的农民都编为“屯田客”，其人身自由受到很大的限制，不得自由退出、迁徙他处，必须按照屯田官的命令进行耕种，而且还要承担一定的劳役，参加军事训练，紧急情况下还要出征打仗。其子女也按年龄分别担任一定的农活。每户屯田客耕种的土地一般为三五十亩，如果使用的是官府的耕牛，其收成的十分之六归官府，十分之四归自己；如果是使用自己的耕牛，其收成和官府对半分，各得十分之五。

由于屯田客的身份低下，而且这种身份是世袭的，因此强制性的招募制遭到了农民的抵制，很多农民在编为屯田客后选择逃亡。据史书记载，曹操的谋臣袁涣为此在屯田令发布后不久就向曹操建议：“百姓安土重迁，不能够强迫他们加入屯田。不如改为农民可以自愿参加，不要强制。”曹操接受意见，下令不能强制招募屯田客。不过这种政策的实际效力大可怀疑。屯田客的主体依然是被强迫固定在国有土地上的、失去人身自由的农民。

军屯的出现要晚于民屯，而且和民屯相比，军屯的制度创新很少，大多沿袭了秦汉的旧有制度。曹氏集团早期处在激烈而频繁的混战之中，军队疲于奔命，根本就没有停顿下来种地生产的可能。208 年赤壁之战失利后，曹操意识到大规模的、疾风暴雨式的战争形式将要过去，取代它的将是战线比较平直、运动规模较小的战争形式。常备军的数量可以有所减少，但又要能够迅速地扩充常备军以应付边境战事。为了减轻军粮运输的负担，需要边境常备军能够“且耕且战”，于是在第二年，曹操就开始在和东吴接壤的淮南地区组织屯田。军屯的发起人是司马懿。司马懿提出的建议是：“过去周武王时箕子曾说谋国以食为首，现在国家养兵二十多万，不是长久之计。尽管战事未停，但仍应使军队且耕且守。”司马懿在曹操、曹丕、曹睿三朝时先后组织了西北地区、淮南、淮北地区的军屯，制度与秦汉时略同，而其中两淮地区的军屯的具体主持者是名将邓艾。

邓艾本人就是屯田客的后代，他小时候就当了“屯田掌犊人”，为官府放牛养猪。年轻时跟着屯田都尉学做吏，因为口吃严重，只能做“稻田守丛草吏”，后来得到司马懿的赏识辟为掾，后来又迁为尚书郎，主管屯田事务。曹魏政府派他到两淮考察屯田情况，他回朝后提出了“济河论”。认为过去曹氏集团的统治中心在许昌，所以主要在许昌地区进行大规模屯田，囤积粮食以供四方，现在的军事重心已移到了南方，主要敌人是东吴，而和东吴作战，需要从中原远程运输军粮，运输的人力超过军队人数的一半。而实际上淮南淮北地区土地肥沃，原本都是良田，只是因为多年的战乱才导致这个地区要从外部输入粮食。他建议在两淮长期驻扎5万军队，淮北驻扎2万，淮南驻扎3万，“且守且田”。驻军中十分之二从事防守，其余从事农耕，每年轮换。他经过估算后指出：两淮的土质优于许昌，水源充沛，其收成可以超过许昌地区3倍，每年的纯收入可有500万斛粮食，六七年间就可积贮3000万斛粮食，足够10万大军吃上5年，进攻东吴肯定能无往而不胜，许昌地区的屯田可以停止，将农用物资运到两淮组织屯田。邓艾的建议引起了朝廷的重视，于是就委派邓艾按照这个计划在两淮地区进行了大规模的屯田，并大力兴修水利工程，把这个地区变成了曹魏的粮仓。

军屯的编制以营为单位，一般每5里设一营，每营60人，既耕种又守卫所管的地区。军屯的管理由军官进行，收成的分配方法和民屯相同。“且耕且守”的屯田士兵比屯田客身份更低，他们都被编为“士籍”，称为士家。他们的儿子世代为兵，女儿则必须嫁给士兵。

据清代史学家考证，仅在史书中有迹可循的就有16个地区设有典农屯田官，而军屯则遍及曹魏与蜀汉、东吴的边境。其屯田的分布也有规律可循，屯田最集中的首先是曹魏的都城及重要城市的周围地区，其次是和蜀汉、东吴接壤的地区，第三是在交通要道及运输线附近地区。第一类屯田是为了供应朝廷及各级政府的消耗；第二类屯田很明显是为了军事的需要，就近供应边防军队，并储存军粮，为发起大规模的战役预做准备；第三类屯田是为了就近供应运输费用，提供充足的运输人员口粮及牲畜的饲料。

屯田制的实施，取得了重大的成果。比如许昌原来是豫州颍川郡的一个县，位居中原，地势平坦，距南阳、荆州不远，循水路可抵达淮南地区，屯田制就是首先在这个战略要地实施的。史书记载，枣祗主持这个地区的屯田，当年恰逢风调雨顺，获得了大丰收，为曹氏集团提供了上百万斛的军粮。司马懿在关中地区组织军屯，连年获得丰收，积贮了大量的粮食。有一年中原地区遭灾，司马懿运输了500余万斛粮食救济中原。邓艾建议实施的两淮屯田，兴修了大量的水利工程，灌溉农田，提高了粮食的产量。到曹魏末年，两淮地区的民屯、军屯总人数已达三十多万，积贮的军粮为后来西晋灭吴提供了物资保障。屯田制为曹氏集团及曹魏政权打下了坚实的物质基础，是西晋政权统一全国的物质保障。

屯田制的实施也促进了饱受破坏的农业的恢复。屯田制的推行，促使各级政府重视农业，把尽力恢复农业生产提上了议事日程，对官员的考核很大程度上要看在其任职期间能够为朝廷提供多少粮食。在组织屯田时，由政府组织进行了大规模的农田水利建设。比如邓艾建议在淮北屯田，修建了淮阳、百尺两渠，上引黄河，下通淮河、颍水，并整治颍水两岸的农田，穿渠300余里，灌溉两万多顷农田。又如刘靖在今北京地区主持屯田，导高粱河，在河中立“戾陵遏”，遏高1丈，东西长30丈，南北长70余丈，以石笼堆积而成，使河水分流，并开车厢峡，引河水灌溉上百万亩农田。这些水利工程主要的得利者是政府的屯田，但也为当地的百姓恢复及发展农业提供了机会。如刘馥为扬州刺史，兴建了芍陂、茹陂、七门、吴塘等水利工程，灌溉稻田，官民都得实惠，粮食储备增加。又如郑浑为阳平、沛郡太守，兴建水利工程，改造稻田。当地百姓原本不习惯种稻，也不愿参加工程建设。郑浑耐心劝导，自己亲自参加兴建，结果只用一个冬季就建成了，使这一地区连年丰收，老百姓刻石纪念郑浑，将该项水利工程命名为“郑陂”。

除了兴修水利工程之外，曹魏的屯田制在推行过程中注重农耕技术，强调精耕细作，每个屯田客耕种的土地并不是很多，所谓“不务多其顷亩，但务修其功力”。如邓艾在西北地区主持屯田时，亲自手持农具，向屯田客及屯田的军士示范汉代最先进的耕种技术“区种法”。曹魏屯田注重的是单位面积产量的提高，进行屯田的土地一般都是原来的良田，只需复垦就可耕种，不需要进行试种。汉代最好的土地是亩产 1 钟（6 斛 4 斗），一般的土地亩产 1—3 石，而曹魏屯田的产量比这要高得多，根据西晋时思想家傅玄的说法，曹魏屯田的旱田一般亩产十余斛，水田一般亩产数十斛。屯田的同时还推广了稗的种植，稗耐水旱，容易高产，一般亩产二三十斛，虽然出米率低（每石出米三四斗），口感也差，但可用做饲料，也可酿酒。屯田对于耕种技术和高产作物的推广及示范，在当时也具有很大的促进作用。

解决军粮的供应是当时每个割据者都要面临的问题，而有头脑的割据者都会想到屯田的办法，所以因有头脑、有远见而能在军阀混战中生存下来的东吴、蜀汉统治者，也很快推行了屯田制度。其中实施屯田较早，制度和曹魏最相近的是东吴。

东吴的中心地区是长江中下游平原，在汉代这一地区的开发还比较缓慢，地广人稀，有的地方还是刀耕火种。东吴建国后，要抗衡强大的北方政权，要建立规模尽可能大的军队，就迫切需要解决粮食问题，所以东吴在曹魏实施屯田后不久，也开始实施屯田。据史书记载，东吴大将陆逊在21岁时出任海昌屯田都尉，而按陆逊的年纪推算，这一年是公元202年，距曹魏在许昌实行屯田不过才6年而已，可见东吴的孙氏政权几乎是和北方的曹魏同步采取了屯田的办法来解决军粮供应问题。而且东吴的屯田也分为民屯和军屯两种，其制度如出一辙：屯田官和地方郡县官并立，互不统辖；屯田官的官称和曹魏的也几乎完全一致；屯田客依附于政府，没有人身自由，只是在现有的史料中还无法判明东吴的屯田客是怎样向政府交租的。史书中提到的东吴设有民屯的地方有10处，分布于江南各地。东吴的军屯制度也和曹魏的没什么两样，东吴军屯的基层单位也称为屯。史书中记载的东吴的军屯地区有14个，主要分布于和曹魏接壤的地区，有的还是从曹魏接收而来的。比如皖城屯田，原来是曹魏庐江太守朱光创立的，后来皖城被东吴攻破，朱光及手下的数万名屯田客都做了俘虏，东吴派诸葛恪在此继续进行屯田，皖城成为东吴的重要屯田区。西晋初年，西晋将领王浑袭击皖城，放火焚烧了东吴屯田积贮的180多万斛粮食，4000余顷水稻秧田，600余条船只。可见屯田规模之大。

刘备集团开始时在中原四处游击，没有巩固的根据地，也就不可能组织屯田。在赤壁之战后进军益州成功，依靠成都平原这一“天府之国”的供应，粮食问题不如曹魏、东吴那般突出。进占汉中地区后，与曹魏占据的关中地区接壤，为抗击曹魏的军队，蜀汉在汉中投入了大量的兵力。汉中地区的粮食产量有限，无法充分供应军粮，而从益州调拨，要经长途跋涉，蜀地连绵而陡峭的山岭，虽有利于防御作战，但也极大地妨碍了军粮的运输，所以蜀汉政权只能在汉中进行大规模的屯田，以就近供应军队。以后诸葛亮出兵北伐，即使是汉中的粮食也很难运到前线，往往因粮食供应不上而放弃作战。诸葛亮最后一次进攻关中时，就在渭河流域进行屯田，以为长久之计，可惜刚刚开始不久诸葛亮就病死了。从现有的史料来看，蜀汉似乎只有军屯，其具体的制度也语焉不详。军屯的地区除了汉中之外，在南部及东部边境也有，可见蜀汉的屯田也是以边防为主的。

屯田制度是针对战乱时期的社会环境而采取的措施。随着三国鼎立局面的确立，战事日趋平缓，社会状况逐渐恢复正常，社会秩序相对稳定，这一制度就开始走上了下坡路。地方豪强利用其权势地位巧取豪夺，侵占国有土地，把屯田客压抑为自己的部曲、附从，和国家争夺劳动力。屯田制对于农民的剥削是极其严重的，分成租制有利于国家而不利于农民，农民辛辛苦苦的收获大半落入了封建国家的仓库，自己仅留下勉强可以糊口的一点粮食。农民对于土地毫无权利可言，农业生产积极性日趋下降。尤其是农民丧失了人身的自由，除了要为国家耕种土地生产粮食外，还要为国家服各种劳役、兵役，社会地位极为低下。在战乱频繁的社会背景下，为了避免“转死于沟壑”，农民对此尚能忍受，但在较为和平的环境下，农民再也不愿忍受强制性的军事编制和沉重的赋役剥削。尤其是魏明帝曹睿死后，曹爽参与朝政，整个统治集团日趋骄奢，权贵官僚将屯田土地占为己有，屯田的收入装入自己的仓库，直接威胁到屯田制的存在。司马懿发动政变杀死曹爽，独揽大权，为了达到篡夺政权、笼络士族阶层的目的，经常公然将屯田及屯田客、耕牛赐给士族豪强，并放任袒护士族豪强侵占屯田的行为，屯田制遭到了由上而下的破坏。

随着商品经济的恢复和发展，一些专职劝课农桑的屯田官、军官不再像过去那样老老实实地把屯田客上缴的粮食送入国家仓库，而是开始将粮食投入市场牟利，或者利用屯田军事编制的优势，调用下属的屯田客及将吏为自己经营商业。对于屯田客的剥削也日益加重，原来使用官牛的是四六分成，使用私牛的是五五分成，到了曹魏末年，使用官牛的已是二八分成，使用私牛的也要三七分成。这样沉重的剥削使得农民的生产积极性几乎降到了零。屯田制开始的时候，屯田的亩产高达十几斛，到了曹魏末年，屯田的亩产降到了数斛而已，有的甚至还不足以抵偿谷种。为了提高生产者的积极性，曹魏统治者曾试图把一些官府的奴婢补充到屯田机构，试图用提高奴婢身份的办法来提高屯田的生产率，可是并没有什么明显的效果。

屯田制度到了曹魏末年已是无法再维持下去了，既没有办法招诱到足够的农民来补充逃亡的屯田客，也不能从现有的屯田客身上剥削到更多的财富，这个曾经给曹魏政权带来巨大利益的制度已变得无利可图。264 年，已经执掌了曹魏朝政的司马炎宣布“罢屯田”，省罢各级屯田官员，现任的屯田官、典农官都转为郡守、县令等正常的行政长官。西晋代魏后的 266 年，司马炎又再次下令罢农官。曹魏屯田制度最具特色的民屯制度就此瓦解。

至 280 年西晋渡江灭吴后，屯田的军事意义也已过时，于是司马炎就在这一年宣布实行“占田法”，把原来没有人身自由、没有自己土地的屯田客都编为国家正常的平民户口，农奴性质的屯田客成为国家的编户齐民，允许每个农民男子可占田70亩，女子可占田30亩。政府督课每个男子耕种50亩土地，交4斛田租，每户缴纳调绢3匹、调绵3斤。实际上农民的占田数量政府并不能保证，政府只是以理论上的那50亩“课田”来确定每人所必须缴纳的田租、户调，另外又规定各级贵族官僚按照官品等级占田的限额占有“荫客”的数量。这样一来屯田制就退出了历史舞台。

中国历代都主张以农立国，古人所说的“食者，万物之始，人事之所本也”、“民以食为天”都是说的这个道理。在古代中国农业社会的背景下，农业生产往往成为社会政治兴衰成败的关键所在。从曹氏集团的兴起与屯田制度的紧密联系来分析，两者可以说是互为因果、不可分割。组织流亡的农民及军队士兵耕种国有荒地这一措施，恢复了当时凋敝已极的农业生产，增加了政府的收入，解决了一部分农民及军队的粮食供应问题，缓和了尖锐的社会矛盾，这对于社会的稳定有积极的意义。曹氏统治集团正是把握了“食”这一社会的矛盾焦点，采取了这种应急的强制性措施，才得以在当时的军阀混战中率先建立起稳定的统治秩序。粮食是中国古代最重要的战略资源，曹氏集团利用屯田制度掌握了丰富的粮食资源，使得自己的政治、军事实力有了大幅度的提高，得以在逐鹿中原的战争中成为最后的胜利者。

然而如上所述，屯田制在很大程度上是应急措施，它根本就不是解决土地问题的好药方。当战乱过去，原有的被战乱掩盖的各种矛盾就会迅速尖锐化，农民的土地问题又成为社会的主要矛盾，“于官便，于民不便”的屯田制理所当然地就被统治者抛弃。

唯才是举
曹操的用人方略

在“人治”的政治环境里，军事、政治才是最重要的“战略资源”。人才能够德才兼备是最理想的，不过退而求其次，只要求才干也是常有的事。曹操在这方面是走得最远的。

董卓作乱时，曹操和袁绍密谋起兵反抗董卓。有一次袁绍问曹操：“万一起兵后不能取胜，你打算怎么办？”曹操反问：“足下意以为如何？”袁绍回答道：“我打算据守黄河天险，在黄河以北发展势力，可借用胡人的兵力向南进攻争夺天下，这样就可以万无一失了吧？”曹操却说：“我打算任用天下有才能的人，以大道理驾驭他们，就没有什么办不成的事！商朝的开国之君成汤、西周的开国之君武王，他们造就王业的根据地难道是一样的吗？如果一味依靠地势天险，就无法随机变化了。”

这一段对话表明袁绍和曹操对于创业立足点的看法是完全

不同的。以后的历史发展表明，他们两人在争夺天下的过程中确实都贯彻了自己的观点。《三国志》和《资治通鉴》这两部权威性的史书，都将这一段对话放在曹操战胜袁绍的官渡战役之后再做倒叙，很明显是把曹操与袁绍的不同观点作为双方胜败的关键原因。由此可见，曹操很早就把创业的立足点放在了争取人才、发挥人才智谋的基础之上。曹氏集团之所以在群雄争斗中能够脱颖而出，成为争夺北方的最后的胜利者，和他这种高度重视人才的因素是分不开的。而他重视人才的一个显著特点，又是强调“唯才是举”，即高度重视人的才干，而不过度讲究人的品行，只要是有真才实学的，就可以提拔做官，不必求全责备，并不要求人才面面俱到，是各方面的楷模。

最能反映曹操这一用人方略的，莫过于他发布的3篇令文了。这就是历史上有名的“求才三令”：《唯才是举令》《有司取士无废偏短令》《举贤无拘品行令》。

《唯才是举令》发布于210年。曹操在这篇令文中说：自古以来创立基业和振兴皇业的君主，没有不盼望和贤人君子一起治理天下的。而他们得到贤人君子难道都是碰巧遇到的吗？只不过是上层的人要善于发现而已。现在天下还没有平定，正是国家特别需要人才的时候。《论语》中说孟公绰这样的人担任晋国赵氏、魏氏那样大族的家臣很合适，可不适合当滕、薛这种小国的大夫。如果一定要任用贞廉之士，那么齐桓公怎么能建立霸业？现在天下是不是还有像姜太公那样怀才不遇垂钓渭河之滨的？是不是还有像陈平那样被人认为和嫂子通奸、接受贿金的人才没有被发现的？诸位臣僚应该帮助我提拔人才，唯才是举，我要委以重任。

这道令文中提到的辅佐齐桓公成就霸业的管仲，按儒家的标准算不上是贞廉之士，他在和朋友做买卖时，本钱出得少分红却要得多，打仗时冲锋在后撤退在前，旧主公子纠被杀他也不殉主，然而他却能辅佐齐桓公称霸。西汉初年功臣陈平被人传说和嫂子通奸、接受贿金，他被魏无知推荐给汉高祖，汉高祖听说陈平品行不端，找来魏无知加以责备，魏无知却说："你所问的是品行，而我推荐的是才能，现在楚汉相争，最需要的是才能，你提的那些事算得了什么？！"

《有司取士无废偏短令》发布于 214 年。曹操在这篇令文中，主要谈才能和品行不是一回事。文章说：有品行的人不一定能建功立业，而能建功立业的人不一定有品行。陈平难道是品行端庄之士？苏秦难道是严守诺言的人？可是陈平保住了汉朝，苏秦挽救了弱小的燕国。由此言之，士子有偏短缺点的，难道就可以废掉吗？各级官员要体会我的这些意思，这样就可以使得天下不至于有遗留在民间的人才，而官府的事务都能得到妥善地处理了。

《举贤无拘品行令》发布于 217 年。这篇令文开宗明义就是要举荐有才之士，而无须顾及这些人有没有品行。曹操在令文中提到要各级官员举荐"至德之人"，果断勇敢、"临敌力战"之人，具有高才、富有吏才之人，具有将才而名声不佳被人看不起之人，"不仁不孝"而有"治国用兵之术"之人。强调要官员们各举所知，不要遗漏。曹操在这篇令文中还大量列举了历史上的有才无德的著名人物来为自己的政策做宣传。比如说：过去伊尹、傅说都是奴隶，而前者辅佐成汤建立商朝，后者辅佐武丁中兴商朝；管仲对于他的旧主来说是个叛贼，却能辅佐齐桓公称霸；萧何、曹参都是小吏，韩信、陈平都是名声不佳、遭人耻笑之徒，然而却是汉朝的开国功臣；吴起为了能够当上将军杀妻取信、散金求官，母亲死了也不奔丧，可他在魏国时秦国不敢向东进攻，他在楚国时三晋不敢向南扩张。

在中国历史上，当权者如此下令举荐人才的，尤其是如此只讲才能不讲品行的，实在是绝无仅有。古代儒家强调“德治”“礼治”，以为只要从君主到各级官员都是道德楷模，天下的百姓自然就如同遍地的小草，跟着德化之风而弯腰随从，天下也自然就得到“大治”。讲法治的法家同样要求各级官员都必须是贞廉之士，秦国算得上是一个讲求法治的国家了，在湖北云梦睡虎地出土的秦国竹简中有一篇《为吏之道》，专门讲做官的人应该是清白正直、谨慎坚强、精明无私，说君怀臣忠、父慈子孝是“政之本也”。说做官的有五善：忠信敬上，清廉无怨，举事审当，喜为善行，恭敬多让。这样的官员恐怕和儒家要求的君子也差不太多。而曹操的令文中居然公开要举荐“不仁不孝”的才能之士，实在是前无古人，后无来者。

曹操这种以“求才三令”为代表的用人方略有着深刻的政治社会背景。首先它并非仅仅是一种求才的文告，从某种意义上来讲，它是一种政治宣言。东汉时期世家大族的势力逐步增长，士族阶层逐渐形成。这是一股强大的社会势力。这个阶层以高谈儒家的仁义道德为标志，号称“伏膺儒教”，专门讲求忠孝节义的一套，自以为是天下唯一的评判者。东汉有不少累世为官的大姓豪族，就是这个阶层的典型代表。东汉末年的混乱形势下，一些大姓豪族起兵割据一方，混战不已。其中的主要人物如袁绍、袁术、刘表、公孙瓒、刘璋等等都是这种标榜仁义道德的世家大族代表。曹操虽然出身官宦之家，但曹氏是依附于太监的暴发户，这是被当时世家大族看不起的。曹操逐鹿中原初成气候以后，他的主要敌人就是这些世家大族割据势力，曹操不仅要在军事上将他们打败，在精神上也要压倒他们，用重才不重德的政策羞辱、贬低世家大族赖以安身立命的精神支柱，迫使世家大族势力接受并服从自己的统治。因此曹操的这种用人方略是出于政治斗争的考虑。

其次，曹操的这种用人方略也是企图扭转社会风气的一种手段。东汉时期选拔官员的标准就是候选人需有著名的孝行，比如郭巨埋儿之类的；或者是能够礼让，比如孔融让梨之类的；或者是见财不贪，对财产毫不动心的。这种人被作为“孝廉”，由地方长官察举到京师去当官；或者由地方长官自行“辟举”为自己的属员，配备于地方各级官府。凡忠孝节义的名声实在太大的，还要由皇帝亲自下诏加以“征召”，用天子派出的车辆拉到京师去做大官。既然做官的门道是要把自己的名气搞大，于是就出现了矫饰之风，士子们装模作样，故意做些让人能看见的事。比如儒家的教义说父母死后子女要守 3 年之丧，有的人就守上个 7 年、8 年，住在墓道里，睡草窝、吃粗粮，见人就眼泪汪汪，悲悲凄凄，把自己折磨成一副骨头架子，这叫“骨立”，算是最孝顺的。又比如礼教讲忠，当时很多人不仅忠于皇帝，还忠于自己的上级、师长，长官被弹劾去职，下级属员也都离职，和长官同进退。为表示清高“无视名利”，当地方长官察举或辟举自己，甚至是皇帝征召自己，都要推辞不就，几次三番才勉强上路。为表示忠义，父母、长官、朋友被杀、被辱，要挺身而出，报仇雪恨。还有的人刻意求名，故意做些怪诞的行为，或危言耸听。由矫饰而进一步就是互相吹捧、结党营私，这叫“清议”。这是豪族势力操纵的舆论，影响了政府的权威。曹操挟天子以令诸侯，在东汉末年的混乱局面中要恢复统治秩序，不能容忍这种不受政府控制的舆论，也不能够允许将国家利益置于个人道德品行之下的风气继续流行，反对在官场上弥漫矫饰虚伪之习。205年，曹操还曾专门发布《整齐风俗令》，用以清除当时社会尤其是原袁绍统治地区流行的浮华矫饰、结党营私、排斥异己、无中生有、颠倒黑白的风气，并处死孔融，赶走祢衡，以警告不服从此令的“名士”。

“求才三令”的直接目的当然是在于选拔人才，充实曹操集团的统治力量。曹操集团之所以能够在群雄之中由弱变强，很大程度上是依靠重视人才的政策。曹操发布这些法令，目的是进一步扩大曹氏集团的统治基础，广泛吸引各方面的人才，为社会上出身卑贱、名声污浊的人才加入统治集团敞开大门。曹操集团一直处在中原混战的漩涡之中，急需军事、政治等方面的人才。在其统治基本稳定以后，也需要大批的人才来充实各级政府，重建正常的统治体系。在壮大自己力量的同时，也可防止人才流失到敌对阵营中去，或流散民间成为治理社会的隐患。

值得注意的是曹操尽管发布了这样的法令，但他并不是完全不要仁义道德的那一套，并不能根据这些法令就得出结论说曹操提倡“不仁不孝”。实际上曹操只是出于当时现实政治的需要，强调不拘一格选拔人才，打击以袁绍等为代表的世家大族势力，纠正过于虚伪的矫饰之风，对于仁义道德的那一套他还是很重视的。比如在刚刚打败袁绍后，曹操就发布了《修学令》，宣称战乱15年，后生者没有见过仁义礼让之风，使他很是伤心，为此他下令各郡国都要修复学校，选择当地德行高尚的人任教，以传先王之道。他为自己的儿子曹植选择的家臣，也是号为“德行堂堂邢子昂”的名士邢颙。曹操还曾发布《清时令》，要天下的士君子“尽忠于国，效力王事”。在上述的《举贤无拘品行令》中，曹操也要求举荐“至德之人”。可见曹操的政策并不排斥仁义道德。

对于真正的孝子忠臣，曹操也是非常爱护的。比如毕谌是他的兖州别驾，张邈叛变时，把毕谌的母亲和妻子都掳到了吕布那里。曹操担心吕布要为难毕谌的母亲及妻子，叫毕谌去投奔吕布以尽人子之道。毕谌表面上说忠贞不一，但实际上却暗中逃亡，到吕布处做官。等到吕布被曹操打败，毕谌被捕，人们都以为毕谌难逃一死，可曹操却说：“人能够孝于其亲的，难道还会不忠于其君吗？这正是我所追求的。”马上把毕谌派到鲁国去当国相。

关羽是当时的名将，200年曹操击败刘备，关羽被俘，曹操封关羽为偏将军，给予优厚待遇，但他很快就发现关羽没有久留之意，于是派张辽去探关羽的口风。关羽告诉张辽：自己久受刘备厚恩，要与刘备共赴死难，曹操待我再好，我迟早要离开曹营，投奔刘备，只是要立功报效曹操。张辽回去复命，又唯恐曹操因此加害关羽，考虑再三，叹道：“曹公如君父，关羽如兄弟。”毕竟君父重于兄弟，张辽把关羽的话如实向曹操汇报，曹操赞叹说：“关羽对待君上不忘其本，是天下的义士。”当年在和袁绍的战争中，关羽力斩袁绍大将颜良，解救白马之围。曹操厚加赏赐，封关羽为汉寿亭侯。但关羽得知刘备正在袁绍营中，决计归附刘备，将曹操所赏赐的东西全都封存，致书告辞。曹操手下的将领想去追赶，曹操却说：“他效忠故主，不必追赶。”

同样，文聘是刘表的大将，名声显赫。刘表死后，刘琮投降曹操，文聘为不能为故主保境守土而难过，不肯出降。后来和全军一起被曹操收编，文聘依然常常为刘表而难过。曹操为之动容，赞扬文聘是“忠臣”，对文聘信任不疑，厚加赏赐，并授予兵权，让文聘独当一面，担任江夏太守，为曹操防守长江防线，封关内侯。

“唯才是举”的令文虽然是在曹操基本平定了北方以后才发布的，但在这以前的逐鹿中原的过程中，曹操实际上是一直坚持这一方针的，只是没有公开加以宣扬而已。在曹氏集团中，毫无疑义起家的核心是曹氏及夏侯氏宗族子弟，但真正参与决策的往往是一些外来人员，甚至是从敌对势力阵营中倒戈投奔而来的人。这些人中既有世家大族的子弟，又有出身寒素、名声不佳的寒士，只要是确有一技之长的，在曹操的手下都得到了重用。以下我们可略举几个例子来加以说明。

曹操早期最重要的谋士是荀彧。荀彧是颍川大族出身，年轻时举孝廉为官，不久见天下大乱，弃官回乡。董卓之乱时，将其宗族迁到了冀州，被袁绍奉为上宾，宗族中子弟大多为袁绍服务，可荀彧认为袁绍终究不能成就什么大事，191 年毅然投奔了当时势小众寡的曹操。这一年荀彧 29 岁，曹操很欣赏他的才能，称之为“我之子房”（汉朝开国功臣张良，字子房），请他担任司马，专门为自己出谋划策。在曹操和陶谦、吕布的混战期间，荀彧建议先攻吕布以巩固兖州根据地，再图陶谦。汉献帝回到洛阳，荀彧力劝曹操亲自到洛阳迎奉，克服种种阻力，得到挟天子以令诸侯的政治优势。荀彧为侍中、守尚书令，曹操在外征战，荀彧留许昌主持朝政，处理事务井井有条。在曹操和袁绍矛盾激化时，荀彧为曹操分析了形势，指出曹操能信任下属“唯才所宜”，是“度胜”；曹操有决断，是“谋胜”；曹操治军赏罚分明，曹军士气高涨，是“武胜”；曹操阵营内人才济济，是“德胜”，有此“四胜”，必定能够打败袁绍，从而使曹操下定了攻灭袁绍的决心。官渡之战时，曹军缺粮，曹操一度动摇，想撤退到许昌一线，被荀彧劝止。打败袁绍后曹操打算南下攻打刘表，荀彧又劝他一鼓作气向河北进军，统一北方。荀彧深知曹操“唯才所宜”的用人方针，为曹操推荐了一大批有用的人才，比如郭嘉、荀攸、钟繇、陈群、司马懿、郗虑、华歆、王朗、荀悦、杜袭等等，这些人有的是世家大族子弟，有的是名声不佳的寒士，其中不少人后来位居卿相之位。史称其所推荐之人只有两个人不称职。

曹操早期另一个最重要的谋士是荀彧推荐的郭嘉。郭嘉字奉孝，也是颍川人，不过是寒素出身。东汉末年大乱时，郭嘉先投奔袁绍，后来认为袁绍名义上招揽人才，实际所信任的不过是他的宗族亲党，转而投奔曹操。经荀彧推荐和曹操长谈后，曹操说：“能使我成就大业的必定是此人。”而郭嘉也说曹操“真吾主也”。郭嘉屡屡为曹操献奇策，料事如神。然而郭嘉为人不拘小节，颍川大姓出身的谋士陈群看不惯，几次当着曹操的面激烈批评郭嘉，郭嘉依然故我，而曹操仍然信任郭嘉。曹操打败二袁后，是郭嘉建议轻装奇袭乌桓，大获全胜。

郭嘉后来因病早亡，曹操大恸，痛呼："良哉奉孝！痛哉奉孝！惜哉奉孝！"赤壁之战曹操大败而归，于半路上感叹道："如果郭奉孝还在，我不会到这个地步。"

曹操重要的文臣程昱也是寒素出身。当曹操为兖州牧时，程昱被辟举，他立即上路。从寿张县县令起家，在陈宫联合吕布叛乱时，程昱激励东阿等三城坚守待援，为曹操保住了根据地。打下徐州后，刘备无奈暂时投靠曹操，程昱多次向曹操进言要杀刘备，曹操没有同意。程昱为人尖刻，经常和同僚产生矛盾，有人告他谋反，曹操却信任如初。

贾诩是来自曹操敌对阵营的重要文臣之一。贾诩出身卑微，在东汉末年混乱时察孝廉，因为没有奥援，只得为郎，候补官职。董卓之乱时，贾诩的西北籍贯被董卓等关西将领看中，成为西北军阀的谋士。董卓的部将彼此混战后，贾诩又东行到割据南阳地区的军阀张绣手下为谋士，还曾为张绣献策打败曹操。曹操与袁绍开战时，贾诩建议张绣投降曹操，说曹操有天子朝廷的名分，归降是正道，并打消张绣曾反叛曹操、致使曹操子侄丧生的顾虑，说："曹操有王霸之志，肯定会不计私人恩怨以向天下表明大德。"张绣果然投靠曹操，曹操大喜，拉着贾诩的手说："使我的信誉闻名于天下的，就是你了。"后来贾诩在曹操阵营中发挥了重要作用，官至太尉。

文官如此，武将更是如此。曹氏集团的武将也是人才济济，出身经历不拘一格。就出身而言，除了曹氏子弟、夏侯氏子弟外，曹操的大将有不少出身卑微，如乐进原来是曹操帐前的小卒，因募兵有功，作战勇敢，被曹操提拔为将领，在官渡之战中力斩袁绍大将淳于琼。后成为独当一面的大将，封为侯爵。又如于禁，曾参加黄巾农民起义，后被曹操军队俘虏，王朗把这个战俘推荐给曹操，说于禁有大将之才，曹操召见后就拜于禁为军司马，叫于禁带兵去攻打广威城，果然马到成功。于禁后来随曹操南征北伐，屡立战功，成为曹操的名将。

曹操的将领有不少来自敌对阵营，有的先后为几个军阀作战，最后才效力于曹操。比如名将张辽，是并州雁门人，先为郡吏，东汉末年大乱初起，并州刺史丁原听说张辽武勇有力，召为从事，又派他带兵到洛阳护卫，受命于当时执掌朝政的何进。何进欲诛杀太监，派张辽到河北募兵。等张辽带着募到的千余人回到洛阳，何进已被杀，董卓独掌朝政，张辽转为董卓部将。董卓败，张辽跟着吕布来到徐州，至此他已是四易其主。198 年，吕布被曹操攻杀，张辽领所部投降曹操，并不像《三国演义》中所说的那样战败被俘又大义凛然。但自归降曹操后，张辽确实是忠心耿耿，屡立战功。在突袭乌桓的战役中，张辽主动请战，意气风发，曹操就把自己的指挥战旗（称之为麾）交给他，张辽奋勇冲锋，乌桓大败。张辽最著名的战绩是在赤壁之战后坚守合肥。当时曹操率败兵回中原，留下张辽、乐进、李典带兵 7000 余人坚守战略要地合肥。孙权率 10 万人马进攻合肥，张辽认为敌众我寡，必须先出击打掉其锐气，他带着 800 名敢死队出击东吴阵营，所向披靡，一直杀到孙权军中，高声喝叫，挑战孙权，几度冲杀，安然回城。东吴攻城十几天后，毫无所获，只得退兵。张辽又出城追击，打了东吴军队一个措手不及，东吴军队一时混乱，孙权差一点被活捉。张辽从此威镇江淮。

曹操另一位名将张郃也来自敌对阵营。张郃原来是韩馥的部将，韩馥失败后他投靠袁绍，在官渡和曹操作战，力谏袁绍全力援救乌巢，袁绍不听，导致大败后袁绍又怀疑张郃怨恨自己，张郃就投奔了曹操。张郃当时在袁绍帐下已有名望，曹操因此执张郃的手表示欢迎他弃暗投明，说："过去伍子胥觉悟太晚，被昏君迫害，差一点就丧命。不如像微子逃离昏君商纣王、韩信早日归汉。"立刻就拜张郃为偏将军，封都亭侯，给他一支军队，要他去进攻鄴城。张郃马到成功，从此成为曹操的得力干将。219 年，刘备进攻汉中，曹操在汉中的主帅夏侯渊阵亡，曹军一时混乱，将领郭淮建议："张将军为国家名将，刘备也怕他，现在情况紧急，非张将军不能平定。"众将公推张郃为主帅，和刘备相持，挽回危局。

曹操在用人上不拘一格，不计较出身、品行，特别是他还不计较个人恩怨，比如对待张绣。张绣是关西武威人，东汉末年曾手刃杀祖仇人，和父亲一起亡命山泽。关中军阀混战，他和父亲一起为李傕攻打吕布，父亲战死后，张绣率部下转战中原，屯兵南阳，依附刘表。曹操第一次南攻时，张绣先已投降，可因为曹操把他的婶婶纳为己妾，张绣大怒，举兵反叛，袭击曹操大营，曹操中了流矢，狼狈逃窜，一个儿子、一个侄子死于乱军之中，宠将典韦阵亡。可当曹操在官渡和袁绍大战时，张绣听从贾诩的劝告，主动归降曹操。曹操大喜，拉着他的手参加宴会，让自己的儿子曹均娶张绣的女儿，拜张绣为扬威将军。张绣率所部参加了官渡大战，立下战功。又比如名士陈琳原本在袁绍帐中执掌文书，官渡之战前，他替袁绍起草了讨伐曹操的檄文，言词尖刻，痛骂曹操是"阉宦之后"。官渡之战后，陈琳归降，惶恐不安，曹操对他说："你当初为袁绍撰文攻击我个人也就是了，《春秋》上说‘恶恶止其身’，为什么要羞辱我的祖上？”陈琳请罪，曹操也不再计较，依然让陈琳替他执掌刀笔。

对于一些臣下的错误言行，有时甚至是反叛的言行，曹操也会根据情况区别对待，并不是一概严惩。官渡大战是曹操集团生死存亡的大决战，很多臣下预计曹操会被袁绍打败，忐忑不安。有的预做后路，和袁绍联系，打算归降。官渡之战胜利后，曹操在袁绍的大营里搜出不少部下给袁绍的书信，他却把这些罪证一把火烧了，以安众人之心。曹操北击乌桓的战略被大多数臣下所反对，认为大军远离中原北上，万一刘表袭击中原、控制许昌的东汉朝廷，曹操集团就会陷入极大的被动局面，曹操却听从郭嘉等少数派的意见，毅然出击北方，大获全胜。回朝后很多臣下害怕被曹操责备处罚，可想不到曹操却给当初的反对派人士以奖赏，说：“我贸然出兵，深入险地，虽侥幸取胜，但实在是机缘所致，不是稳妥的做法。诸位谏阻出兵是考虑周全的忠告，应该奖赏。”

曹操的用人方略是曹氏集团迅速崛起的重要因素，这一政策招致大批寒素阶层的人物加入曹氏集团，扩大了曹氏集团的社会基础，巩固了曹魏政权的统治。曹操的用人方略对于瓦解敌对阵营、争取人才归附具有重要意义。在鼎立的三国统治集团中，可以说曹操“招降纳叛”最为成功。这里虽有曹操吞并其他势力较多的因素，但曹操这种不拘一格、“唯才是举”的用人方略肯定起了相当大的作用。

然而曹操“唯才是举”的用人方略只是他实行专制统治的手段之一。和历代的帝王一样，曹操的用人方略也有他不公开的、阴谋暗算的一面。他所不计较的是文臣武将过去对其他人的忠与孝，而对于曹操本人，是不允许文臣武将有不忠的行为的，甚至不允许有不忠的念头的。比如他的主要谋臣荀彧在他称帝的野心逐渐明朗化时，对他的举动颇不以为然。当 212 年曹操暗示臣下推举他为国公时，荀彧对前去征求意见的董昭等人说：曹公兴兵乃为匡扶国政，意存忠贞，不应妄为，免得被人议论。这些话传到曹操的耳中，曹操很不高兴，对他的这位辅弼之臣日益疏远。荀彧忧惧不已，患病而亡。

替曹操长期掌管人事工作的崔琰、毛玠的下场比荀彧更惨。曹操封魏王以后，崔琰所举荐的杨训上表歌功颂德，有人攻击杨训趋炎附势。崔琰看了表文后致信杨训："省表，事佳耳。时乎时乎，会当有时变。"意思是说你的表文我看过了，这是件好事，现在啊，世道不同了。他的这段话原意是安慰杨训，批评那些攻击杨训的人。可是有人向曹操告发，说崔琰"怨恨诽谤"，曹操亲自看了这封信，也认定崔琰是非议自己僭越，下令把崔琰罚作苦工。后来曹操又派人去查看崔琰有无悔改之意，得到的汇报是崔琰照旧结交宾客，门庭若市，并议论朝政，时有怨恨之言，于是曹操下令将崔琰赐死。毛玠对于老同僚的飞来横祸颇有微词，曾私下对人说，如今久旱不雨，恐怕就是因为处刑太严厉的缘故。结果被人告发下狱，经人向曹操求情才保住性命，但依然被罢官废黜，老死家中。

对于那些在混战阶段反复无常的将军们，曹操都能既往不咎，然而一旦这些人为曹操效力后，曹操对他们的要求就和招降纳叛的时候不一样了。于禁为曹操打天下立下了汗马功劳，后来在关羽进攻樊城时，于禁被关羽水淹七军，被围困在一个小山头上，不得已投降关羽；另一个将领庞德拒降而死。消息传来，曹操大怒，说：“于禁跟随我将近30年，危险关头竟然还比不上庞德那样的人可以为我尽死节。”于禁被俘不久，关羽被东吴打败，于禁又被东吴拘押。后来东吴和曹魏谈和，送于禁回北方。当时曹操已死，曹丕表面上还称赞于禁如同汉朝的苏武，可随后却把于禁派去看守曹操的坟墓，并且事先在墙上画上庞德大义凛然、于禁屈膝投降的图画，于禁见了羞愧难当，郁闷而死。

在中国古代君主专制政体下，实行的主要是“人治”。任用人才对于维护统治具有重要的意义。中原的混战及后来的三国纷争，很大程度上是人才的争夺战。清代史学家赵翼曾感叹“人才莫盛于三国”，并指出这是由于三国君主都注重人才而造成的。

力争主动以攻为守
刘氏集团的战略

“先天不足”的政治力量要登上历史舞台，就要力争主动，争取盟友。诸葛亮为刘备设计的“隆中策”就是这种政略、战略的代表作。

刘备“三顾茅庐”聘请诸葛亮的故事在民间可谓是家喻户晓、妇孺咸知。这个故事出自小说《三国演义》，小说将这一段故事渲染得活灵活现，使之成为千古传颂的佳话。至于历史上究竟是刘备去请诸葛亮的还是诸葛亮毛遂自荐的，这在不同的史书上有着不同的说法。据《三国志》的说法是刘备亲自造访诸葛亮，这也是大多数史书的说法。但《魏略》及《九州春秋》的说法则是诸葛亮见刘备屡战屡败，而又能屡败屡战，非常敬佩刘备的勇气，于是当刘备屯兵樊城时，他就主动上门求见，献计献策，受到刘备的重视，视为自己的智囊，言听计从。不过诸葛亮的《出师表》中自称：“先帝（指当时已去世的刘备）不以臣卑鄙，猥自枉屈，三顾臣于草庐之中，咨臣以当世之事。”这道表文是给蜀汉后主刘禅的，想必诸葛亮不会在这个问题上为自己脸上贴金，三顾茅庐之说当属可信。

比三顾茅庐的故事更值得重视的是“咨臣以当世之事”。在刘备拜访诸葛亮时，诸葛亮向他分析了当时全国的形势，并向刘备提出了积蓄力量、争夺天下的战略方针。这在历史上被称之为“隆中对策”，对于刘备集团的发展具有极其深远的影响。

刘备集团是当时逐鹿中原实力最弱的军阀。刘备自称是西汉景帝的儿子中山靖王刘胜的后代，史称中山靖王刘胜“乐酒好内”，有 120 多个儿子，是中国历史记载生子最多的人，所以他的后代自然数量惊人。据说刘胜的儿子刘贞被封在涿县，刘备即为其后代。到了刘备这一代，这支汉皇室的支系已经败落到替人织席卖鞋为生。刘备早年丧父，和母亲一起织席卖鞋，所以日后经常被政敌讥笑为“卖屐小儿”。在被曹操软禁时，刘备还曾装模作样地重操旧业，表示自己毫无野心。可实际上他小时候就在自己家附近一棵很像伞盖的大树下，向小朋友们宣布自己将来就要坐这样有伞盖的马车。15 岁时刘备和公孙瓒、刘德然一同跟随名儒卢植学习，他显露出不同寻常的待人接物能力。他不太喜欢读书，却钟爱犬马、音乐、漂亮的服装，做出纨绔子弟的模样。不过平时沉默寡言，喜怒不形于色，爱结交些讲义气的朋友，如大商人张世平、苏双等，后来这些商人朋友曾资助他起兵。当然他最著名的朋友是关羽和张飞，史书上记载他们 3 人同榻起居，情同手足，大庭广众之下，关羽和张飞都情愿侍立在刘备的左右，这经小说的渲染就成为“桃园三结义”的佳话。

黄巾大起义爆发后，刘备纠集起一支队伍参加镇压农民军的战争，以战功被授予安喜县县尉，才做了没几天，就因为和督邮发生冲突，一怒之下，把督邮捆起来打了200杖，自己弃官而走。这事到了《三国演义》里就安到了张飞的头上：“张翼德怒鞭督邮”。东汉末年的军阀混战中，刘备拉着自己那支小部队，先后听命于公孙瓒、田楷、陶谦、曹操、袁绍、刘表等大军阀，始终没有独树一帜的可能。当曹操为父复仇，猛攻陶谦而又被吕布袭击时，刘备先是站在陶谦一边的，陶谦为拉拢刘备，向名存实亡的东汉朝廷推荐刘备为豫州刺史，因此人们又称刘备为“刘豫州”。陶谦死后，刘备曾一度被陶谦的部下推举为徐州牧，不过当时他所能控制的徐州只是两三个城市而已，而且很快就被吕布打败。曹操为了攻打吕布、对付袁绍，和刘备结成统一战线，曾对刘备说：“当今天下的英雄只有你和我，袁绍算不了什么。”两人出则同车，坐则同席，关系很是密切。可是后来刘备参与了董承的政变阴谋，和曹操反目，又投入了袁绍的阵营，作为袁绍的别动队，南下袭击曹操的后勤运输线。袁绍失败后，刘备很快被曹操打败，只得投靠荆州的刘表，带着自己的小部队驻扎在新野，就在这时，他去拜访了诸葛亮。

诸葛亮并不是荆州当地人，他的老家是琅琊，算得上是没落士族子弟。他年少丧父，跟着到荆州做官的叔叔来到荆州，叔叔死后，他就在隆中隐居。他的志向很高，经常把自己比作古代的名相管仲、名将乐毅，不过他对自己的这个评价除了博陵崔州平、颍川徐庶等几个好朋友认同外，没有什么人相信。隐居期间他和徐庶、石广元、孟公威一起游学，其他3人都刻苦钻研学问，而诸葛亮却只是掌握要旨，不求甚解，经常抱膝长啸，对另外3人说：你们出去做官，可以做到郡守、刺史。3人反问他可做到哪一级，他只是笑而不答。刘备移驻新野，经徐庶的推荐，刘备特意拜访诸葛亮。这是公元207年的事，这一年，诸葛亮才满26岁，而刘备已是46岁的中年人了。

诸葛亮在隆中为刘备分析了当时全国的形势，指出：自董卓之乱以后，全国已陷入军阀混战，“豪杰并起”，割据地盘跨州连郡的军阀不可胜数，其中曹操集团“名微众寡”，曹操本人的声望、军事实力等方面都远远比不上袁绍，可是曹操却能够以弱胜强，最终战胜袁绍，这不仅仅是“天时”，主要是“人谋”。现在曹操已拥有百万之众，挟天子以令诸侯，是没有办法和曹操正面对抗的。江东的孙氏集团割据一方已经父兄三代，依据长江天险，又得到当地士族豪强的拥护，只能和他们联络作为自己的后援，不能试图去吞并他们。荆州一州地域广阔，北至汉水、沔水，南至南岭通往广州，西面连接巴蜀（今四川地区的统称），东面直通江东，是所谓用武之地，而荆州的主人刘表并不是能够守住这个地区的人，这是上天给予将军的地盘，就看将军有没有这个意图。益州地势险要，沃野千里，号为天府之国，当年汉高祖以此起家造就帝业，现在割据这一地区的刘璋昏愦无能，割据益州北面汉中地区的张鲁得不到当地的拥护，智能之士都在盼望明君。根据以上对形势的分析，诸葛亮提出了刘氏集团的战略方针：利用刘备“帝室之胄”的旗号，广交人才，乘着荆州、益州割据者空虚软弱的机会，占领这两州为根据地，利用这两州优越的战略地位及地理条件实现稳固的割据，改良内政，积蓄实力。对西面、南面的少数民族进行安抚联络，对东面的孙氏集团则结成联盟。一旦“天下有变”，中原发生动乱，荆州的军队由一员上将军统帅进攻中原的腹心地带南阳、洛阳，刘备则亲自统帅益州的大军越过秦岭进攻关中，再由关中出击中原，分进合击，必定能得到中原百姓的欢迎与拥护，重新振兴汉室。

刘备听了诸葛亮的分析和建议，深为折服，请诸葛亮出山辅佐自己来实现这个战略计划，说“我有了孔明，就好比是鱼儿有了水”。以后刘备和诸葛亮君臣相得，成为历史上的佳话。不过这是后话。在诸葛亮提出这“隆中对策”的时候，刘备根本就不具备实施这一宏伟战略的实力，而且就在第二年，曹操的大军开始南征，刘表又在这时病死，继承荆州刺史位置的刘琮望风而降，也未通知刘备，等刘备得到消息，曹操大军已经压境，刘备仓促后撤，十几万难民跟着他那支小部队一起南逃，这支混杂的队伍缓缓地移动，每天只能走上十几里。而曹操为争夺战略要地江陵，亲自率领5000轻骑，一日一夜急奔300多里，在长坂追上了刘备，诸葛亮的神机妙算帮不了刘备，仓促之间，刘备抛妻弃子，和诸葛亮、赵云等带了数十骑兵夺路而逃。所幸的是张飞拆断桥梁，延缓了曹军的追击，才使刘备没当俘虏。预先派出准备船只的关羽率水军前来接应，一行人顺流而下，来到刘表的长子刘琦控制的夏口，收集残兵败将，和刘琦合兵，全军有上万人马，刘备又有了一定的割据本钱，率军进驻樊口。

正在这时，江东的孙权派鲁肃来荆州探察形势。鲁肃见江东上游的形势已急剧变化，仅存刘备这支可联合抗击曹操的武装，就邀请诸葛亮到柴桑和孙权商谈联合抗击曹操的大计。诸葛亮在这时显示出卓越的战略眼光和出色的谈判技巧，在和孙权的谈话中先以激将法正话反说，劝孙权投降；待孙权被激怒下定抗击曹操的决心后，诸葛亮才正面分析双方的力量对比情况，指出曹操的军队劳师远征，长途跋涉近千里，已疲惫不堪，再加上曹操的军队都是北方人，不习水战，又不相信新归附的刘琮的水军，兵马号称80万、实际不过20多万，若刘、孙联手与之进行水战，必能打败曹操。曹操败后不可能脱离其根据地坚守荆州北部，只能撤回中原，这样一来，荆、吴就可以和中原鼎足而立。

孙权接受了诸葛亮的建议，和刘备结盟，派出周瑜率3万多人马进驻柴桑，与刘备呼应。曹操急于求成，大规模训练水军，集中主力于第一线，结果在赤壁之战中被周瑜用火攻法打败，军队损失惨重，狼狈撤回。孙权自率主力出击合肥，周瑜率赤壁获胜之军进攻江陵。曹军在长江战线全面转入防守作战。而刘备这时却抓紧时机，向南发展，取得荆州南部的武陵、长沙、桂阳、零陵4郡，占据荆州的战略目标实现了一半。刘备先是推体弱多病的刘琦为荆州牧，不到一年刘琦病死，刘备自己就顺理成章地当上了荆州牧。

孙权在赤壁之战后继续向北推进，但在曹操援军赶到后几乎都宣告失败。他见刘备乘自己向北进攻的时机和自己背道而驰，攻城略地，扩充实力，不禁对刘备多加戒惧。可面对曹操的压力，孙权还要联合刘备。他把自己的妹妹许配给刘备，又派出使者游说刘备，要和刘备合作进取益州。刘备集团内部为此发生争论，一派主张接受孙权的建议，反正东吴不可能越过荆州去遥控益州，益州终究还是刘备集团的囊中之物。另一派则认为，和东吴合作进攻益州，如果打了败仗，退兵时就会给东吴以可乘之机，不如先同意东吴建议，然后推说我军新占荆州，不可轻易妄出，主要兵力应由东吴方面承担，荆州给予东吴出兵的通道，这样东吴必定不敢出兵，以后再找机会独吞益州。刘备果然按照此计行事，孙权只得作罢。

正当孙、刘两家都不愿为他人火中取栗时，曹操却毫不犹豫地开始向西进军。211 年，曹操发兵经关中进攻汉中的张鲁，关中的马超、韩遂等将领怀疑曹操用的是“假途灭虢”之计，同时起兵反曹，屯兵潼关，堵住曹军西进的道路。曹操亲自指挥与关中诸将决战，一举击败马超等军阀，占领关中地区，马超退入凉州。

曹军占领关中，直接威胁到汉中的张鲁和益州的刘璋。刘璋惊慌失措，听信谋臣张松的意见，请同为汉朝宗室的刘备带兵入益州，替刘璋攻打汉中张鲁，保护益州，帮助抵御曹操。对刘备而言，这正是实现进占益州战略计划的绝好机会。刘备立即率数万兵马西行，留下诸葛亮、关羽守护荆州。当时曹操的主力实际上已移向东部前线，企图攻破东吴在濡须口（从巢湖东南流入长江的水道）设立的防御工事。刘备得以从容对付刘璋，他领军进入益州，反客为主占据涪城，刘璋后悔不迭，不过到了这时，已经无法赶走刘备了，他的部将纷纷投靠刘备，刘璋只得死守几个主要的城市。但刘备要攻取益州也并不是一帆风顺，在围攻雒城的战役中，花了近一年的时间还无法攻克，损兵折将，军师中郎将庞统在城下阵亡，刘备只得命诸葛亮带张飞、赵云等将领及援军赶到益州参战。攻下雒城后，刘备全军进逼成都，刘璋兵少计穷，大势已去，无奈出城投降。刘备自领益州牧。这样，隆中对策的战略计划已实现了占据稳固根据地的第一步。

就在刘备占领益州的第二年，孙权向刘备提出了索取荆州的要求。民间俗谚“刘皇叔借荆州——有借无还”，这是受到《三国演义》小说的影响，实际上刘备真正向孙权借的是江陵。荆州原来并不属于孙权，刘备以自己的力量攻占荆州 4 郡，和孙权并没有什么关系。只是周瑜死后，鲁肃接任都督，劝孙权将江陵借给刘备，作为刘备向益州进军的跳板，而对于东吴来说，要维持这一远离东吴统治中心的战略要地也有点力不从心，让刘备去防守可以遏制曹操。当时双方约定在刘备占领益州后江陵即归还东吴，现在孙权索要的却是整个荆州，这未免欺人过甚。即使是江陵一地，现在也已成为连接刘备集团两大战略根据地的枢纽，归还江陵，隆中对策的战略计划就无从实现。当然站在东吴的立场上看问题，孙权的做法也是有道理的。刘备所占的 4 郡威胁到了东吴的侧翼，一旦刘、孙之间反目成仇，发生战事，刘备就可能从长沙出兵直捣东吴的后路，那对于实力并不强大的东吴来说简直就是噩梦，不夺得荆州，东吴君臣寝食难安。既然双方都难以让步，刘备就回信孙权，说等自己打下了凉州再还江陵。孙权大怒，命令大将吕蒙袭击长沙、零陵、桂阳 3 郡。刘备率 5 万人马由益州东出，命令关羽南下和东吴作战，两个盟友的大战一触即发。可就在这时，曹操亲自带兵进攻汉中，张鲁稍作抵抗后投降曹操。汉中一失，巴蜀震动，刘备只得和孙权议和，双方商定以湘水为界，平分荆州，刘备保留南郡、零陵、武陵3郡；孙权则得到江夏、长沙、桂阳3郡。隆中对策战略计划的成果打了一点折扣。

刘备将主力北移防御曹操，以后的几年中，刘备与曹军互有攻守，形成拉锯局面。218年，刘备率主力北上，屯兵阳平关，决心夺取汉中。第二年，刘备部将黄忠在定军山战役中获胜，杀死曹军汉中主帅夏侯渊，曹操亲自赶到汉中指挥，和刘备相持几个月，无法获胜。曹操考虑到汉中地域狭小，物产有限，无法维持大部队长期作战，地势也是易攻难守，于是引兵撤退，刘备得以占领汉中。这一年的夏天，刘备自称汉中王，刘备集团的势力发展到了顶峰。

在进占荆、益两州后，按照诸葛亮“隆中对策”的计划，下一步就应该是积极准备北伐中原。不过原计划对于北伐有几个先决条件：改良荆州、益州的政治，使之成为稳固的根据地及北伐的战略基地，能够源源不断地向北伐的主力军提供后援；解决和西北、西南各少数民族的关系问题；和东吴结成巩固的同盟；尤其是要有“天下有变”的先决条件：中原地区要发生足以动摇曹操统治地位的大事变，然后刘备才可以汉朝正统的旗号，两路出兵，一举平定天下。而且在诸葛亮的计划中，荆州军是主力军，因为当时曹操的统治中心在许昌，由荆州出兵经南阳盆地，长驱直入五六百里路就可直捣许昌、洛阳，打败曹操的主力；由关中出兵的一路是要在曹操统治瓦解的情况下，扫荡中原，略定河东。可是后来形势的发展和这个计划预计的有所不同。首先夺取荆州是在东吴的帮助下实现的，赤壁大战的结果是使得东吴势力染指荆州，这样一来和东吴的联盟就因为双方之间出现了直接对立的利害关系而先天不足。其次攻略益州也是在面临曹操的直接压力下才得以实现的，刘备攻略益州时，原本确实仍以主力留守荆州，可在遇到出乎意料的抵抗后，不得不调动荆州主力入蜀，而且为了和曹操争夺汉中，几乎调动了全部的主力军队，荆州军成为一支孤立的偏师，既不可能成为北伐的主力，又不足以威慑东吴。而更糟糕的是，荆州军的统帅关羽对此似乎并没有什么察觉，依然我行我素，继续按原计划实行。“隆中对策”的战略计划终于化为泡影。

公元219年，关羽向曹军发起了攻势。当时曹操的统治丝毫没有垮台的征候，虽说在汉中打了败仗，但曹操的主力并没有受损。刘备的益州根据地还没有得到巩固，主力全都在汉中，派到房陵、上庸为荆州军北伐策应的孟达、刘封的部队刚刚进驻这一地区。关羽却把原来应该是精心策划、统一协调的北伐大业变成了一场他个人唱主角的军事冒险。开始时这一攻势发展顺利，关羽水淹在樊城的曹军，杀死曹军大将庞德，俘虏于禁。中原大震，曹操甚至打算迁都，但是当曹操派大将徐晃增援后，势单力孤的关羽军队攻势停顿了下来。司马懿建议联络东吴袭击关羽后路，孙权立即行动，派大将吕蒙袭击江陵，关羽腹背受敌，终于全军覆没，关羽被杀。

荆州军的失败实际上宣告了原隆中对策战略计划的失败。第二年中原真的“有变”，曹操病死，曹丕篡汉，正式建立曹魏。这虽是政治大变动，可是实际冲击力很小，并没有出现原来诸葛亮希望出现的大动乱。刘备在此后一年也称帝，宣布恢复汉朝的统治。不过这时孟达又投降了曹魏，策应荆州北伐的部署也已失败。刘备依然不死心，下定决心要夺回荆州，称帝后亲自统帅全部主力攻打东吴。孙权一方面派大将陆逊组织防御，另一方面向曹魏称臣，受封为吴王。刘备发动的对东吴的战争，在时机和部署上都没有什么成功的可能，他率大军沿崎岖难行的长江三峡而下，在这样的地形中军队数量再多也难以有用武之地。东吴的陆逊就凭借地形和刘备相持，节节阻滞刘备的攻势，当刘备军队疲惫不堪时才发动反击，在猇亭一带打败了刘备。刘备在疲惫、沮丧、自惭中一病不起，于白帝城去世。临死前他嘱咐诸葛亮辅佐自己的儿子，如果自己的儿子无才，请诸葛亮自立为王。诸葛亮含泪受命，但坚决表示要辅佐刘禅。

诸葛亮作为丞相统揽了蜀汉的大权。他清醒地认识到蜀汉现在已是三国中最为弱小的政权，刘备新败，元气大伤，要想确保政权，只能和东吴恢复联盟关系，即使东吴不能协调出兵北伐，至少可以牵制曹魏的力量，蜀汉也可以免去后顾之忧。所以诸葛亮在辅政之初就派使臣去东吴联络。东吴的孙权也并不愿和蜀汉为仇，况且曹魏在东吴和刘备大战时曾出兵攻打东吴，东吴和曹魏之间根本就不曾有过什么联盟关系。于是蜀汉和东吴双方很快就恢复了松散的联盟关系，三国鼎立的形势又回到两弱对一强的格局。

说来奇怪的是，诸葛亮在这以前一直没有机会来亲自实现自己制订的战略计划，他在刘备去世以前，所承担的角色是外交家、政治家，帮刘备联络东吴，治理内政，尽管《三国演义》中把诸葛亮吹得神乎其神，可实际上诸葛亮早期从没有独当一面地指挥过某一战役。现在他大权在握，有了实施“隆中对策”战略计划的权力，可实施这个计划的时机却已经丧失了。从表面上看，诸葛亮依然是按照这个计划行事的，而实际上他的目标已经改换成确保蜀汉割据一方。

在重建和东吴的联盟关系后，诸葛亮于 225 年进兵南中地区，平定这一地区已发生了两年多的少数民族反叛。这片地区大致相当于今天的四川西南、云南一带，少数民族首领孟获等在两年多前起兵。诸葛亮出兵前，手下的谋士马谡提出对南中少数民族应该是攻心为上，攻城为下；心战为上，兵战为下。这和诸葛亮原来在“隆中对策”中“南抚夷越”的策略不谋而合。诸葛亮按照这一方针对孟获“七擒七纵”，终于使得西南少数民族对蜀汉政权心悦诚服，不再反叛。诸葛亮撤军时在当地委派少数民族首领为蜀汉的官员，不留汉族官员，减少和少数民族的矛盾。南中地区的粮食及各类物资源源不断输入益州，从此成为益州的后勤基地。

诸葛亮执政后厉行法治，认为蜀中长期以来政治混乱，朝纲不振，法制不明，必须纠之以猛，赏罚分明。他执法严明，他有一句名言：“吾心如秤，不能为人作轻重。”而且他自己以身作则，以“鞠躬尽瘁，死而后已”的精神效忠蜀汉政权。清廉节俭，不蓄私财，家中有田 15 顷，桑树 800 株，都是当初刘备攻取益州后对他的赏赐。在他的治理下，蜀汉政权的风气比较廉直，各级官员不敢太过违法行事。

在稳定内政、联盟东吴、解决少数民族矛盾后，诸葛亮不顾荆州一路已全然不再存在、曹魏内部无隙可乘的不利因素，依然不屈不挠地发起北伐，这就是人们所熟悉的“六出祁山”。

实际上诸葛亮的北伐只有两次是从祁山出兵的。227年，诸葛亮率大军屯沔阳。第二年出兵北伐，先派赵云率一支军队据箕谷佯攻郿，自己率主力出祁山，初战获胜，天水、安定、南安3郡反魏附蜀，关中大震。魏明帝曹睿亲自赶到关中组织防御，以大将军曹真守郿，老将张郃率军5万迎击诸葛亮的主力。诸葛亮的先锋马谡平日谈论兵法头头是道，可缺乏实战经验，在远离水源的山头扎营，被张郃打败，诸葛亮被迫退兵。这一年的冬天，诸葛亮得知东吴陆逊打败了前来进犯的曹魏将领曹休，又带兵出散关发起第二次北伐，但曹军将领郝昭坚守战略要地陈仓，诸葛亮猛攻二十多天都不能得手，军粮不济，只得撤围回兵。229年，诸葛亮又发起第三次北伐，派军队攻击武都、阴平，得到这两个郡为前进阵地。230年，曹魏大将曹真、司马懿率军进攻蜀汉，诸葛亮在成固赤坂屯兵迎击，曹魏军由于连日大雨无法作战而退兵，蜀将魏延率军进攻羌中获胜。231年，诸葛亮第五次出兵攻魏，北出祁山，曹魏以司马懿为统帅，他断定诸葛亮后勤供给线过长，无法持久作战，坚守上邽避战。诸葛亮想尽办法挑战，司马懿都不出战。诸葛亮造“木牛流马”（人力手推车）运粮，抢割当地的麦子，可仍然不够供应，只得退兵，曹魏大将张郃在追击中遭伏击阵亡。234年，诸葛亮第六次北伐，率军由斜谷出兵，屯兵五丈原，分兵屯田，打算和魏军长久相持，可是结果他自己病重身亡，蜀汉军队只得退回汉中。

诸葛亮“六出祁山”的北伐劳而无功，表面上看来，诸葛亮是“知其不可为而为之”，顽固地抱住原来的战略计划不放，但仔细分析，他实际上已经修改了战略，他的北伐主要是“以攻为守”，尽力在劣势的情况下争取战略主动地位，不让强大的曹魏有从容进攻益州的机会。所以他的进攻尽力避免冒险，从不打无把握之仗。第一次出兵时，部将魏延建议北出子午谷（古代连接翻越秦岭的主要道路）直取长安，诸葛亮料想曹魏在此道路肯定设重兵防守，万一在会战中失利，要全军撤退很困难，所以他只对这个方向做佯攻，宁愿舍近求远，往西北方向出祁山。他的新的战略目标首先是在关中西部击败魏军，进占关中地区；如主要目标不能实现，他的次要目标则是攻占凉州，夺取凉州的人力资源（古代凉州子弟以尚武善骑射闻名）和马匹，并威胁关中地区的侧翼，使得曹魏无法从关中全力进攻益州。为此他的 6 次攻势有 3 次是指向西北的，一直是在今天的甘肃东南部兜圈子。他也一直重用凉州人士，如马超、马岱、姜维等等。只是他“出师未捷身先死”，没能实现自己的目标。

诸葛亮死后，他的继任者继续执行这个以攻为守的战略，只是具体目标常有修正。蒋琬继为丞相，打算由上庸出兵进击中原，这个战略方向山高路险，实际上并不是大军出击的好的选择，好在蒋琬没有实际实行。由于连续 9 年蜀汉没有出兵，244 年曹魏从关中大举进攻，蜀汉经苦战大败魏军。姜维执掌兵权，恢复了诸葛亮的战略计划及方向。从 247 年起，进行了 9 次北伐，虽夺回了战略主动权，可连年用兵，耗尽了蜀汉的力量，蜀汉内政也日趋腐败，当 263 年曹魏大举进攻时，蜀汉已不能抵挡，很快丧失汉中。魏将邓艾由阴平翻越大山，出奇兵攻入成都平原，蜀汉政权土崩瓦解。

刘备集团以弱小之极的实力参与中原逐鹿，最终能够成为鼎足三分天下的一大势力，除了善于把握时机外，有明确的计划是刘备集团获得成功的主要原因之一。这个计划强调根据地的重要性，强调争取盟友的重要性，强调在弱势条件下力争战略主动权的重要性，是古代政略、战略的优秀之作。

坐断东南
孙氏集团割据江东

所谓曹操占“天时”、刘备有“人和”、孙权靠“地利”的说法，实际只是小说家们肤浅的归纳。实际上东吴既有地利，更有人和，尤其是顺应了江南社会经济发展的“天时”。

南宋词人辛弃疾有一首脍炙人口的著名辞章《南乡子·登京口北固亭有怀》：“何处望神州？满眼风光北固楼。古今兴亡多少事，悠悠，不尽长江滚滚流。年少万兜鍪，坐断东南战未休。天下英雄谁敌手？曹刘，生子当如孙仲谋。”

这首词中的“天下英雄”之句，出于曹操。有一次在喝酒时，曹操对刘备说，天下英雄只有他们两个。“生子当如孙仲谋”则是出自另一个典故：213年曹操率军进攻东吴的要塞濡须口，这濡须口因为地处连通长江和淮河的濡须水的入口而得名，是江淮间交通要道上最重要的堡垒。曹操以水军为主力发起进攻，结果在第一天的战斗中就损失惨重，被孙权的水军俘虏3000人，还有数千人落水淹死。曹操不敢再贸然从水上进攻，东吴水军连连挑战，曹军坚守不出。孙权一时性起，亲自驾一叶扁舟，来到曹操的水军营寨外，探察军情。曹营将士以为又是前来挑战的，可曹操却说："这肯定是孙权亲自来探察我军水寨。"下令各营严阵以待，不得随意施放冷箭。孙权在曹营外盘桓五六里，才鼓乐喧天地回营去了。曹操望见孙权船上器杖军伍整齐，不禁感叹道："生子当如孙仲谋（孙权字仲谋）。像刘表的儿子只是猪狗一般。"刘表的儿子刘琮在曹操大举进攻荆州时迎风而降，曹操从心底里看不起刘琮，所以称之为猪狗。孙权观曹营的故事在另一部史书《魏略》中的说法又有不同，说是孙权乘坐一条大船前去探营，曹操下令乱箭齐射，孙权依然在营外游弋，船的一侧船舷插满了箭矢，行将倾覆，孙权就下令把船掉头，让船的另一侧船舷受箭，至两舷平衡，安然返航。这是小说《三国演义》"草船借箭"故事的由来，不过小说把主角换成了诸葛亮。

孙权过人的胆识是继承了父兄的传统。孙权的父亲孙坚是吴郡富春人，年少时为县里的小吏。有一次孙坚和父亲一起坐船去钱塘，路上遇到一伙海盗正在抢劫商人，还大模大样地在岸上分赃，好多商船都不敢靠近，孙坚对父亲说："这伙海贼不难对付。"他提着一把刀跳上岸去，高声呼喊，好像正在指挥官兵捕捉海盗。海盗们被他吓住，以为真有官兵围捕，丢下财物纷纷逃窜，孙坚追上去杀死一个海盗，从此名闻江东。东汉末年黄巾大起义爆发后，孙坚招募了一支千余人的队伍，参加镇压黄巾军的战争，以作战勇猛著称，被东汉朝廷封为乌程侯。当董卓之乱爆发后，不甘寂寞的孙坚又率子弟兵加入讨伐董卓的联军。联军瓦解后，孙坚依附于袁术集团，为袁术征讨异己。192 年袁术派孙坚进攻刘表，在和刘表的部将黄祖作战时，孙坚阵亡，死时才 37 岁。因此孙氏集团和刘表集团结下了世仇。

孙坚死时，他的儿子孙策才 17 岁，但已广泛结交大族名士，在江淮之间有很多朋友，声誉卓著。他的朋友中最著名的就有后来指挥赤壁大战的周瑜。孙坚死后，孙策拜访名士张昭，向他说明自己打算到袁术处请兵，和舅父丹阳太守吴景会合，割据江东之地。张昭劝他要把眼光放远一点，要学习孙坚积极进取的精神，占据江东而一统荆州、扬州，争雄天下，像春秋时的吴、越王国一样建立霸业。孙策接受张昭的建议，到袁术处争取到了旧部的指挥权，又增募了几百人为自己的基干力量。袁术把孙策的部队当成一支别动队，常以允许打胜仗后即给予该地统治权为诱饵，命孙策去为他征战，一旦打了胜仗反而食言。孙策隐忍不发。后来袁术因为和占据了江东的刘繇发生冲突，想借用孙策和被刘繇赶走的吴景前去征讨。孙策将计就计，经两年的苦战，终于占据整个江东地区，而袁术当时已经败亡，孙策接受曹操控制的东汉朝廷的任命，为讨逆将军，受封为吴侯，已完全独树一帜，成为最强大的割据者之一，并开始向长江中游发展，199 年击败刘表，夺取了江夏、豫章两郡。第二年，孙策见曹操和袁绍在官渡激战，打算乘虚而入，袭击许昌，迎奉汉献帝。正在积极部署时却不料被手下的叛将暗杀，当年孙策才 26 岁。临死时他告诫张昭等辅佐弟弟孙权，并说："今大乱之势，以江南力量及地势足以争雄天下。率军征战于两军阵前，争锋于天下，你们不如我；任用贤能各尽其才，保有江东基业，我不如你们。”

孙权继承兄长的权力时只有 19 岁，当时孙氏集团所统治的地区包括会稽、吴郡、丹阳、豫章、庐陵 5 郡，不过对这些地区的控制并不稳固，山区还有很多少数民族部落不受孙氏政权的统治，偏僻地方的土豪照旧作威作福，由北方南迁的士族豪强拥兵自重，不听孙氏政权的号令。在统治集团内部也有很多人不服从孙权的政令，有的想投靠曹操，有的想自立为王。在孙氏集团的外部，北方的曹操集团也对江东虎视眈眈，而西部的刘表及刘表的部将黄祖一直对孙氏集团采取逼迫政策。

在这样的形势下，孙权紧密依靠父兄的朋友及幕僚，加紧延揽人才，放手让张昭、周瑜、鲁肃、程普等人独当一面。统治集团核心团结一致，人才济济。在当时各地的割据势力中，孙氏集团最为朝气蓬勃。孙策生前任命李术为庐江太守，孙策死后，李术不再接受孙权的节制，割据庐江郡，这个地区约相当于今天安徽西南部及湖北东部、河南南部的大别山地区，战略地位重要。孙权一方面调动军队围攻，一方面向曹操控制下的东汉朝廷上表声明李术的叛逆之罪，还致信曹操，恭维曹操位居辅弼重臣，自然明察秋毫，不会被李术的一面之词所迷惑。曹操正在进军河北，扫荡袁绍余部，一时腾不出兵力来干涉，也就保持中立。孙权经苦战攻克庐江的郡城皖，杀死李术，平定了这场叛乱。不久孙权又分遣部将残酷镇压不服政令的少数民族，强迫少数民族部落为东吴政权提供赋役。

与内部的问题相比，东吴和外部的关系更重要。在这方面，孙权受到鲁肃的影响很大。鲁肃是由周瑜推荐给孙权的，孙权向鲁肃表示自己继承父兄的基业，在汉朝倾覆的现状下，希望能建立古代齐桓公、晋文公那样的霸业。鲁肃却直截了当地向孙权指出："当初汉高祖刘邦想尊奉义帝，但因为项羽这样的豪杰而不能实现。现在的曹操就是当初的项羽，要想像古代的齐桓公、晋文公以尊奉中央朝廷为名而建立霸业已是不可能的事了。汉室衰微之势已是无可挽回，曹操势力强大，又挟天子以令诸侯，也不可能在短时间里加以剪除。以现在的形势而言，应该立足江东，静观天下之变。江东已有如此局面，足以和中原鼎足而立。北方历来为政治中心，地域广大，形势复杂，事端百出，不可能迅速平定，正可以借此机会在江南发展，先剿除江夏的黄祖，再吞并刘表，垄断长江之险，然后称帝以图天下，成就汉高祖那样的霸业。"鲁肃的战略方针很简单，以在南方自己称帝割据一方，取代过去孙坚、孙策积极加入中原政治，扶持中央朝廷的战略。孙权听了，虽然在口头上仍然说要扶保江东、辅弼汉朝，可实际上对此心领神会，以后再不谈辅佐汉朝的口号，专一经营江南。这个向北防御、向西向南发展的战略方针成为东吴政权的既定国策。

按照鲁肃的建议，孙权第一步对外出击的方向就是孙氏集团的世仇黄祖。黄祖原为刘表的部将，后来独树一帜，乘孙策死后的混乱局面，重新夺回并割据江夏郡，严重威胁到孙氏集团的利益。孙权发动了 3 次西征，花了 5 年时间，终于在 208 年春打败并杀死了黄祖，为自己的父亲报了仇，在东吴的上游建立了屏障。

原本孙氏集团的第二步主攻方向是荆州的刘表，可就在孙权刚刚打败黄祖的时候，北方的曹操大举南下，荆州新主刘琮不战而降，曹操乘胜猛追寄寓荆州的刘备，兵临长江，而且又致书孙权，露骨地加以威胁。孙权举棋不定，不知应该如何应付这般紧急情况，派鲁肃往夏口探视。鲁肃在和刘备及诸葛亮接洽后，邀请诸葛亮来柴桑和孙权会面。诸葛亮说动孙权定下联刘抗曹的决心，但孙权仍旧在其统治集团内部进行了广泛的讨论。当时张昭等人是反对联刘抗曹的，其理由是曹操以天子之命的名义征讨四方，师出有名，占据极大的政治优势，若与之对抗，就是对抗朝廷，于理不顺。况且曹操现已占有荆州，位居江东的上游，顺流而下，长江天险已不为我恃。再加上曹操俘获刘表荆州水军数千艘战船，水陆两路的兵力已是无人可挡，敌众我寡，实力悬殊，不如暂且称降，与之周旋，避免和曹操决战。

孙氏集团中坚决主张抵抗的是周瑜、鲁肃等人，他们认为，一般的官员投降曹操犹能为其所用，名列宦阶，交游士林，仍可乐得其所；而孙权以一方之雄投降曹操，必然不得自安。曹操的军队虽然强大，但连年征战，远来疲惫，又不服水土、不习水战，战斗力必定大打折扣。即便有刘表的水军可供驱使，但将士归附未久，尚存观望之心，不会为曹操拼命作战的。曹操的军队号称是80万，可仔细分析南下的北方军队不会超过十五六万，收编的荆州军至多只有七八万人。时近隆冬，北方南下的战马缺乏草料，是曹操军队在后勤方面的大问题。曹操的后方有关中军阀的牵制，并不能全力向南进攻。所以综合这些因素考虑，只需数万精兵就足以抵御曹操。

孙权仔细听取了双方的意见后，毅然做出决断："曹操早就图谋篡位，只是顾虑到袁绍、袁术、吕布、刘表和我江东，现在其他势力都已被曹操消灭，只有我尚存，我和曹贼，势不两立！"并拔刀砍碎座前的桌案，说，"有将吏敢再说要投降曹操的，有如此案！"

孙权派出周瑜率3万精兵和曹操作战，周瑜和曹军在长江赤壁一带隔江对峙。当时曹军疫病流行，初战即败。曹操为了使部队尽快熟悉水性，把战船都用绳索连接，首尾一体，防止风浪颠簸。周瑜的部将黄盖向周瑜建议：可以使用火攻战法，和曹操速战速决，否则长期相持，只有利于实力强大的曹操。周瑜采纳他的建议，黄盖就给曹操送去诈降信，曹操虽然对此将信将疑，不过也没有采取什么特别的防范措施。208年冬，黄盖挑选了10艘大船，装满干柴芦苇，并浇上油膏，盖上帐幕，乘着冬天少有的东南风，扬帆直奔曹操的水寨。曹操在这之前得到黄盖要来投奔的书信，全然未做防备。黄盖在距曹营一二里路的地方下令各船一起点火，火船借着东南风猛烈撞击曹操那些绑在一起行动僵硬的战船队伍，顷刻间烈焰飞腾，浓烟滚滚，整个曹军的水寨甚至岸上的营寨都被吞没在火海之中。周瑜指挥全军过江猛攻，刘备的军队也发动进攻，水陆并进。曹军乱作一团，狼狈逃窜，有的被烧死，有的被淹死，有的被孙刘联军杀死，根本来不及进行有组织的抵抗。曹军溃退几十里，人马损失过半。曹操遭此大败，唯恐后方不稳，留下曹仁守江陵，自己率主力返回中原。

赤壁大战奠定了三国鼎立的战略态势，将曹魏的势力遏制在长江以北，孙氏集团在江南的统治得到了巩固，大大激发了孙氏集团割据江南、对抗中原政权的信心，鲁肃所言的战略方针得到了初步实现。在这一时期，实现这一战略方针的主要功臣是周瑜。

赤壁之战后，周瑜挥军进攻长江重镇江陵，和曹仁指挥的曹军进行激战。周瑜先是派甘宁率军包抄夷陵，打算从江陵的上游进击曹军的后路。不料曹仁以主力包围甘宁所部，周瑜毅然渡江猛攻江陵，双方大战一场。周瑜身先士卒，中箭受伤，但他依然坚持在江北扎营，亲自巡行军营，鼓舞士气。双方相持了近一年，曹军伤亡惨重，后勤供应困难，只得放弃江陵，把防线收缩至襄阳、樊城一线。

正当周瑜和曹仁大战时，刘备却乘机攻取了荆州江南4郡。周瑜对刘备势力的增长很是忧虑，写信给孙权，建议把刘备迁到吴郡，分散其势力，加强控制，可刘备对东吴提出的这个方案根本不感兴趣。周瑜又建议和刘备一起攻取益州，想消耗刘备的实力，也被刘备识破，没有成功，周瑜不久病死。周瑜是孙氏集团早期的重要人物，文武双全，宽容豁达。东吴老将程普原本看不起周瑜，经常当面指斥，周瑜都不加计较。后来程普反躬自省，对周瑜心悦诚服，说和周瑜交往如同饮醇酒，不知自醉。小说《三国演义》为了抬高诸葛亮，不顾史实贬低周瑜，使周瑜成为著名的“量小骄忌”的典型文学人物，实在是有失公允。

周瑜死后，鲁肃接替了他遗下的都督职务。鲁肃审时度势，认为仍有必要坚持联刘抗曹的策略，劝孙权把江陵借给刘备，鼓动刘备西取益州，减少和孙氏集团的矛盾，同时全力巩固内部，向南发展。210年，孙权任命步骘为交州刺史，孙氏集团统治地区扩大到了岭南地区。212年，孙权把自己的都城迁到了秣陵，改称建业，筑石头城。从此割据江南的政权都将都城建在这个虎踞龙盘的城市。同年孙权又接受了吕蒙的建议，在濡须口筑起要塞，堵塞曹军沿水道进攻长江防线的路线。这个要塞在第二年就发挥了重要的作用，迫使曹军在此和孙权相持达数月，不能前进一步，只得撤退。为了破坏孙氏政权的经济，曹操撤退时下令将江淮之间的百姓迁往中原，结果反而引起了民间的恐慌，10余万户百姓迁到了江南。

鲁肃提出的战略方针就有取荆州巩固江东地区上游防线的内容。当刘备西取益州获胜，孙权就开始要索回江陵，并要求刘备交出荆州。双方的联盟已是名存实亡。刘备原打算亲率大军争夺荆州，但因为曹操出兵汉中，威胁益州，刘备无奈，只得和孙权谈判，双方平分荆州之地。

217年，鲁肃病死，吕蒙继任。吕蒙积极筹备夺取荆州。当219年刘备的大将关羽发起北伐进攻樊城时，吕蒙向孙权建议乘关羽后方空虚袭占荆州，曹操也在这时按司马懿之计派人前来离间孙刘同盟。孙权决心一劳永逸地解决自己领地上游的潜在威胁，和吕蒙商定，先召回吕蒙，派年轻资浅的陆逊去接替。陆逊到任后，致信关羽，称颂关羽功德，表示愿意长期结好，向关羽大灌迷汤。骄傲自大的关羽根本没把陆逊放在眼里，又把荆州守军调往樊城前线。孙权和曹操联络，表示将袭击荆州，让曹操保守秘密。曹操却故意把这个消息泄露给关羽，以图关羽退兵。可关羽不以为然，并不退兵。吕蒙毫不浪费时间，迅速将战船伪装成商船，突袭荆州江防守军。留守荆州的关羽部将和关羽有嫌隙，一经吕蒙诱降，很快倒戈。吕蒙进军荆州，严明军纪，不准部下骚扰关羽将士家属。有一个同乡士兵在遭雨淋时取乡民斗笠遮挡铠甲，吕蒙不念同乡之情，依法处斩。军中震肃，荆州百姓安心。关羽的将士得知这一情况，斗志全消。关羽回军和吕蒙争夺荆州，但部下众叛亲离，土崩瓦解，败走当阳、麦城，被吕蒙部将擒杀。

袭占荆州实现了鲁肃原来提出的战略构想，使东吴孙氏政权占据了全部的长江地利，可是也面临着和刘备集团的空前冲突。孙权为了缓和危机，再三同刘备议和，并且在政治上尽量放低姿态。220 年曹丕废汉称帝，221 年刘备称帝，绍续汉朝，而孙权却不急于称帝。221 年刘备亲自率领大军前来讨伐，孙权一方面派陆逊领兵抵抗，一方面向曹魏称臣。曹丕封孙权为吴王，孙权接受，他向群臣解释说："当初汉高祖不是也曾接受项羽的封号吗？"他以这样的低姿态来避免曹魏乘势进攻，防止陷入两线作战的不利形势。而曹丕想坐山观虎斗，没有插手这场战争，孙权得以全力和刘备作战。

在这场不久前的盟友之间爆发的战争中，东吴统帅陆逊发挥了重要作用。他少年持重，当刘备大军抵达猇亭时，他告诫诸将对方锐气正旺，我军只能乘高守险，不得出战。无论刘备如何挑战，陆逊总是不与之交锋。几个月后，刘备军队士气低落，时逢盛夏，为避免瘟疫流行，刘备的军营分散，在山间连营 700 里。陆逊抓住对方的这个弱点，部署吴军在水陆两路发起反击，火烧刘备军营。吴军连续作战，接连攻破刘备 40 多座军营，刘备军队死伤惨重，纷纷溃散，为躲避追兵，把辎重铠甲堆积在路上放火焚烧。刘备退到白帝城，陆逊大获全胜。

在这空前的大胜利面前，孙氏集团头脑清醒，在政治上仍然采取低姿态。孙权知道一弱联一强以攻一弱，其结果只能是被强者吞并。和曹魏结盟只是缓兵之计，况且曹魏步步紧逼，要孙权遣子为质，又调动兵力施加压力。在东吴战胜刘备后不久，曹魏就向东吴发起了进攻，曹仁一路攻打濡须口，夏侯尚一路攻打江陵。孙权在这种形势下又向刘备议和，刘备应允。第二年，在刘备死后执掌蜀汉大权的诸葛亮派使者到东吴，再提双方结盟。孙权求之不得，很快同意，蜀汉、东吴又结成了对抗曹魏的联盟关系。孙权对曹魏的低姿态并不放弃，虽然不再和曹魏通使往来，可是孙权仍然使用吴王的封号，尽力避免和曹魏的矛盾尖锐化。

孙权不想和曹魏的矛盾过于尖锐，可曹魏却在积极进取。在孙权割据江南的战略实现之初，曹魏认为东吴战线绵长，首尾难顾，所以连年发动进攻。猇亭之战当年曹魏发动的进攻持续了半年之久，结果没能攻破东吴的防线，只得在第二年撤兵。魏文帝曹丕改变进攻战略，试图从东部迂回攻击东吴防线，224 年、225 年两次率军进攻，都把主攻方向定在东部，可两次都打到了广陵后无法渡江，曹丕只好望着浩浩大江而无奈退兵。226 年曹丕病死，孙权对曹魏采取攻势，东吴两路出兵，孙权自率一路进攻曹魏江夏郡（三国时曹魏、东吴各置江夏郡，大致以汉水为界，曹魏江夏郡治为上昶城，东吴江夏郡治为武昌），诸葛瑾率一路进攻襄阳，但都无功而返。同时东吴内部又发生少数民族的反叛，孙权退兵转为防守。

229 年，孙权称帝，史称吴大帝。在蜀汉诸葛亮发动以攻为守的“六出祁山”北伐时期，东吴也随之连连向曹魏发起进攻。这些进攻的实际目的和蜀汉一样是为了改善自己的战略态势，并没有要置曹魏于死地的决心及信心。由于曹魏以重兵囤积于合肥，将合肥作为进攻东吴的战略基地，从合肥进军江南可一举切断东吴东西两线的联系，攻击东吴的都城建业，直接威胁到东吴的生存。所以东吴在 230 年、233 年、234 年连续 3 次进攻合肥，总想拔掉这个眼中钉，可是都没能成功。蜀汉和东吴的攻势互相之间的配合很差，往往在时间上不同步，在战略目标方向上也是各行其是，两国之间的同盟与其说是军事同盟，还不如说是一种松散的政治上彼此声援的准同盟关系。孙权在 252 年去世后，东吴的内政出现了种种危机，内乱时有发生，但据长江天险割据江南的总的战略方针一直没有放弃。东吴和北方的曹魏及后来的西晋互有攻守，在发动进攻的数量方面平分秋色，可以说东吴采用的也是以攻为守的战略。东吴末年，吴主孙皓昏庸残暴，迷信谶纬之说。271 年，有人编造谶文，说“黄旗紫盖，见于东南，终有天下者，荆扬之君”，孙皓大喜，不顾天寒地冻，企图发动消灭西晋的大规模攻势，东吴将士无人愿意去送死，纷纷扬言要在阵前倒戈，孙皓不得不收回成命。东吴政权最后灭亡是在公元 280 年，西晋军队主力从上游顺流而下，一举攻克建业，孙皓出降。如从孙策渡江算起，东吴政权至此已有 86 年。即使从孙权称帝算起，也已经有 59 年的历史，是三国政权中维持时间最长的一个割据政权。

东吴的孙氏集团能够在东汉末年的混战中脱颖而出，成为鼎足三分天下的一方，其中很重要的原因是孙氏集团坚持了一个符合自己实际情况的战略方针。当时江东地区远离政治中心，和势力强大的军事集团混战不休的中原地区距离较远。这一地区在当时虽然属于经济不发达地区，但在得到了避乱而迁来的中原移民的人力及技术后，其农业、手工业、商业很快发展起来，为南方的经济发展奠定了基础。孙氏集团很早就明确了割据江东，“坐断东南”而与中原政权势成鼎足的战略方针，在战略部署上也强调稳定内部，先弱后强的兼并策略。这和曹氏集团逐鹿中原、经常顾此失彼、疲于应付的情况相比，更符合孙氏集团的实际情况。而和一心参与中原混战、力争正统的刘备集团相比，孙氏集团的发展阻力要小得多，难度也要低得多。这个正确的战略方针可以说是孙氏集团起家的重要因素。

孙氏集团的成功之处还在于利用了优越的地理条件。这就是小说《三国演义》中所说的曹操借天时，孙权有地利，刘备靠人和。孙氏集团占据的地利是长江流域的水网地带，这种地形易守难攻，不利于攻方长驱直入，却利于守方节节组织抵抗，用水道横向调动兵力。长江宽阔无比，水流湍急，航道复杂，北方军队要渡江必须要经过长期的准备。曹丕两次打到长江边，都望江兴叹：是上天使南北阻隔。

然而仅仅依靠地理条件是无法持久维持政权的。蜀汉建国于号为难行的巴蜀山地，但 263 年当曹魏大军发起进攻时，蜀汉政权很快就失败了，这个政权仅维持了 42 年。刘备集团号为人和，但诸葛亮一死，立即就爆发将相冲突，而且“蜀中无良将，廖化当先锋”，诸葛亮死后蜀汉几乎没有什么才能卓著的文臣武将。而东吴除了地利之外，孙氏集团的人和也是其能够长期割据的重要因素。孙氏统治集团内部一直比较团结，早期没有爆发激烈的冲突，战争中也较少有反叛倒戈的情况出现。统治集团内部人才济济，每当危急之时，东吴的文臣武将都能建功立业，如鲁肃、周瑜、陆逊等。这是比地利更重要的因素。曹丕曾感叹："彼有人焉，未可图也。"

“上品无寒门，下品无势族”
九品中正制与士族政治的确立

曹操选拔人才号为“唯才是举”，不讲究出身门第。可他儿子曹丕却推行“九品中正制”，在这种制度下，门第高就是出身好，就可以优先选官，实际上是变相世袭官职制度。这真是历史的讽刺。

西晋时，鄱阳县有个县吏名叫陶侃，他虽然只是个小吏，但却极力结交士大夫。有一次当地被举为孝廉的范逵经过门前，陶侃盛情邀请范逵到家中做客。陶侃小时候父亲就去世了，家中贫寒，他母亲见贵客驾到，就剪下自己的长发换来酒肉菜肴，使客人得以尽欢，连范逵的随从也都饭饱酒足。陶侃与范逵谈得投机，一直送到百里之外。范逵问他：“你想到郡里当差吗？”陶侃点头称是，只是苦于没人推荐。范逵记在心上，上京途经合肥，见了庐江太守张夔就极力赞美陶侃的才德。张夔把陶侃召到合肥，任命为督邮，以后又升为主簿。州里的部从事前来巡视，打算以弹劾为名进行勒索，陶侃率群吏围攻部从事，说：“敝郡有不对的地方可以弹劾纠正，但如此相逼不顾礼节，我们也有办法对付。”部从事不敢再纠缠。张夔的妻子患了重病，需要到几百里以外的地方去请医生，当时正值严冬，漫天大雪，太守的属吏都面有难色，陶侃挺身而出，说：“按照事君如事父的道理，君之妻子就好比母亲，难道有母亲重病而可以不尽心尽力的吗？”他顶风冒雪为张夔的妻子请来了医生。张夔后来就举荐陶侃为孝廉，推荐他到朝廷去做官。陶侃到了洛阳，几次去拜访当时掌权的名士张华，都遭到冷遇，可他照旧谦恭有礼，终于使张华和他详谈，了解了他的才华。张华委派他为郎中，后来又转到同样是寒素出身的伏波将军孙秀门下当了舍人。陶侃历经艰辛，得为一官，可因为出身寒素，尽管百般巴结权贵，依旧被世家大族看不起。有一次和一个同乡士族杨晫坐车出行，吏部郎温雅对杨晫说：“你为什么和小人同车？”直到西晋末年天下大乱，陶侃弃文从武，拥有了一支武装，成为东晋朝廷的名将，才得以官至八州都督，权倾一时。

这个故事相当典型地表现了两晋南北朝时期士族政治的特点。选官要讲门第，任用官职要讲门第，交往应酬要讲门第，缔结婚姻更要讲究门第。士族与寒素的区别被当作是立国的根本。和后世所谓“一朝天子一朝臣”的说法不同，在这一时期频繁的皇朝更迭影响不了士族垄断朝廷高官的位子，重要的官职总是由几十家甚至几家世家大族担任。如南方的侨姓王、谢、袁、萧，吴地如朱、张、顾、陆，北方的郡姓王、崔、卢、韦、柳，北姓（原鲜卑部落首领所改汉姓）元、长孙、宇文、于、窦等等，都长期把持政权，出相入将，累世高官。近人曾对史籍所记载的这一时期所有的统治阶级人物、所有的中央及地方各类官员进行定量分析，所采用的标准为：史籍中记载为大姓、望族，或其前代连续3代任官五品以上者为“士族”；史籍中记载为县姓、小姓，或其前代累世任低品小官，或其前代只有一代任官五品以上者为“小姓”；凡在史籍记载中其父辈没有任何参与统治阶级迹象者为“寒素”。以每25—30年为一代，统计的结果表明，自西晋统一全国以后，士族阶层人物在统治阶级中所占的比例一直维持在50%以上，两晋时期的比例平均为71.92%，东晋中期最高，达到79.7%。整个南朝时期的平均比例为60.1%。整个北朝时期的平均比例为60.75%，北魏中期最高，达到79.7%。相反，寒素阶层人物在统治阶级中所占的比例则一直在百分之十几左右，从未超过20%。从官员队伍来看，重要的、高级的官职都被控制在士族阶层手中，如史籍记载两晋南北朝时期的4137位司徒至太守的高级文官中，士族身份的就占了65%以上，而且在中央决策部门中士族要占到70%以上。

政治权力由统治阶级中的某个阶层垄断是很常见的现象，然而两晋南北朝时期的士族政治却是举世无双的一种政治现象，因为士族所垄断的不仅仅是政治权力，这个阶层还拥有经济、文化、舆论上的种种垄断性的优势，甚至在必要时还可拥有军事上的优势，从而保证了这个阶层对于政治权力的垄断。尤其值得注意的是，保证士族垄断政治权力的政治制度，却是来自一种从理论上而言实行“任人唯贤”的察举制度。这种制度就叫作“九品中正制”，或称“九品官人法”。

东汉时选拔官员的主要方法是察举和征辟。各地郡守每年向中央推荐两三名自己发现的品学兼优的人才，叫作“察举”。中央根据朝中大臣的推荐，往往下诏征召地方的优秀人才到朝廷服务，地方郡守也可以辟举本地的人才到地方各级官府服务，两者合称“征辟”。选拔官员的标准主要是德行，一是孝顺，二是廉洁。按照儒家的观点，在家孝顺父母，在朝必定忠于皇帝；平时对物质引诱不动心，做官必定公平无私。可惜的是这些标准过于含糊，无法定量比较，难免有人作弊，或用欺世盗名的手段谋取官职，或与地方官勾结。为了防止这些弊端，东汉时很多地方已出现民间品评人物的惯例，由当地威望最高的人士定期品评人物，分成若干等级，地方郡守察举、辟举人才时就按其等级进行。这种做法也存在士人互相标榜、矫揉造作的弊病，尤其东汉末年，更成为世家大族控制选举的手段。所以曹操实行“唯才是举”，以求摆脱世家大族的影响，清除标榜造作之风。可是曹操死后，曹丕为了获得世家大族的支持，以便顺利地改朝换代，在220年接受吏部尚书陈群提出的选官制度改革方案——“九品官人法”。

“九品官人法”的主要内容是这样的：由各州郡推选有“身望”的人士，担任“中正”，专门负责品评当地的士人，将士人按照德行才能分为九等（九品），地方官员向朝廷推荐人才时必须按品上报，由朝廷按照人品等级每年每10万人口察举1人任用官职。因为中正是这项制度的关键人物，所以也称九品中正制。司马懿当政时，又在各州设“大中正”，为所属各郡中正的上级。每3年各郡中正对当地的人物评定一次，列出九品等级，报州大中正核实。大中正核实后再报朝廷司徒，司徒再加复核无误，送交吏部尚书选用。

九品中正制选取人才，在理论上，主要的评定标准是个人的品行、才能、家世这3个方面。其中才能一项并不被重视，最看重的是品行。品行的标准是儒家三纲五常的那一套，有时极其琐碎。比如，西晋时写《三国志》的陈寿，因在为父亲服丧期间染病卧床，叫了个丫鬟替自己挎药丸，乡邻传闻陈寿丧期宿婢，于礼教有亏，结果就不得做官，几年后才在晋武帝宠臣张华的帮助下得以举孝廉。后来陈寿官至治书侍御史，母亲去世，他把母亲葬在洛阳，而没有归葬老家蜀郡，由此遭到非议，竟然被废革，不得再任官职。阎缵父亲去世后，继母不慈，不管阎缵如何孝顺侍奉都要横加指责，诬告阎缵偷了父亲的黄金宝货，告到官府，尽管查清事实但阎缵仍然以不孝被清议，十几年没能做官。这种由官方倡导的对人物的非议叫作“清议”，被清议者从此就被禁锢，终身不得为官。两晋南北朝时期被清议比被判刑还可怕。东晋时，谢灵运因为在服丧期间写了几首诗，传播于世，就被清议，不得做官。也有的时候是被评为下品，使被评者做不了大官。李含为秦王的郎中令，秦王死后，李含在秦王入葬后就脱去丧服，被大中正贬议，尽管有朋友帮忙辩解，仍然贬为五品。温峤的母亲去世时正遇战乱，他没能及时埋葬母亲，被孔愉论为于孝义有亏，不得升高品级，后来温峤在平定苏峻叛乱时立下大功，孔愉前去拜见，温峤拉住他的手流着眼泪说：“天下丧乱，忠孝遂废，能持古人之节，岁寒不凋者，君一人耳。”士大夫们由此称道温峤大公无私，孔愉守正不阿。有时就是中正本人也难逃被清议的噩运。西晋时淮南小中正王式，因为父亲死后继母服丧期满去前夫之子家居住，死后又与前夫合葬，就被人弹劾“犯礼害义”，还连同弹劾扬州大中正、朝廷司徒。王式最后被付清议，禁锢终身。

然而，如从上述事例就得出当时官员道德水平极高的结论，那可就大错特错了。实际上中正的担任者都是世家大族人物，他们与当地的世家大族通同一气，互相标榜，清议不过是世家大族所控制的舆论。真正有势力的世家大族子弟总是被评为上品，中正品评人物的标准实际是“家世”的背景。这按照儒家任人唯贤的理论也能够勉强说得通：品行越高的人应该官做得越大，在这个前提下，官越大也就说明品行越高，他的家族成员的品行等级也就越高。比如北魏孝文帝曾说过：如果不论家世门第，清浊同流，就会使得君子小人没有了区别。有一次他和李冲讨论任官制度，李冲说：“我不知道设置官职是为了一些公子哥儿还是为了帮助皇帝治理国家？”孝文帝说：“当然是为了治理国家。”李冲问：“那么陛下为什么专门崇尚门第，不下诏选拔人才呢？”孝文帝回答：“如果确实有杰出的才能，自然会自行显现。然而君子的门第中即使没有当世之才，也是德行纯笃。所以朕以此用人。”这样一来，家世门第逐渐成为品评人物、选取官员的唯一标准。没有高官家族背景的寒素就很难挤入官僚队伍，而高官的子弟取高官厚禄如探囊取物。当时有人概括这个制度下品评人物的实际情况是：“上品无寒门，下品无势族。”九品中正制成为士族垄断政治权力的主要工具，而士族阶层也由此成为一个自我封闭的集团。正因为如此，历史上一般都将九品中正制的实施视为士族政治确立的标志。

按照中正选取的高品人才必定都是贤人的思路，自然不能让他们直接去从事一般的事务性的工作。因为事务性工作容易出差错，出了差错就得受罚、受审，遭到法官狱吏的呵斥，有辱斯文，损害贤人的形象。所以两晋南北朝时官职都被分为“清”“浊”两大类。清官指“清要之官”——地位重要而又不用承担实际责任的官职，如随从于皇帝左右规谏过失、以备顾问的散骑常侍，编纂国史的著作郎，掌管图书档案的秘书丞等等。高品人才由这些官职起家，熟悉了官场制度惯例后，再去担任独当一面的主官——这时如果出差错可由其下级来顶缸受过，不至于斯文扫地了；或者进入中央决策部门如中书省、尚书省工作。浊官指那些从事事务性工作、从属性、副职的小官，这些才是为寒素准备的专职。

清浊之分、士庶之分是两晋南北朝时期官场上最重要的界限。北魏宣武帝有一次在朝会时亲自选任官员，授予散骑常侍明亮勇武将军的官职，散骑常侍的官品是正五品上阶，勇武将军的官品是正四品下阶，明亮算是官升一级。可明亮却上前推辞，说：“臣本官散骑常侍是第三清（北魏时在清官中又细分三清九流的等级），而勇武将军的官职是至浊之官，又文武异途，臣请改授其他官职。”宣武帝很生气，说：“九流之内，人咸君子。”不准改授。实际上勇武将军并不是真正的浊官，只是因为当时这个官职大多由庶族出身的人员担任，所以明亮羞与为伍。南梁时，士族庾乔为荆州别驾总理州务，当时的荆州刺史萧绎（后登帝位，史称梁元帝）任命寒素出身的范兴话为典理文书的主簿，特意关照庾乔要让范兴话到职。可元旦那天，百官列队朝贺，庾乔不肯就列，说：“我不能与小人范兴话排在一起。”萧绎只得叫范兴话出列。范兴话又气又羞，回到家里生了一场大病，不久就去世了。

士族依靠九品中正制在选官上有特权，在任官上有特权，成为统治阶级内部一个特殊的阶层。这种特权代代相传，使得士族阶层日益自我封闭，在各种场合都要显示出他们高人一等的优越感。类似于本章开头所述的故事在两晋南北朝时期不胜枚举。如我们都熟悉的陶潜“不为五斗米折腰”的故事：陶潜就是陶侃的曾孙，祖父是武昌太守，算得上是士族显贵之后，尽管到他这一代家道败落，可“倒驴不倒架子”，仍然保留着浓厚的士族阶层优越感。被辟举为州主簿，他嫌这是个浊职，不应辟举。被征召为参军，仍然嫌这官职不够清，向朋友发牢骚。改派为独当一面的彭泽县令，这才前去上任。到任后县吏告诉他，郡督邮来到时县令应该穿戴整齐，以礼相迎。督邮实际上并不是官员，只不过是郡守的属吏，由郡守派出巡行各县，魏晋时担任督邮一职的都是寒素。上文已提到陶潜的曾祖父陶侃也是由督邮起家发迹的，可陶潜早已自命为高人一等的士族，因此大为不满，说：“我不能为了五斗米折腰向乡里小人致敬。”于是挂印而去。与其说“不为五斗米折腰”是一种清高的表现，还不如说是士族傲慢习性的暴露。由于当时有很多像陶潜那样士族出身的县令不愿接待督邮，到了南陈时，督邮一职就被撤销了。

士族阶层的自我封闭在南朝时依然如此。即使是皇帝也无法改变一个人的社会身份，士族与庶族、门阀与寒人的区别已是牢不可破，被视为国家的根本。庶族可以做官，可以执掌实际权力，但却仍然得不到尊重，没有社会地位可言。刘宋文帝时，中书舍人蔡兴宗很受宋文帝的宠爱，可蔡兴宗出身卑微，在朝中受到士大夫的排挤，郁郁不得志。宋文帝很同情他，对他说："你想要做士大夫，成为士族，就要让士族的首领王球对你以礼相待。你去看望王球，口头传达旨意，他就会对你客气三分。"蔡兴宗听命前往，传达完了皇帝的口谕，正打算坐下，不料王球举起扇子一挥，说："你可别坐。"蔡兴宗老大没趣，悻悻回宫复命。宋文帝生气地说："难道我就拿他没办法？"过了几天在散朝后，宋文帝留下王球，请他给蔡兴宗一个面子，与蔡兴宗礼尚往来，可王球依然不答应，说："士庶区别，国之章也。臣不敢奉诏。"宋文帝只得不再提这件事。又如南齐武帝宠爱寒素出身的纪僧真，曾说："人生何必计较门户，像纪僧真那样仪表堂堂，贵人也比不上。"纪僧真向武帝请求："我是个小人，武吏出身，别无所求，只向陛下请求做士大夫。"齐武帝说："这事要靠江敩、谢瀹，我也做不了主，你去拜托他们吧。"纪僧真奉旨去拜访江敩，刚坐下，江敩就叫仆人"把我的坐床搬得离客人远一点"。纪僧真只得告退。垂头丧气的齐武帝说："士大夫还真不是天子能任命的。"宋孝武帝的母亲路太后的甥孙路琼之去拜访士族首领王僧达，王僧达一句话也不和他说，路琼之走后，王僧达下令把路琼之坐过的坐床拿出去烧了。路太后向孝武帝哭诉，孝武帝却说："这孩子没事去见王僧达，是自取其辱。"

为了防止寒素利用伪造出身户籍的办法混入士族阶层，南北朝时家谱之学大盛。东晋时贾弼编写江南 18 州、116 郡各族的谱系，共有 712 卷之多，贾家世传编谱之学。刘宋、南齐时也有很多人编写《百家谱》，记录各世家大族的源流。南梁时朝廷还专门成立谱局，从事编订族谱、家谱的工作，以此作为选取官员的依据。如果不熟悉这种族谱，就难以胜任挑选官员的人事工作。刘宋时王弘为吏部尚书，熟读《百家谱》，每天面对上千官职候选人，从不犯人的家讳。刘湛继任，索性直接按谱系选官。南齐时，吏部尚书王晏因病去职，齐武帝打算让皇亲、西昌侯萧鸾接任，王晏写信劝告齐武帝说“西昌侯精明强干，但不熟悉百家士族的族谱，恐怕不可担任这个职务”，齐武帝只得作罢。南梁初年，徐勉为吏部尚书，精通百家族谱，严格按照姓氏的等级选官，写给每个候选人的书信中都避开那人的家讳，大受欢迎。而在这之前，北魏孝文帝已将这种士族的族姓等级定为法律，他下令正式编定姓族制度，规定汉族的士族统称郡姓，按照父祖的官品划定等级：三世有三公的为“膏粱”，有尚书令、中书令，仆射的为“华腴”，有尚书的为“甲姓”，有九卿或州牧的为“乙姓”，有散骑常侍太中大夫的为“丙姓”，有吏部正员郎的为“丁姓”。其中山东以太原王氏、清河及博陵崔氏、范阳卢氏、赵郡及陇西李氏、荥阳郑氏为最高；关中以京兆韦氏、杜氏、河东裴氏、柳氏、薛氏、弘农杨氏为最高。鲜卑姓族也划出甲乙丙丁4等，以穆、陆、贺、刘、楼、于、嵇、尉8姓为最高。并制定按门第选官的专门法律《方司格》，规定所有的官职都必须严格按照姓族分等级选取任用。

为了防止寒素通过与士族联姻的途径混入士族，两晋南北朝时实行严格的门第婚姻制度。庶族绝对不允许与士族通婚，即使在士族内部，通婚的对象也各有等次，不可随意进行。士族出身的武官仍然不能与士族通婚。东晋初年，权倾一时的大司马桓温想让自己的儿子娶手下长史王坦之的女儿。王坦之官位虽小，却是东晋大族出身，他本人同意，他的父亲王述却破口大骂："你是发昏了吧？岂可因为害怕桓温的权势而把女儿嫁给一个当兵的！"南齐时东海士族王源与庶族满璋联姻，中丞沈约上章弹劾王源："王、满联姻，实骇物听，……蔑祖辱亲，于事为甚"，要求将王源免官，禁锢终身。北魏时孝文帝曾下诏重申皇族、贵戚、士族不得"与非类婚偶"，"著之律令，永为定准"，违者处以违制罪。南梁时魏将侯景叛逃到江南，想和江南的王、谢大族联姻，梁武帝劝他："王、谢的门第太高，你配不上，可以在朱、张以下的大姓中求婚。"士族为了保持其队伍的纯洁性，有时甚至会走极端。北魏大姓崔氏有个独眼女儿，没有人上门求婚，她的母亲打算把她下嫁庶族。她的姑母知道了，说："我的兄弟不幸早死，怎么可以让他的女儿屈事卑族！"毅然将独眼侄女娶为儿媳。另一方面庶族也以能与士族联姻为荣，哪怕是娶一个因为家属有罪而被籍没的士族妇女也很光荣。北齐时，有个寒素出身的相府主簿孙搴，因为办事得力，皇帝赐给被缘坐籍没的大族韦姓女子为妻，自觉荣耀一时。另一个寒素出身的官员陈元康被赐予籍没的大族卢姓女子，他竟然将原配妻子休弃，娶卢姓女子为正妻。

九品中正制刚实施不久，就受到猛烈批评。很多朝臣及政论家都曾对九品中正制进行深入的批判。其中最具有代表性的是西晋时刘毅所上的《九品有八损疏》，在这篇疏文里，刘毅批判九品中正制有损害政治的八大缺陷：一是中正独掌选取大权，"高下任意，荣辱在手"，勾结权贵，以至于"上品无寒门，下品无势族”；二是中正官小却掌人事大权，造成士人彼此争竞，有损政体；三是品评人物为低品，比作小人，污辱斯文；四是对于中正本身缺乏监督手段，允许被品评人揭发则开告讦之门，禁止揭发则“杜一国之口，培一人之势”；五是中正一人根本无法搞清一郡之中上千名士人谁贤谁劣，品评内容也与政府对于官员的政绩考课无关，使得欲做官的人“背本逐末”；六是专以品行为品评内容，造成“浮华朋党”之习；七是九品之分并不能说明被品评人物的专门才能如何，无法应才任官；八是既然评为下品者是有亏礼教，但又不予以处理，褒贬、惩劝不明，便于中正结党营私，“名为中正，实为奸府”。

刘毅的批评确实打中了九品中正制的要害，晋武帝为此回复诏书表示赞许。司空卫瓘等随之上奏，请求废除九品中正制，可晋武帝置之不理。西晋人段灼称中正品评人物：“据上品者非公侯之子孙，则当途之昆弟。”在以后的南北朝时期也一直有人对九品中正制提出批判，刘毅所说的这些弊病也不断地表现出来。北魏宣武帝的诏书也说：“中正所铨，唯在门第。”这就是刘毅早就指出的中正巴结权贵的弊病。东晋时，何劭去世，中正袁粲前去吊丧，何劭的儿子何岐正在生病，没有出来接待。袁粲觉得失了面子，哭着出门，恨恨地说：“今年非把这个丫鬟养的小子评到下品去不可！”有个朋友在旁劝他，说：“你是死者的朋友，是凭吊死者，何必一定要见他的儿子？况且何岐过错很多，何公活着的时候你不将何岐评下品，何公死后立即评下品，人家会说你这个中正是欺软怕硬。”袁粲这才没有公报私怨。这也是刘毅所说的“衰则削下，兴则扶上”，中正要公报私怨是很容易的。当然也有相反的情况，就是中正自己遭到报复。西晋时孙秀原为琅琊王国的书吏，屡次被评为下品，升不了官。后来清谈名士王衍为中正，也想照旧办理，多亏他的堂兄王戎劝他做了个顺水人情。孙秀后来成为专制朝政的赵王司马伦的亲信，官至中书令，权倾朝廷内外，凡是当初刁难过他的人都被他一一报复，而对王氏兄弟则加以保护。更有甚者，中正收受贿赂，按钱定品，如北魏时定州大中正李宣茂，收受贿赂被御史揭发除名。阳尼为中正时收受贿赂，后来被弹劾去官。原来中正都是由当地德高望重的士大夫担任，可到了南北朝的时候，只要有达官的推荐，什么人都可以当中正了。北魏的聿修当中正时还是个 18 岁的毛头小伙子。北魏时中正不一定是本地人，有的是皇帝的亲信，自称老家在哪里就在哪里做了中正。甚至皇帝的亲信太监也做了中正。

尽管九品中正制弊病百出，然而这个制度却一直延续了下去，无论南朝、北朝，都把这个制度作为选取官员的主要方法。这种现象说明九品中正制适应了当时的社会发展情况，它实际上只是将世家大族把持政治的状况加以制度化而已。直到士族阶层开始没落的隋朝，这一制度才被废除。

疯狂的奢靡
两晋南北朝时期统治阶级的腐败习气

在超经济剥削时代，权贵的财富来自“无市买卖”，利润也不用来投资，常常肆意挥霍，斗富摆阔。三国两晋南北朝时期有着大量的著名事例。

中国历史上很少有像两晋南北朝时期那样，统治阶级骄奢淫逸的习气达到了疯狂的地步，这种疯狂已经不仅仅是要满足物质生活的需求，而是要满足一种病态的精神需要。在当时统治阶级中的很多人看来，夸耀财富远比享受财富重要得多，而且这种夸耀性的挥霍越是疯狂，疯狂得别出心裁，疯狂到暴殄天物，居然就越能博得“豪爽”的名声，越能成为后人追慕的对象。这种骄奢淫逸的风气在当时社会经济屡遭破坏的背景之下，更显得触目惊心。而和当时这些奢靡到疯狂程度的人表面上所标榜的自然清谈、忠孝礼教的说教，又形成了极其明显的反差。

任何时代的剥削阶级都是醉心于骄奢淫逸的生活的，秦汉三国时代有过大量的这方面的记载，不过像两晋南北朝统治阶级的奢靡的疯狂程度实在少见，而这种风气可以说是从西晋代魏后正式开始的。

曹操统治时期针对东汉末年统治阶级的腐败风气，又基于当时破败的社会经济情况，力戒骄奢淫逸之风。史称曹操“务以俭率人”，他自己也身体力行，史称他“性节俭，不好华丽”。后宫的妃嫔衣服上都没有刺绣，也不用织锦的衣料，鞋子只用一种颜色的布料。宫中的屏风、帷帐破了缝补再用，铺盖卧具只求保暖，毫无装饰，而且制定制度，不准臣民在衣服上刺绣。据《三国志·魏志·崔琰传》引用《世语》的记载，他的儿子曹植的妻子穿了一件刺绣的衣服，被他看见了，竟然以违制罪在家中赐死。在他的统治下，当时魏国的官员士大夫都以廉节自励，就是曹操的宠臣也不敢在车马服装上追求奢侈。不过曹操死后，曹丕代汉，逐渐放松了这方面的限制。曹丕本人大起宫殿楼台，奢靡之风随之而起，只是还没有达到疯狂的程度。

真正使奢靡之风趋于疯狂的始作俑者就是晋武帝司马炎。在司马炎身上，集中了司马氏集团的狡诈虚伪、荒淫残暴的作风。他废魏称帝后，装模作样地搞过不少禁止奢侈，提倡俭朴的动作。即位当年就下诏，要求“大弘俭约”，宣布禁止乐府靡丽百戏之技，废除雕纹描花的游猎用具。宫廷所用的牛车青丝缰绳断了，他下令改用麻绳。太医程据献给他一件“雉头裘”，他说这是典礼禁止的“奇技异服”，当众烧毁。又下诏禁止雕文绮组之类的奢侈品。还曾规定臣民的衣服、车马都不得违反制度，如果一个县里在一年内发生3起违禁事件、京城所在的洛阳县一年内发生10起违禁事件，该县长官就要免去官职。可是与此同时，晋武帝自己却奢淫成性。他下令兴建太庙，用荆山的木料，用华山的石料，前殿用12根铜柱，镀上黄金，雕刻各种事物，还缀有明珠，极尽奢华。尤其是晋武帝荒淫无度，在他当了9年皇帝后，宣布要聘公卿以下的子女以充后宫，在采择聘定之前，禁止各级官员家庭嫁女议婚。被选中的三公九卿之家的女儿为夫人、九嫔，太守及以下的官员之家的女儿为良人。天下名家大族子女都故意破衣秽妆，逃避采择。平定东吴以后，又将东吴宫中5000多伎妾接收入宫。后宫女子多达上万。晋武帝也不知挑选谁陪寝，时常坐羊车在后宫漫游，到了哪一室就在哪一室宴寝。后宫女子争着在门前插竹叶、撒盐末，吸引羊车。晋武帝口头上禁止奢侈，可亲信权贵们或明或暗地给他送礼，他总是笑纳，并根据送礼多少赏赐官职。有一次到南郊祀天后与臣下闲谈，问朝臣中号为耿直的刘毅："你看我可以比汉朝的哪一位皇帝？"刘毅回答："桓帝、灵帝。"晋武帝很不高兴，说："这不是把我看得太低了吗？"刘毅说："桓帝、灵帝卖官，钱入官库；陛下卖官，钱入私门。以此而言，还不如桓帝、灵帝。"晋武帝听了只好自我解嘲地干笑几声。

除了自己骄奢淫逸之外，晋武帝还私下鼓励亲信权贵斗富摆阔，比如他资助妻舅王恺与石崇斗富，就是最著名的故事。对于聚敛骄奢的亲信，他也总是欣赏赞叹，从不加以指责。好几个大臣弹劾他的亲信何曾奢靡无度，他从不指责何曾。他到驸马王济家吃饭，侍奉的婢女有上百个，都身穿绫罗绸缎，手捧的食具都是琉璃器皿。菜肴丰盛，尤其是一道蒸乳猪，滋味极美。他问是怎么做的，王济回答说是用人乳蒸的。他听了脸色大变，可能是恼怒自己的厨师做不出如此美味，吃到一半就走了，以后也并不因为王济过于奢侈而予以训诫。益州缺一名监军，朝臣推荐唐彬、杨宗两人，供晋武帝选定。晋武帝问散骑常侍文立这两个人怎么样，文立说："唐彬贪财，杨宗嗜酒。"晋武帝说："财欲可以满足，嗜酒无法改正。"遂决定派唐彬去益州。

在晋武帝身体力行的鼓动下，西晋朝廷奢靡之风很快走向疯狂。这种疯狂的表现之一，是病态地夸耀、挥霍自己的财富。如晋武帝的宠臣何曾，帷帐车服穷极绮丽，厨膳滋味过于王者，每天的菜肴非值万钱不可，还说没有下箸处。朝廷宴会，何曾都不吃朝廷提供的菜肴。他的儿子何劭继承父风，衣服玩物堆积满库，食品必尽四方珍异，每日伙食以两万钱为准。驸马王济移居北邙山下，当时洛阳人多地贵，王济因为喜好骑射，买了一大块地供跑马射箭，挖沟圈地，又用铜钱串编，绕地一周，号为"金沟"。达官权贵们挖空心思夸耀财富，居然竞相在厕所里变花样。晋武帝的女儿舞阳公主家中，厕所里放着精致的漆盒，里面盛有干枣，供如厕的客人塞鼻；客人如厕结束，外间的婢女以金盆盛水、琉璃盏盛洗手用的澡豆（用豆粉拌各种药物搓成的药丸，用之洗浴可使人皮肤光润），侍奉客人洗浴。王敦被招为驸马，首次如厕，不知道这些东西的用途，把干枣、澡豆都当作点心吃了个精光，闹了大笑话。石崇在荆州刺史任上，抢劫来往的客商，杀人越货，得以暴富，他家厕所里常有几个穿着华丽的婢女伺候客人如厕。厕所里准备有各种香料、化妆用品，点着熏香，客人如厕完了，给客人换上新衣，还备有大床，铺陈华丽，供客人小息。有个叫刘实的客人在他家上厕所，一走进去就赶紧退出，向石崇道歉说不小心走到他的寝室去了，石崇大笑，说那就是厕所。很多客人为此都不好意思上厕所，只有王敦神态自若，堂而皇之地脱去旧衣服，换上新衣服。

奢靡的疯狂表现之二，是疯狂地进行斗富比赛。最典型的就是石崇和王恺斗富的故事。石崇用饴糖洗锅，王恺用蜡烛烧饭。王恺做紫丝布碧绫里的步障（内眷出门时用以遮挡行人的视线），长达40里；石崇就做了50里长的织锦步障来胜过他。石崇仿照皇帝后宫，用花椒合泥粉壁（取温、香、多子之义）；王恺就用赤石脂（一种有条纹的风化石，当时人们用来炼丹，也可装饰墙壁）粉壁。晋武帝经常帮助王恺，有一次借给王恺一枝高达两尺许的珊瑚，枝条秀美，世所罕见。王恺拿给石崇看，不料石崇从袖子里抽出铁如意把珊瑚砸了个粉碎。王恺大怒，石崇却说："不用着急，还你就是了。"呼唤仆人搬出自己的珊瑚，仅三四尺高的就有六七枝，像王恺那样的数不胜数，枝条舒展，光彩溢目。王恺惘然若失。

疯狂奢靡的另一个表现就是残酷凶狠。石崇宴客，常要美人劝酒，客人不饮，就叫人把美人拖下去斩首。王导和堂兄王敦到石崇家做客，王导不会喝酒，可见了这场面，只得勉强喝下去，以至于大醉。王敦却坚决不喝，连杀了3个美人，依旧不喝。王导责备王敦，王敦说："他杀他家里人，与你有什么关系！"石崇和王恺斗富，石崇有3件事是王恺做不到的，一是石崇可以马上给客人煮好豆粥；二是冬天也可以给客人吃上韭菜；三是石崇的牛看上去比王恺的牛要弱小，可每次两人出游后，争先回到洛阳，总是石崇的牛车抢先进入洛阳城门。王恺买通了石崇的管家和赶车人，才知道豆粥是预先把豆煮熟，等需要时投入米粥；所谓冬天的韭菜，实际上是预先将韭菜根捣成汁藏好，到了冬天时和麦苗拌匀，用麦苗代替韭菜；牛是快牛，只是起步时先控制速度，到望见城门时，放松缰绳，牛车就会疾驶。王恺依此而行，果然在这3件事上都能超过石崇。石崇查出泄密的管家和赶车人，把他们全都杀死。西晋末年，贾谧执掌朝政，石崇百般逢迎，不久赵王司马伦入朝主政，因与石崇的外甥欧阳建有旧憾，就把石崇作为贾党免官。赵王的心腹孙秀听说石崇的侍妾绿珠善于吹笛，才貌双全，派人到石崇家索要美妾，石崇让来人在自己的几十个婢妾中任意挑选，来人指名要绿珠，石崇说："绿珠是我所爱，不可给。"拒绝来人。孙秀就劝赵王处死了石崇，抄没了石崇家产，据统计石崇有30多处水碓，800多名"苍头"（男奴隶），其他珠宝财富、田产房屋不计其数。

奢靡的另一个病态的表现是疯狂聚敛而又吝啬异常，号为"贪鄙"。西晋名臣和峤聚敛财富，家产富比王室，可又吝啬到极点，被人称之为有"钱癖"。传说他家里种有李树，就是他的弟弟吃了李子，也要按李子核算钱。司徒王戎更是以吝啬出名。他的家产遍布全国各地，京师洛阳地区数他的良田、美宅、水碓、奴隶为最多。可他为人却锱铢必较，女儿出嫁后曾借了他几万钱，很久没还，女儿回娘家时他就板起脸不接待。女儿赶紧还钱，他才换上一副面孔。侄子结婚，他送了一件单衣，婚后就派人去讨债。家里种的李树果实甜美，他怕李子卖出去后被人得到种子，叫人把李子的核钻掉再拿出去卖。天下人都说王戎的吝啬已是病入膏肓，无药可救。更有甚者，新蔡王司马腾在八王之乱时依然着意聚敛财富。他被哥哥东海王司马越指派出镇邺城，当时邺城经过战乱，政府仓库一无所有，而司马腾家中盖起仓库，财宝堆积如山，他又生情吝啬，丝毫不拿出来赈恤跟随他的官兵。当汲桑、石勒武装攻打邺城时，他算计半天才给士兵们每人发了几升米、几尺布，为此士兵们都不愿替他卖命，一哄而散，司马腾和他的4个儿子一起被杀，聚敛的财产也被一抢而空。

如此奢靡的风气，需要有财力的支持，而财力的来源无非就是加重对人民的剥削。朝廷高官百般勒索地方官，地方官想方设法搜刮民脂民膏，官场风气急剧腐败，就是清白的官员为了免遭大官的刁难，也只得向大官送礼。杜预出镇襄阳，都督荆州诸军事，积极筹备渡江灭吴，他算得上是正直的官员，但仍然时常向洛阳的权贵送重礼，说："我只是为了防止遭到暗算，不想得什么好处。"另一个原来以正直著称的官员苟晞出任兖州刺史，见朝政混乱，唯恐灾祸临头，只得结交权贵以图自保。在兖州搞到珍稀宝物，立即派人送到洛阳。兖州距洛阳约有500里，为保证送上京的珍稀物品保持新鲜，他特意买了一头千里牛，朝发暮归。连号称正直的官员都要搞这一套，其他的贪官污吏就不难想象了。西晋立国短暂，并酿成巨大动乱，这种疯狂的奢靡风气可以说是一个重要的因素。

西晋灭亡后，疯狂奢靡的习气并没有随西晋的灭亡而灭亡。刚渡江时的东晋小朝廷财力困乏，偶尔搞到一只乳猪，算是绝顶美味，乳猪背上一块肉最为鲜美，专门给晋元帝留用，号为“禁脔”。可当时的江南土著士族依然过着骄奢淫逸的生活。江南名士纪瞻在乌衣巷立宅，馆池竹木，比建康皇宫庭院还优美。东晋的武将在战乱中抢夺财产，暴富一时。名将陶侃出身寒素小吏，家中贫困，以至于母亲断发换酒肉待客。陶侃后来在战乱中发迹，继王敦之后为八州都督，在对北方少数民族政权的作战及平定内部叛乱中起到了重要作用。他生活奢靡，家中媵妾数十，家僮上千，珍奇宝货远比东晋朝廷还多，这些钱财来路不可能是清白的。另一大将刘胤为江州刺史，纵酒耽乐，顾不上为朝廷漕运物资，忙着自己做生意，金宝满库，姬妾成群。

东晋时南迁的世家大族不久就在江南站稳了脚跟，恢复旧有习气。东晋的名相谢安在建康近郊圈占山林，造起别墅，经常带着子弟游玩，一顿饭就要吃掉上百两黄金。他的弟弟谢石奢侈无度，贪污受贿，无所不为。琅琊王氏子弟王国宝，聚敛的财产连自己也搞不清数目，后房姬妾数以百计，天下珍玩，充满仓库。郗愔喜好聚敛，仓库里堆钱数千万，舍不得用，而他的儿子郗超却喜好挥霍。有一次郗超和父亲谈话，软缠硬磨，郗愔无奈，答应开库一日，心想不过损失几百万。想不到郗超找来亲戚朋友，一天就把仓库里的现钱搬走了一大半。郗愔心痛不已，而郗超却得到了豪爽的名声。东晋士族挥霍习气同于西晋，吝啬之病也和西晋一般。南迁的士族卫展，官至江州刺史，家财万千，可对南迁的亲戚朋友从不接济一个现钱。凡来投奔的亲友都送 1 斤药材“王不留行”，寓意亲友起身。他的外甥叹着气说：“舅舅刻薄到驱使草木。”

江南大族周札在王敦第一次起兵时帮助王敦进入建康，事后周氏一族有 5 人封侯，可不久王敦就以周氏勾结妖道、图谋不轨的罪名，派兵捉拿周氏五侯。周札贪财好色，平时唯以产业为务，当抓他的士兵来临之际，手下人请求发放兵器、财物抵抗，他仓库里明明有很多上好的甲杖武器，却舍不得发放，只发放一些破旧兵器，更不愿散财奖励手下，结果手下顿作鸟兽散，周札当场被杀。东晋士族贪鄙的典型可算是桓玄。史称他喜好奇异之物，特别对金玉宝物爱不释手，见别人有肥田美园，或好的书画，都极力想要夺取。或者用威胁逼迫，或者用小利引诱，甚至用"樗蒲之计"诱骗（古代的博戏，以投掷 5 个木制骰子看正反面多少定输赢。骰子的正面为黑色，两个绘有牛犊图案；反面为白色，两个绘有雉鸟的图案。一掷 5 子全黑为"卢"，为头彩；一掷两雉 3 黑为"雉"，为次彩；另有枭、犊、塞等等名目）。为了自己建造园林，派亲信到各地挖掘佳果美竹，篡夺皇位后更是荒淫无度，建造可坐 30 人的大轿，要用 200 个人抬，最后被刘裕起兵攻杀。

东晋皇族也早已不满足于区区一小块"禁脔"，无不骄奢淫逸，竞为浮华。最典型的就是会稽王司马道子。他少年时就以清谈著称，后以孝武帝弟弟的身份执掌朝政，迷信佛教，收受贿赂，任意挥霍，经常和亲信们为长夜之饮，不理朝政。亲信们为他建造新居，筑山穿池，列树竹木。他命令在池边建酒店，使宫女为跑堂，自己和亲信们坐船到店里饮酒作乐。有一次孝武帝到他家里玩，委婉地批评说：家里就有山林可以游玩，是很好的事，但装饰太过分了，恐怕不是给天下人提供节俭的榜样。事后司马道子对主持建园的亲信赵牙说："如果皇帝知道山林是人工堆建的，你必死无疑。"他的亲信们也卖官鬻爵，无不暴富有上亿资财。他的儿子司马元显更是肆意聚敛，家财超过皇帝。桓玄作乱时，切断漕运，建康供应困难，朝廷百官每日只有7升米（当时士兵每日的口粮为5升米），而他们父子及其亲信照旧花天酒地。

应该说凡是头脑清醒的统治者都会认识到奢靡之风将导致统治危机，西晋及东晋之后的一些统治者，尤其是十六国、南北朝时期的某些开国皇帝，注意到这一历史教训，曾经力图扭转这种奢靡之风。前赵主刘曜规定无官者不得骑马，俸禄在800石以上的官员的妻子才可以穿锦绣服装，秋收以后民间才可以饮酒。前秦主苻坚见关中地区的一些富商家累千金，车服享乐之具，拟于王侯，就下令长安百里之内，除朝廷官员以外，不准坐车出行，不准穿用金银锦绣，犯者处死刑。特别是南朝历代皇帝几乎都发布过禁止奢靡的法令，其中不少皇帝确实能够身体力行。比如刘宋开国皇帝武帝刘裕，公主出嫁每人给20万，无金玉锦绣。大女儿出嫁时，给一件自己的破衣服，告诫不得奢侈。皇宫里保留各种农具，自己睡的寝宫，床头是土墙，挂着葛灯笼、麻蝇拂，他的孙子孝武帝刘骏看了说这只比"田舍翁"略好。南齐开国皇帝高帝萧道成可算是南朝时期最著名的力戒奢靡的君主。刘宋末年他执掌朝政后就发布17条禁止"华伪"的法令，其中诸如不得以金银箔装饰杂物，不得穿锦履，不得织绣裙等等，严禁民间追求奢靡之风。当了皇帝后，下令把宫中的铜钉、铜饰都换成铁具，宫人都穿紫皮履，不准诸王兴建府第。他经常说：

“使我治天下十年，当使黄金与土同价。”南梁开国皇帝武帝萧衍更是节俭，他常年吃素，每日只食一餐，不喝酒，不奏乐；身穿布衣，床上挂一顶黑色的木棉帐，一顶帽子戴三年，一床被子盖两年；宫廷里没有锦绣之物，宫女裙裾不拖地。南陈开国皇帝武帝陈霸先出身贫寒，崇尚俭素，当了皇帝后仍然保持俭素，一餐不过数品，食具都用陶器，不用女乐。北朝力戒奢靡最为著名的皇帝当推北周武帝宇文邕，他即位后，把皇宫里的各种雕饰锦绣之物全都撤毁，原有的皇家园林有上善殿，雄伟壮观，他认为是给天下树立了奢靡的坏榜样，下令烧毁。后宫嫔妃不过十几个人而已，他自己穿布衣，睡布被，没有什么金宝之货。攻灭北齐后，下诏将北齐邺城及晋阳的大多数宫殿都予以撤废，允许平民百姓把里面的雕饰之物据为己有。

然而，这些以身作则的皇帝们的所作所为似乎对于他们的子孙起不了什么作用，往往是父祖越是节俭而子孙们越是奢靡。宋武帝的孙子孝武帝刘骏对“田舍翁”祖父的教诲毫不在意，大起宫殿，终日长醉。既挥霍，就要聚敛，宋孝武帝开创了地方长官罢任还朝时必须要向皇帝供奉财物的恶例。如果地方长官带回的财物众多，必定要与之樗蒲，非全部搞到手不可。对朝臣也是如此。宠臣颜师伯收受贿赂，家累千金，孝武帝常常和他樗蒲。有一次孝武帝一掷得雉，得意洋洋，颜师伯后掷得卢，孝武帝脸色大变，颜师伯识相，赶紧把骰子搅乱，说“差一点得卢”。这一天颜师伯就输给孝武帝100多万。宋武帝的另一个孙子宋明帝刘彧自奉更丰厚，当时朝廷财政困难，文武百官减俸，可凡是御用之物都要制“正御”30份、

“副御”30份、“次御”30份。他的儿子（后废帝刘昱）结婚，暗示臣下送礼，一般都要上百两黄金。始兴太守孙奉伯只献上一副琴书，宋明帝大怒，派人送去毒药赐死，从此又开创了皇室喜丧等事群臣必须送礼的恶例。垣闳在孝武帝时为交州刺史，罢任还朝，带回财物巨万，走到半路上孝武帝已死，垣闳得以拥资为富豪。到明帝朝，垣闳又出任益州刺史，还朝时带回价值几千金的财物，献给明帝一半，哪知明帝贪得无厌，派人把他押到廷尉去审问，垣闳赶紧奉献全部财物才得以脱身。齐高帝节俭一生，他的儿子齐武帝萧赜即位后已开始挥霍，而齐武帝的孙子萧昭业（史称废帝、郁林王）更是败家子，作为皇太孙为了继承皇位，他故意装出节俭恭谨的样子，可一旦当了皇帝，立刻露出荒淫面目，整日与一批无赖混在一起赌钱斗鸡，放鹰跑马，随意滥赐左右亲信钱财，动辄百数十万，见了钱就说：“过去我想你一个都没有，今天可就要用个痛快。”齐武帝在位期间聚钱七八亿存于宫内，萧昭业在位一年，就花掉了一多半。到齐废帝（史称东昏侯）萧宝卷，荒淫奢靡已是登峰造极。在位第三年时皇宫发生火灾，3000多间宫殿房间被毁。他下令重建，从江南各地的寺庙里拆卸装饰物品。所起宫殿穷极奢华，尤其是所宠幸的潘妃的神仙、永寿、玉寿3殿，以麝香合泥涂壁，挂满锦幔珠帘，在地面上铺有凿金而成的莲花铺地，让潘妃在上面行走，号为“步步生莲花”。建筑所用的黄金耗尽了南齐皇朝的积蓄，就派人到市场上去勒索。潘妃的服饰也是极尽奢华，一只琥珀钏就价值170万。梁武帝的以身作则丝毫没能感动他的子弟，个个都贪财奢靡。他弟弟临川王萧宏，聚敛的财物装满了上百个库房，仅现钱就有3亿多。

府第和皇宫相当，后庭的婢妾多达近千人，所宠的江无畏，服饰比齐东昏侯的潘妃还要奢华，一双宝屐价值千万。江无畏爱吃鲭鱼头，常常一天吃300多，鱼身都被抛弃。梁武帝的侄子南平王萧伟被赐以齐朝的青溪宫为府第，又大加扩建，果木珍奇，有侔造化。所建“游客省”，冬天设有暖笼炉，夏天设有凉扇，寒暑得宜，为诸王府之最。南陈后主陈叔宝是古代著名的荒淫皇帝，专门和十几个宠信的“狎客”鬼混，在宫中起临春、结绮、望仙3阁，供自己及所宠的张贵妃等居住。全都采用檀香木，饰以金玉珠翠，微风吹拂，香闻数里。阁内珠帘宝帐瑰奇珍丽，阁前假山水池，种植奇花异草。选择千百名宫女演唱贵妃、狎客所制《玉树后庭花》《临春乐》等歌曲，供陈后主取乐。

皇室奢靡之风进一步煽动百官贵族追求奢华的风气。南朝官场风气的腐败也是骇人听闻的。刘宋开国皇帝宋武帝是节俭的，而开国功臣刘穆之就热衷追求奢侈排场，每餐食必方丈，他对宋武帝说：“我出身贫贱，自跟随主公才得以富贵，虽然想要节俭，但每日的需要确实是多了一点，除此之外，丝毫不会对不起主公。”另一个著名武将王镇恶，北伐至关中，极力收敛财富，败退回江南时，所携子女玉帛不可胜计。宋武帝以其功高，置而不问。南齐武帝时宠臣刘悛，日常供费极奢靡，又极力巴结齐武帝，每次出任地方官还朝，倾资贡献。出任益州刺史，还朝时准备了黄金打制的浴盆及其他的黄金用品，打算送给武帝，但恰好武帝已死，他给即位的郁林王萧昭业的奉献就减少了一点，金浴盆也想留下自己用了。郁林王知道后，指示司法部门将他逮捕关押，打算处死，后来在萧鸾（以后的齐明帝）劝告下才改为禁锢终身。齐明帝的重臣到㧑资产丰厚，宅院园林号为建康第一，家中的姬妾以美色著称，所宠爱的陈玉珠名闻建康，齐明帝得知，向他索要，到㧑不肯，齐明帝就使唤朝臣弹劾到㧑。到㧑被关入廷尉监狱才几天，须发都变白了，只得破家救命，好不容易才免一死，从此再不敢过于奢华。南梁时的风气更是奢靡，从北魏投奔南梁的武将羊侃，性好挥霍，去衡州上任时，特意造双体船，船上架起楼阁，满饰珠玉锦绣，排列作乐的歌姬舞女，一路笙歌乐舞，引得两岸观者如堵。在建康招待北魏的使节，举行300多人的大宴会，食器都用金玉杂宝，以3部女乐，晚上以百多名侍婢手举金花烛照明。梁武帝时掌握机要二十多年的朱异，豪富也不减羊侃。其宅第穷尽美丽，台池玩好，终日可游。如此豪富的财物都是从民间巧取豪夺而来。南梁时各级官员都必须向其上级进奉财礼，礼多者可以考评为“称职”，礼少者必定考评为“弱惰”。官员也必然要向其治下的百姓勒索，南梁时的官员鱼弘曾公开宣布，他到地方上做官要有4尽：水中鱼鳖尽，山中獐鹿尽，田中米谷尽，村里人庶尽。

北朝初期的官场风气主要为贪鄙，豪侈的现象还不多。当时文武百官都不发放俸禄，清廉的官员连饭也吃不饱，所以贪鄙之风盛行。公孙轨为上党太守，收受贿赂，到任的时候是“单马持鞭”，卸任的时候是“从车百辆，载物南归”。有的官员在东门接受贿赂财物，转手就在西门出卖。北魏皇室及鲜卑贵族主要依靠战争掳掠、勒索臣服北魏的各民族的进贡，积聚财富也极为可观，但还不怎么注重夸耀。公元477

年柔然遣使上贡，使者请求观赏“天朝珍宝”，朝廷为此下令将皇宫里的珍宝、文绣、器物、御马、奇禽、异兽等等排列于市场，让使者参观。使者看了，叹服道：“大国富丽，一生所未见也。”冯太后临朝时大起兴建之风，宫廷用度大增。她宠信王睿，秘密赏赐的财物以亿万计，王睿家的府第、田园、奴婢都号为京城之首，赏赐一些亲信太监的财物也动辄百万。两晋夸富奢靡风气又在北方重现。孝文帝迁都洛阳后，此风更盛，甚至要超过南朝。据《洛阳伽蓝记》的记载，洛阳城的寿丘里，为皇室成员住所集中的地方，民间称之为王子坊。帝族王侯、外戚公主争修园宅，互相夸竞，“崇门丰室，洞户连房，飞馆生风，重楼起雾。高台芳榭，家家而筑；花林曲池，园园而有。莫不桃李夏绿，竹柏冬青。”居住上要争奇夸耀，出行也要夸耀财富，富贵之家都着意装扮几个身材好的奴婢，服饰华美，出行时让他们随行左右，做“车后容仪”，炫耀道路。

北魏时权豪斗富规模远远超过了西晋。如河间王元琛和高阳王元雍事事争锋。高阳王元雍曾为丞相，贵极人臣，家中僮仆 6000，姬女 500，出则骑兵开道，文物成行，乐声震天；入则歌姬舞女击筑吹笙，丝管迭奏。他的园林比皇宫的园林还要漂亮，芳草如积，珍木连荫。他每餐以几万钱为限，山珍海味，方丈于前。元琛起造文柏堂，与皇宫的徽音殿相仿，家中置有玉井、金罐，连打水的井绳都是用金五色绩制成。姬女 300，尽皆国色。元琛曾任秦州刺史，遣使去西域买马，最远到达波斯，买得一匹千里马，命名为“追风赤骐”，又有日行 700 里的名马十多匹，一起养在家中，以白银制马槽，黄金制马具。时常对人说："晋朝的石崇不过是平民出身，还能够雉头狐掖、画卵雕薪，何况我身为大魏天王，怎么能够不为华侈？"大会宾客时，陈列金瓶、银瓮之类的宝器几百件，酒器有水晶钵、玛瑙杯、琉璃碗、赤玉卮等等几十件，做工奇妙，都从西域而来。他带着宾客参观自己的库房、马厩，财物不可胜数。北魏的其他王侯也着意摆阔，但都比不过这两位。章武王元融有一次到河间王元琛家做客，元琛领着他参观完毕，对他说："不恨我不见石崇，恨石崇不见我！"元融见元琛如此豪富，又妒又羡，回到家里病了3天，卧床不起。江阳王元继来看他，说："你的财富应该可以和他抗衡，何必羡叹如此？"元融回答："我本来以为只有高阳王的宝物比我多，想不到还有河间王在我之前。"

北魏斗富摆阔与西晋相似，而贪鄙吝啬的风气也与西晋相当。北魏满朝文武不以贪得无厌为耻。胡太后临朝，打开皇宫的仓库，让文武百官任意自取，人力所能背负的绢帛就算是赏赐。文武百官个个争先，背、抱、挟、拖，各施绝技。章武王元融和陈留侯李崇竟然因为背得太多而摔伤了脚踝。胡太后见了，反而下令他们两人只准空手出宫，引得在场的人哄堂大笑。只有侍中崔光仅取了两匹绢帛，胡太后问道："侍中怎么拿得这么少？"崔光回答："臣只有两手，得两匹已是足够了。"于是朝贵们都赞叹崔光清廉。贪的另一面就是吝。北魏官僚崔和聚敛财富几千万，把几百斛的铜钱埋在地窖里，平时生活破衣粗食，吝啬到连母亲想吃薤菜，崔和都不肯买。不曾想他的儿子把他的钱偷了几百万逃走了。当时的尚书令陈留侯李崇，和两王一样富倾天下，家中奴婢上千，但吝啬异常，恶衣粗食，常常吃素，最多吃点韭菜。自己说“高阳王一餐抵我千日食”。他的门客对人说：“李令公一食十八钟”，听众都当作新闻，门客又说：“是二九（韭）一十八。”听众无不大笑。《颜氏家训》中提到当时邺城有一个领军，家僮800，发誓要凑足1000，每天每人的伙食费用限制在15钱以下，有时临时来客就毫无办法。后来犯罪被抄家，从家里抄出来一屋子的麻鞋，几库的破衣服。这是他为奴婢准备的。

两晋南北朝时期疯狂的奢靡风气，反映了当时较为特殊的社会历史背景。在这一时期，超经济剥削形式、以武力或其他胁迫手段进行强制性掠夺成为统治阶级的主要剥削方式之一。钱财的多少往往直接反映着拥有者的政治权力、社会势力、军事实力的消长，夸耀财富常常也就是夸耀权势，“夸富”往往就是“示贵”，所以才造成这种病态的、疯狂的斗富摆阔。而且，既然钱财得来的途径是“无本经营”，那么挥霍起来也常常是毫不心疼。两晋南北朝时期统治阶级的内部冲突极其激烈，经常发生权力、财产的易手沉浮，险恶的政治环境造成统治阶级中的大多数人都醉生梦死、及时享乐，奢靡之风也就随之而盛。战国、秦朝厉行贵贱等级由法律严格控制的法家政治，享乐消费都受法律的严格限制；两汉时儒家尊尊贵贵的等级观念、士大夫应自我约束的思想对统治阶级中的大多数还有着号召力。而到了东汉末年的大动荡时期，法家政治早已过时，儒家的思想也普遍受到怀疑，“名教即自然”的玄学兴起，大大“解放”了士族阶层的思想。奢靡纵欲既不受现实法律的严格限制，又不用受到自己良心的约束责备，当然就可以随心所欲而自认为“不逾矩”。同时，随着这一时期对外贸易路线的开通，远方的珍奇宝物源源不断而来，客观上也提供了挥霍的可能性。在那个时代，对外贸易只能是奢侈品贸易，输入的奢侈品大大刺激了统治阶级追求享乐的疯狂欲望。在以上这些因素的综合作用下，使得这一时期的奢靡风气具有异乎寻常的疯狂特征。

“八王之乱”
复古分封的恶果

中国古代“家天下”的政治格局里，如果统治者真的以自己的家族来管理天下，却往往就会“祸起萧墙之内”，发生骨肉相残的生死内战。西晋的“八王之乱”最为典型。

西晋皇朝是靠着阴谋权术篡夺政权的，当然也怕手下的大臣如法炮制，所以在建立统治时千方百计预防权臣篡权。司马氏集团总结自己篡权、曹魏丧权的经验，认为最主要的原因是曹魏没有搞分封制，皇族都集中在京城，而且皇族没有自己的军队，无法拱卫中央皇朝，很容易被一网打尽。要使西晋皇朝的统治长治久安，就必须搞分封制，广建诸侯藩属，与中央皇朝彼此呼应，既不怕中央的权臣作乱，又可防止地方势力造反。出于这样的看法，西晋皇朝一改秦汉以来实行郡县制、加强中央集权的政策，转而倒退复古，模仿西周的制度，实行分封制。

司马炎刚登上皇帝宝座，就封了27位皇族为国王，又授予一些皇族国王都督某方军事的头衔，允许各个国王自己任命国内的官吏。到咸宁三年（277年），再次大封皇族国王，封了5个大国、6个次国、几十个小国，并规定大国置军5000，次国置军3000，小国置军1100。国王全都出京就国，在当地都有政治、财政、军事、人事的全权。为了表示复古，又大封异姓诸侯，除了仿照西周制度，分封公、侯、伯、子、男五等爵位之外，还沿袭两汉的制度，分封关外侯、关中侯、亭侯、乡侯。这些异姓诸侯国也有独立的人事权、财政权，郡公、郡侯、县侯还可拥有军队，只是数量很少。全国的同姓及异姓诸侯国总数有500多个，占全国土地人口的一半以上。

西晋皇朝搞分封制的目的是为了防止外姓篡权，因此在分封诸王的同时，还将各地的驻军也交给几个兼有都督头衔的国王统率。在司马炎看来，仅仅使皇族有了武装还不保险，还要使皇族的武装没有对手。公元280年，西晋大军渡过长江攻灭东吴。随后，晋武帝宣布天下太平，应该仿照古代圣贤之君，偃武修文。下令地方州郡武装一律加以裁撤，只留下警察性质的“武吏”，大郡100人，小郡50人。

晋武帝通过分封诸王、罢州郡兵，自认为在防止外姓权臣方面已做到万无一失，可始料不及的是“祸起萧墙之内”，真正想作乱篡权的野心家却正是他所极力扶植的那些皇亲国戚。

公元290年，晋武帝司马炎在当了34年皇帝后死去，即位的晋惠帝司马衷是个弱智者。传说他有一次问身旁的侍从：

宫墙外鸣叫的蛤蟆是在为皇家叫呢，还是在为百姓叫？侍从们无以对答，有个侍从急中生智，说：在皇家地里的是为皇家叫，在百姓地里的是为百姓叫。又有一次他听说全国在闹饥荒，饿死了很多人，就问：灾民们为什么不喝肉粥？晋武帝曾几次想废了这个傻太子，都因为朝臣们援引“立嫡以长不以贤”的儒家教条加以反对，没有成功。不过晋惠帝的妻子、皇后贾南风却是个心狠手辣的女野心家。她是晋皇朝开国功臣贾充的女儿，自15岁嫁给这个比自己小两岁的傻丈夫时开始，就把丈夫牢牢控制在手中。19年来在充满阴谋诡计的皇宫里她变得十分老练，几次都是她设法保住了丈夫的太子之位。她一登上皇后的宝座，就迫不及待地想独揽大权。可是晋武帝死的时候，在旁侍奉的只有杨皇后的父亲杨骏，这也是个野心勃勃的权臣，他乘机改换晋武帝的遗嘱，指定由自己辅政。作为太后的父亲，他就此做起了不是皇帝的皇帝。贾皇后对于杨太后及杨骏早就怀恨在心，为了夺取权力，她转而求助于分封在外地的宗室藩王。

贾皇后首先派人去找汝南王司马亮。司马亮是司马懿的第四个儿子，算起来是晋惠帝的叔祖，在当时各个藩王中辈分是最高的，曾担任宗师，负责训导监察宗室成员，在宗室中有一定的号召力。晋武帝死前立下遗嘱，由司马亮与杨骏共同辅政，杨骏却私自扣下遗嘱，把司马亮赶出洛阳。司马亮因此与杨骏积怨很深。不过司马亮老奸巨猾，不肯轻易表态，打算坐享其成。

贾皇后找的另一个藩王是楚王司马玮。司马玮是晋武帝的第五个儿子，晋惠帝的弟弟，当时才21岁，以勇武暴戾闻名于朝，受封为楚王，并都督荆州诸军事，手握兵权。他听说了这个计划，立刻表示赞同，以朝见晋惠帝为名，带亲兵来到洛阳，屯兵司马门外。

贾皇后见外援来到，立即与手下密谋，起草了宣称杨骏“谋反”的诏书，让傻丈夫签字画押，连夜出动皇宫卫队去捉拿杨骏。杨骏在仓促之中向女儿杨太后求救，杨太后下诏营救父亲，正好被贾皇后当作太后参与谋反的证据，连太后一起抓捕。杨骏走投无路，在府第被烧、手下作鸟兽散后，逃到马厩被追兵砍下脑袋。杨骏的亲属及部下都以谋反罪株连三族，被处死的有几千人。

杨骏被杀后，为稳定局势，贾皇后不得不请汝南王司马亮入朝主政。司马亮如愿以偿，以太宰身份辅政，权倾一时。不过他也知道自己对于这场宫廷政变无功可言，为了邀买人心，他一上台就大封政变功臣，竟然一口气封了1081个侯爵，也隐隐有与贾皇后争权的意图。贾皇后自然不愿意把权力拱手让人，于是这位女野心家又设下消灭皇族藩王势力的连环计。

楚王司马玮总觉得自己在政变中的功劳远超过司马亮，而自己只不过得到执掌京城兵权的北军中侯的官职，心中怨恨。司马亮见司马玮野心勃勃，桀骜不驯，也打算削夺司马玮的兵权。二王势同水火，贾皇后乘机行事。她与亲信合谋，先以晋惠帝的名义下诏，说汝南王司马亮预谋废黜皇帝，命楚王司马玮将其免职。这个诏书写在一张青纸上，晚上由太监送达。楚王司马玮正好要泄积怨，立即动员手下的军队，自称受诏统率中外诸军，有不从命者，军法从事。他派兵包围汝南王在洛阳的王府，自己伪造了诏书，要司马亮交出官印。司马亮被捕，捆在一辆兵车下，没有人敢去审问，押了许久也不知该如何处理。司马玮唯恐把司马亮送交司法部门会从轻发落，随后下令：杀死汝南王司马亮的，赏布 1000 匹。司马亮遂死于非命。

正当楚王司马玮作威作福的时候，贾皇后已和谋士们商议停当，派出宫中使者来到楚王的军营，举着表示皇帝权威的旗帜“驺虞幡”（驺虞，古代传说中的一种义兽），高声宣布：“楚王矫诏！”士兵们听了纷纷逃散，楚王身边只剩下替他赶车的 14 岁小童。司马玮束手就擒。贾皇后给他加上伪造圣旨、滥杀辅政大臣的罪名，处以死刑。在刑场上司马玮还拿出那张青纸诏书喊冤，可没有人敢替他申冤。

在晋武帝死后仅一年，就接连发生上述的几次政变，标志着西晋皇朝内乱的开始。不过在这个轰轰烈烈的序幕之后，表面上还是平稳了若干年。贾皇后在取得了以上胜利后，以自己的族兄贾模为侍中，以舅舅郭彰为尚书、右卫将军，干预朝政。尤其是贾皇后妹妹的儿子贾谧（因被贾充立为嗣子而姓贾）虽官不过散骑常侍、后卫将军，但深得贾皇后的信任，成为朝中最有权势的人。一些人结为“二十四友”，对贾谧拍马奉承，其中石崇、潘岳尤为谄媚，每次探听到贾谧出行，就赶紧赶到路口，远远地看见贾谧乘坐的马车扬起的灰尘，马上跪下迎接。整个朝廷纲纪混乱，贿赂公行，酝酿着更加严重的内乱。

下一轮内乱的触发点是废太子问题。贾皇后自己没有生过皇子，太子是由晋惠帝的妃子所生的。贾皇后与太子关系不睦，贾谧也与太子不和。太子本人又奢靡威虐，每日与太监们游玩，时常在东宫摆开市场，亲自操刀卖肉。贾皇后在贾氏家族的鼓动下，打算废黜太子。她一方面伪造身孕，抱了自己妹夫的儿子当作是自己亲生的皇子；另一方面散布太子种种丑闻。等到舆论制造得差不多了，贾皇后就设计把太子灌醉，骗太子手写一张悖逆的纸条："陛下宜自了，不自了，吾当入了之。中宫又宜速自了，不自了，吾当手了之。"然后让晋惠帝召集群臣，公开宣示，要将太子"赐死"。群臣不敢怀疑这张纸条的真伪，只是反对处死太子。贾皇后只得将太子废黜贬为庶人，不久又派人将太子暗杀。

公元300年发生的太子被杀事件，激化了朝廷内部积压已久的矛盾。又一个野心勃勃的藩王乘机作乱，这个藩王就是赵王司马伦。司马伦是司马懿的第九个儿子，在皇族中辈分虽然很高，但名声很坏。晋武帝时曾犯死罪，被晋武帝赦免。晋惠帝即位后不久，司马伦出镇关中，又因滥刑滥杀，激起关中少数民族的反抗，被征召回京。他看准时机，一味逢迎贾氏家族，得到贾皇后的信任，让他担任执掌兵权的右军将军。一些反对贾皇后专权的朝臣和赵王司马伦联系，请他起兵废皇后。司马伦与他的谋士孙秀商议，以为太子报仇的名义篡权最有可能。司马伦就伪造圣旨，向士兵宣布奉诏收捕贾皇后，从命者封侯，不从命者夷三族。他下令兵分3路，一路去收捕贾皇后，一路去保护皇帝，一路去搜捕贾氏一党的朝臣。才一个晚上，洛阳城就换了主人。贾皇后被关押，第二年被赐死。傻皇帝被司马伦挟持，便于他经常以皇帝名义发布诏令。朝臣中除了贾氏一党外，凡与赵王不和的也都被杀或被贬。司马伦封自己为相国、使持节都督中外诸军事，按照当年司马懿、司马昭主持曹魏政事的样子，加九锡，增王府兵至1万。他的主要谋士孙秀为中书令，执掌起草诏书，实际上代替晋惠帝发号施令。

赵王司马伦大权独揽，飞扬跋扈，很快就激化了和其他藩王之间的矛盾。既然赵王能以发动政变夺取权力，其他的藩王也就没什么理由不加以仿效，于是西晋的内乱从宫廷政变向全面内战转化。

就在赵王政变后还不满4个月的时候，淮南王司马允起兵讨伐赵王。司马允是晋武帝第七个儿子，在太子被废黜后，曾一度打算立司马允为皇太弟，只是因赵王废贾皇后的政变发生，才没有实现。淮南王司马允带自己的军队上京，就任骠骑将军，领中护军。司马伦对他百般猜疑，改任为太尉，名义上官升三级，实际是要夺他的兵权。司马允拒不受诏，率领自己的军队杀出王府，高呼："赵王造反，快帮淮南王去讨伐！"他纠集起上万人马进攻相国府。淮南兵武艺高强，赵王的军队被打败，相国府被团团包围，箭如雨下，差点就射死赵王。赵王司马伦的儿子司马虔在皇宫里为侍中，赶紧募集了一些武士扮成皇宫卫队，高举驺虞幡和一块白版，呼喊皇帝有诏帮助淮南王，直奔淮南王阵营。淮南王司马允不知有诈，撤开阵脚，放其入阵，自己跪拜出迎，结果被假使者乱刀砍死。赵王司马伦侥幸得胜，屠灭淮南王家族及其部下数千人。

赵王平定淮南王后，把自己的王府兵额增加到两万人，实际有3万多人。他把自己的亲信派去执掌兵权，第二年正月就把晋惠帝赶出皇宫，尊为"太上皇"。自己称帝，改年号，发布大赦，俨然是又一位"真命天子"。只可惜不买他账的皇亲国戚大有人在。两个月后，齐王司马冏、成都王司马颖、长沙王司马乂、河间王司马颙等起兵讨伐赵王司马伦，各地的豪强也纷纷以“勤王”为名而起兵。至此，西晋皇朝的第三轮内乱演变为全面的内战。

讨伐赵王的主谋是齐王司马冏。司马冏是晋武帝的嫡亲侄子，曾参与赵王废后的政变，但只得到一个游击将军的头衔，司马冏由此怨恨赵王。赵王篡权后，司马冏出镇许昌，与诸王联络起兵，传檄各州郡。诸王中最早响应的是成都王司马颖。司马颖是晋武帝的第十六子，长期以平北将军的官职镇守邺城，军事实力最强。另一个起兵的是常山王司马乂，他是晋武帝的第六子，原封长沙王。他曾参与楚王司马玮发动的政变，楚王被杀后，他被贬为常山王，出京城去常山就国，悻悻不得志，唯恐天下不乱，一接到齐王的通知，立即出动王府军队向洛阳进军。河间王司马颙最为狡猾，他是晋武帝的再从兄弟，以平西将军身份出镇关中。他原本拥护赵王，把齐王司马冏派来的使节抓起来送到洛阳。赵王请他出兵相助，他就派了手下的大将张方带兵前往，可军队出发没几天，他又听说齐王等兵力强大，于是见风使舵，赶紧命张方去帮助齐王。

这场内战主要在今河南境内进行。齐王首先出兵，可一开始就打了败仗，只得固守待援。好在成都王出动的军队有 20 多万，在今河南温县一带打垮了赵王的主力。齐王乘胜出击，与诸王合兵进攻洛阳。就在这时，洛阳城里反对赵王的朝臣与左军将军王舆联手，乘着赵王兵败发动政变，杀入中书省，将赵王的亲信全部杀死，迎接晋惠帝回宫。赵王司马伦在几天后被赐死，凡赵王任用的官员一律免职。齐王司马冏率领数十万大军浩浩荡荡开进洛阳，威风凛凛，不可一世。

齐王、成都王、常山王等发动的这场内战只打了一个多月，但双方战死疆场的士兵就有十多万。诸王在士兵尸骨未寒之际已将权力瓜分完毕：齐王司马冏以“首义”之功执掌朝政，自命为大司马，加九锡；成都王司马颖出兵最多，为大将军，都督中外诸军事；常山王司马乂为辅军大将军领左军，复国为长沙王；河间王司马颙首鼠两端，对推翻赵王没什么功劳，但实力强大，齐王只得给他一个太尉的头衔；其他起兵的王公也都加爵进官。不过进行权力瓜分的同时，诸王的阵营也在重新组合。长沙王司马乂公然鼓动成都王司马颖向齐王夺权。而成都王在谋士卢志的劝告下，以退为进，借口母亲有病，悄然回到邺城窥测时机。河间王司马颙则留在关中待机而动。于是新一轮的大乱又在酝酿之中。

齐王司马冏也和赵王一样利令智昏，掌权后专横跋扈，把自己的 3 个儿子都封了王。在洛阳城里为自己大造王宫，拆毁数百间民房。自己不到朝廷议事，反而要朝臣们到自己府上汇报，肆无忌惮地端坐着受百官的拜见。仅仅掌权一个月，将军王舆就和新封的东莱王司马蕤密谋要废黜他。被他发觉后，将王舆夷三族，司马蕤废为庶人。又过了 5 个月，公元 302 年年底，河间王和成都王讨伐他的檄文就传到了洛阳。西晋第四轮大乱正式开始。

河间王当初派出进攻赵王的两万军队由张方率领，一直驻守洛阳以西的新安，这时就近向洛阳发起进攻。掌握着洛阳左军的长沙王司马乂响应檄文，起兵抢占皇宫，控制晋惠帝，然后猛攻大司马府。双方在洛阳城中大战三天三夜，火光冲天，箭如飞蝗，连晋惠帝的侍从也被流矢射中，死者相枕。结果齐王军队战败，齐王司马冏被俘，长沙王司马乂下令将他斩首示众。齐王的死党均被夷三族，处死两千多人。

长沙王司马乂“首义”有功，按照西晋内乱以来的惯例，开始执掌朝政。起初比较收敛，事事都向在邺城的成都王司马颖请示，可没过几个月就自作主张发号施令，自恃晋惠帝在他的手心里捏着，颁发圣旨很容易。消灭齐王势力后不过 7 个多月，成都王、河间王与长沙王的矛盾又激化起来，西晋的第五轮大乱就在这三王之间爆发。公元 303 年，河间王派人去洛阳暗杀长沙王，阴谋败露后，河间王联络成都王，以长沙王“论功不平”“专擅朝政”为名，宣布起兵讨伐长沙王。河间王司马颙出兵 7 万，由西向东；成都王司马颖出兵 20 万，由北向南；两路大军夹击洛阳。长沙王司马乂兵马虽然不多，可手里却有一张王牌：他挟持着晋惠帝“御驾亲征”，带着皇帝与两王在洛阳一带打起了运动战。虽然一度让河间王的大将张方攻入洛阳，但在对成都王军队的作战中胜多败少，3 个多月中杀死成都王军队六七万人，只是在战略上长沙王处在内线作战，地盘越来越小，粮食供应不足。这时又一个野心勃勃的藩王跳出来，在西晋内乱的舞台上唱起了主角。他就是东海王司马越。

东海王司马越是司马懿的侄孙，算不上是西晋皇室的直系，他的父亲在晋武帝死时曾一度任司空，司马越自己因参与推翻杨骏的政变，得以加封为东海王，一直在朝廷任职，官至司空。他见长沙王处境不妙，在一些将领的鼓动下突然对长沙王发动进攻，逮捕长沙王司马乂，然后请晋惠帝下诏，免去长沙王的官职。为避免长沙王的军队反抗，他又授意河间王的大将张方处死长沙王司马乂。随后，成都王司马颖以胜利者的身份进入洛阳。河间王司马颙因为后方不稳，命张方率主力赶回关中，洛阳朝廷成为司马颖和司马越的战利品。司马颖自任丞相，司马越为尚书令。

成都王司马颖派5万军队驻守洛阳的12道城门，并撤换所有戍守皇宫的军队，代之以自己的军队，并把朝廷中凡是曾反对自己的大臣全部杀光。在清扫了朝廷以后，司马颖又回到自己的老巢邺城进行遥控。不久司马颖指使废太子，河间王顺势请封成都王司马颖为“皇太弟”。东海王司马越见成都王步步紧逼，挟持晋惠帝下诏讨伐成都王，自命大都督，号召天下“勤王”。两王的联盟才两个月就彻底破裂了。

公元304年爆发的西晋第六轮大乱也是皇族内战。先是成都王派驻洛阳的军队败回邺城，东海王司马越居然凑起了一支十几万人的大军，挟持晋惠帝御驾亲征。双方在安阳一带会战，司马越却打了个大败仗，晋惠帝被司马颖的军队抢走送入邺城，司马越只得逃往自己的封国东海郡（今山东、江苏交界地区）。不过成都王的胜利极为短暂，北方的军阀王浚和司马越的弟弟东嬴公司马腾借助鲜卑族及乌桓族的兵力南下，成都王的军队接连失败，溃不成军，司马颖连老巢邺城也保不住，裹挟着晋惠帝仓皇逃到洛阳。河间王派来接应的将军张方也不想坚守已被自己的军队劫掠一空的洛阳，又带着晋惠帝和成都王退往长安。一年来饱受颠沛流离之苦的晋惠帝实在不想再走，躲到皇宫的竹园里哭着不肯上车，被士兵们硬拖上车带走。

河间王司马颙为了求得一个缓冲机会，在长安以晋惠帝的名义宣布废除成都王“皇太弟”名号，改立晋惠帝另一个弟弟豫章王司马炽为皇太弟，自己为太宰，东海王司马越为太傅，共主朝政。可惜司马越只给了河间王不到半年的时间，第二年（305 年）就在东海起兵宣布讨伐河间王，王浚、司马腾等奉东海王为盟主，而一些地方豪强则借口为成都王讨还公道起兵作乱。为了扩充兵力，这些起兵的藩王及豪强全都借助少数民族武装，少数民族的一些首领也乘着这个机会混水摸鱼，西晋的第七轮大乱最终使全国陷入大规模混战。

河间王司马颙见以东海王为首的各路诸侯来势汹汹，先是把张方当作替罪羊，将张方的脑袋送出去求和。东海王置之不理，继续进军，很快攻入关中，河间王司马颙战败，单骑逃入山中。东海王抢得晋惠帝，用一辆牛车把这个倒霉的皇帝带回洛阳，以鲜卑族为先锋的军队在长安烧杀抢掠一通后扬长而去。河间王在部将帮助下夺回长安这座空城。成都王司马颖在这场战事开始时进入河北，河间王给他士兵千人，妄图东山再起，但所部均为乌合之众，一触即溃。成都王驾着一辆马车，载着两个儿子狼狈逃窜，被当时盘踞邺城的范阳王司马虓捕获。不久司马虓暴毙，手下的部将怕邺城的土豪拥戴成都王，就抢先下手杀死成都王司马颖及其两个儿子。

东海王司马越自认为已获得全胜，晋惠帝对他来说已失去利用的价值，暗中布置毒死晋惠帝。皇太弟司马炽即位，史称晋怀帝，召河间王司马颙来洛阳辅政，可河间王才走到半路上，就被司马越的弟弟南阳王司马模暗害。这时全国已不复有统一的朝廷政令，司马越仿照曹操的故事，出镇许昌；他的哥哥高密王司马略出镇襄阳；他的弟弟南阳王司马模出镇长安；另一个弟弟新封的新蔡王司马腾出镇邺城，各自割据一方，俨然是“四兄分晋”，与其他的割据政权混战不已。当年新蔡王司马腾被石勒杀死。5 年后司马越病死，石勒剖其棺、焚其尸，声称为天下人报仇。长安的南阳王司马模也在这一年兵败被杀。晋怀帝则在司马越病死的同一年被前赵主刘聪俘获，受尽屈辱后被处死。长安的晋臣拥立秦王司马业为皇帝，史称晋愍帝。这时的长安城里只有百户人家，公私马车只有 4 辆。这个小朝廷勉强维持了 3 年，最终在公元 316 年被匈奴族建立的汉国消灭，历史上习惯将这一年作为西晋皇朝灭亡的时间。留在北方的晋皇族成员在这前后几乎被斩尽杀绝。

上述的西晋皇族内部战乱自晋惠帝永平元年（291 年）至晋怀帝光熙元年（306 年），共 16 年时间。作乱的皇亲国戚不计其数，但历史上习惯将汝南王司马亮、楚王司马玮、长沙王司马乂、齐王司马冏、赵王司马伦、成都王司马颖、河间王司马颙、东海王司马越这 8 个藩王指为祸首，称之为“八王之乱”。

在中国历史上像“八王之乱”这样大规模的皇族内争现象是比较罕见的，尤其是像“八王之乱”这样直接导致皇朝灭亡的现象更为罕见。原因固然可以列出很多，但是西晋皇朝实行的复古分封政策肯定是最主要的原因之一。

无论是分封制还是郡县制，在中国古代都只是君主专制政治制度的一种表现形式，都只是皇帝统治人民的一种手段。

在历史上，思想家们一直讨论着分封制与郡县制孰优孰劣的问题。唐代思想家柳宗元在他的《封建论》中认为：郡县制是秦朝“私其一己之威”的产物，但与分封制相比客观上又是“公天下”的制度。明末清初的思想家黄宗羲、王夫之则认为这两种制度都出自专制君主的猜疑心理。黄宗羲在《明夷待访录》中说：皇帝把国家当作自己家的私产，唯恐有人要偷要抢，百般提防，用一个人怕他欺骗自己，另设一个人来加以监视；无论分封还是郡县，都是“非法之法”。王夫之在《读通鉴论》中也说：曹魏怀疑同姓，西晋怀疑天下，无论分封还是郡县，只要是出于这种怀疑心理的制度，都必定要导致“乱亡之祸”。这些见解都是相当深刻的，历史告诉我们，在“家天下”的前提下，这两种制度都不能保证长治久安。

然而，“两害相权取其轻”，与郡县制相比，分封制往往更容易导致分裂战乱局面的出现，从而造成社会经济的大破坏。首先，分封制割裂国土，诸侯并列，很容易形成地方割据势力。分封制下各个诸侯国各置关卡，妨碍人口和物资的交流，推迟国内统一市场的形成，影响民族文化的融合与进步。其次，正如柳宗元所指出的：分封制下，各诸侯国的统治者世袭继任，贪暴之君无法迅速黜革，贤能之君也无法加以提升，这样就容易造成社会矛盾的激化。再次，分封制下的皇族同姓诸侯篡夺最高统治权的可能性似乎要高于一般的官僚贵族，同姓诸侯篡夺最高统治权的行动似乎更容易找到“合法性”的外衣。异姓官僚贵族篡权很容易被戴上“乱臣贼子”“犯上作乱”之类的帽子，遭到其他官僚贵族的反对，即使成功的篡权者还可能在历史上遭到口诛笔伐。而同姓诸侯篡权则可以“天下一家”，省去不少的麻烦，至少可以援引周公辅成王的典故，执掌实际权力。不过正因为如此，篡权夺位对于皇族同姓诸侯的诱惑更大，皇族同姓诸侯更可能起兵作乱，更可能是封建政治中的不稳定因素。

由于上述原因，历代的统治者在分封皇族问题上都很谨慎。大多数情况下分封的诸侯只能享受封国的赋税收入，不得干预封国的行政，尤其不得拥有军队武装。这样既满足家天下的贪欲，又可防止尾大不掉。然而西晋统治者却完全无视秦朝以来的历史经验教训，为了实现自己家族疯狂的占有欲，倒行逆施，实行复古分封，最终导致社会的大破坏、大倒退，也使自己家族内部骨肉相残，同归于尽。

概括而言，西晋统治者的失策主要有这样几个方面：一是实行裂土分封，广建诸侯，给予诸侯在封国内的行政权力、人事任命的权力，造成藩国林立，各封国自成体系，预示着分裂割据局面的出现。二是给皇族同姓诸侯藩王配备军队，虽然看上去这些军队的绝对数量并不多，但是考虑到西晋统治者同时裁撤地方驻军的因素，藩王的军事实力在地方上就具有了相对优势，便于割据一方，稍加扩军，就有能力进行武力扩张。藩王带自己的军队上京，有能力发动一场宫廷政变，如楚王司马玮、淮南王司马允就是依靠自己的军队发动政变的。另外西晋统治者还授予一些藩王都督某地军事的权力，更是助长了藩王起兵作乱的野心，如起兵反对赵王司马伦的三王都是出镇一方的都督，具有发动内战的军事实力。三是西晋统治者采用以亲王辅政的惯例，主观上是企图以亲亲之义稳固皇朝统治，但客观上反而加强了诸侯藩王的觊觎之心，藩王都力图以此名义干预朝政，进而篡权夺位，结果加速了西晋皇朝的灭亡。

所谓的“五胡乱华”
民族压迫政策导致的恶果

在民族关系上应以和为贵。任何民族歧视、民族压迫、民族仇恨的政策都只能带来中华民族的衰亡败落，导致社会的大倒退、大破坏。

东汉以后，北方的游牧民族一批批地迁徙到了中原及周边地区定居，黄河流域的广大地区内出现了各民族混居的情况。这些内迁的少数民族大体上可以分为氐羌、匈奴、东胡3大族系。

北方的匈奴族自东汉末年分裂为南北两部，南匈奴呼韩邪单于臣服于汉朝，东汉朝廷划并州（今山西北部及陕西北部、宁夏河套地区）为南匈奴族的居住区域，定居的5000多个部落与汉族杂居，给予免除赋役的优待。南匈奴的部落头人单于享受列侯待遇，子孙承袭。南匈奴的上层人物逐步接受汉族文化，改姓刘氏。曹操当权时又把南匈奴分为5部，选择部落首领为都尉，另派汉族官员为司马。左部都尉率众居于兹氏县一带，右部都尉率众居于祁县一带，南部都尉率众居于蒲子一带，北部都尉率众居于新兴一带，中部都尉率众居于太陵一带。曹魏末年，又有不少匈奴部落陆续南迁，迁至中原地区的共有 19 个部落，在各少数民族中势力最为强大。

原来活动于东北地区的东胡族系在汉朝初年被匈奴打败，有些部落移居到乌桓山一带居住，改称“乌桓”或“乌丸”，帮助汉朝打击匈奴。东汉末年军阀袁尚诱使乌桓为他作战，被曹操打败。曹操把乌桓迁至内地安置，乌桓族接受汉族文化，改称桓氏。其他的东胡族部落也随之逐步内迁，散居在黄河以北的广大地区，其中最强大的是鲜卑族各部落，有居于辽河流域的慕容氏，甘凉地区的乞伏氏，河西地区的秃发氏，晋北地区的拓跋氏，原匈奴族活动地区的郁久闾氏（后改称柔然）等等。

原来活动于今青海、新疆地区的氐羌族，与汉族的交往历史极为悠久。汉朝灭亡后，不少氐羌部落逐步内迁，散居在今天的川西、陇西地区。很多氐羌部落接受了汉族文化，改姓汉族姓氏，从事农业生产。

东汉末年至魏晋之交，中原战乱频繁，形形色色的汉族军阀豪强残酷压迫内迁的各少数民族人民，驱使少数民族为他们去打天下。而不少野心勃勃的少数民族首领也企图混水摸鱼，扩张自己的势力，进而仿照汉族的统治方式，称王称霸。尤其是很多内迁的少数民族正处在原始社会末期向阶级社会过渡阶段，内迁后社会分化加剧，部族下层群众身受部族上层贵族及汉族地主豪强的欺凌压榨，或者流离失所，或者铤而走险。黄河流域的社会矛盾日趋复杂，民族关系日趋紧张。

面对这样的形势，魏晋统治者提出的对策却是煽动民族仇恨，转嫁统治危机。曹魏末年名将邓艾任城阳太守时，向当时主政的司马师建议：“戎狄兽心，不以义亲。强则侵暴，弱则内附，需要深加提防。”对于内迁的匈奴族应该分而治之，不使其连通一气；对于已和汉族杂居的氐羌族也要加以甄别分居，防止少数民族的习俗破坏了汉族的礼教。他的建议深得司马师的欣赏，得到采用。

在晋朝大军平定江南后不久，侍御史郭钦就向晋武帝建议：内迁的少数民族现在虽然驯服，可是难保将来不会闹事，万一少数民族起兵造反，少数民族的骑兵只要 3 天就可以进击洛阳。应该乘着平吴大胜的余威，把平吴的大军调到北方，并且将全国的死罪囚犯流放到河西及北方边缘地区居住“实边”，逐步把各少数民族逼出塞外。这个建议没有得到晋武帝的首肯。

郭钦的建议是直接向皇帝提出的，知之者不多。西晋元康九年（299 年），当时的山阴令江统公开上书朝廷，他的这篇《徙戎论》轰动一时，得到了统治阶级中很多人的赞赏，并对于后世也有着长远的影响。《徙戎论》宣称中国自古以来就是汉族皇朝统治中原，各少数民族听从皇命守卫边疆。而北方的“戎狄”各族最为狡诈，“弱则畏服，强则侵叛”，商高宗、周文王、汉高祖、汉文帝之类的贤明之君都无法使之归于良善驯服，不可抱有教化训导或与之和平共处的幻想。现在各少数民族居住在黄河流域，“非我族类，其心必异”，必然要惹是生非。为预防起见，他建议以武力为后盾，实行强制性的“徙戎”，把各少数民族迁回塞外老家去。

《徙戎论》虽然得到朝野中很多人的赞赏，可是当时西晋皇朝已发生“八王之乱”的空前内争，顾不上全面推行这项政策，而且边疆地区已发生少数民族首领起兵反晋的战事。就在江统上书的前一年，关中地区的一支氐族部落因不堪忍受汉族地主豪强的压迫及连年的灾荒，在首领李特兄弟的带领下，不顾官府的禁令前往蜀郡求食，大批不同民族的饥民也追随李特入蜀。妄想割据益州的刺史赵廞为了实现个人野心，先是笼络李特兄弟，想利用他们的号召力把这10多万流民变为他的私家武装。当他的阴谋败露后，他又实行武力镇压，杀死李特的弟弟李庠。李特和另一个弟弟李流率领流民起兵，杀死赵廞。西晋朝廷派出新的益州刺史罗尚来到成都，宣布赦免李特兄弟，但又按照《徙戎论》的主张，逼迫流民必须在当年的7月以前离开益州。李特代表流民请求在秋收以后携粮离开，罗尚一概不准，出动军队驱赶流民。流民们忍无可忍，推举李特为“镇北大将军”，攻打成都。这场战争打了几年。李特与部下约法三章，严明军纪。而罗尚则贪残无度，益州百姓歌谣：“李特尚可，罗尚杀我。”后来李特、李流先后战死，他们的侄子李雄率众占领整个益州地区，自称成都王。这个由氐族首领建立的地方性政权后来改国号为“汉”，史称成汉，占据今四川及云南、贵州部分地区，维持了40多年。

氐族首领李特率众起兵，宣告了西晋统治者排斥、压迫内迁少数民族政策的破产，是内迁各少数民族在晋朝统治大动荡时起兵反晋的信号。就在李雄称王的同一年（304年），匈奴族首领刘渊也在离石（今属山西）起兵反晋。和李特兄弟一样，刘渊也是接受了汉族文化的少数民族首领。他是匈奴冒顿单于的后代，由于汉高祖曾与冒顿约为兄弟，所以冒顿的子孙内迁后都改姓刘氏。刘渊家几代居住在晋阳，他自小学习儒经，精通《春秋左氏传》，青壮年时长期在中原朝廷任职，西晋时被任命为匈奴北部都尉，深得人心。刘渊比晋朝统治者更有政治头脑，不受晋朝统治者鼓吹的民族仇恨政策的影响。起兵时，有些匈奴族首领主张：晋朝把我们当奴隶，我们起兵是要恢复呼韩邪单于的大业。而刘渊却说：消灭晋朝就如摧枯拉朽一般的容易，但要争取汉族人的拥护就不容易了。汉朝的恩德久远，刘备才能以益州一州之地与中原抗衡。我们是汉朝的兄弟，重建汉朝就能获得汉族人的支持。出于这样的考虑，他定国号为“汉”，尊奉汉朝皇帝为自己的祖先，力图推行民族和解政策。可惜的是，他的部下并不能领会他的用心，相反大多数将领都以残杀、迫害汉族人民为能事。他的平晋大将军刘景进攻洛阳，在延津打败晋军后，一次就屠杀了无辜的汉族人民3万多，所到之处，一片废墟。

刘渊死后，他的儿子刘聪即位，他虽然博通经史，文武双全，但却残暴异常，他放弃争取汉族人民拥护的政策，代之以民族仇杀、民族压迫的政策。在攻下洛阳后，纵兵烧杀抢掠，将残存的晋朝官员满门抄斩。战争中胜则屠城，败则驱赶汉族人民迁往自己的都城平阳地区。刘聪推行“胡汉分治”，在其统治的并州地区，汉族人由左右司隶统管，匈奴及其他少数民族则设匈奴单于左辅、右辅统管。到刘聪的族弟刘曜称帝后，进一步推行民族压迫政策，改国号为“赵”（史称前赵），不再尊汉朝皇帝为祖先，立自己的儿子为大单于，把各级官员都改为匈奴首领称呼，一律由少数民族担任，汉族人只能是被统治者。

由匈奴族建立的这个割据政权存在了20多年，就被另一个国号也叫“赵”的少数民族政权消灭。这后一个赵国（史称后赵）的创始人是羯族的石勒。石勒出生于一个定居在并州上党武乡的羯族小首领家庭，由于阶级分化，石勒少年时，家中已是赤贫，只得替人打短工做“田客”为生。西晋末年上党地区遭遇天灾人祸，石勒和一些羯族青年出外逃荒，被晋朝官员当作逃奴追捕，好不容易才得以逃脱。走投无路之际，得到一位有良心的晋朝官员郭敬的接济。石勒感激不尽，就向郭敬献计说：现在饥荒严重，羯族人无以为生，您可以劝羯族人到冀州去逃荒，到了那里再把羯族的青壮年卖给当地人做奴隶，您得到一笔奴隶的身价，羯族人也可以得到一条活路。郭敬听了虽然动心，可他官小位卑，做不了这事。不久，晋朝的并州刺史、新蔡王司马腾果真大规模地开始实行一整套民族迫害政策。司马腾下令在并州搜捕羯族青年，每两个人套上一个木枷，押解到冀州去出卖为奴。石勒也在其中，被卖到冀州茌平（今属山东）一户人家当耕奴。好在主人见他面貌奇特，勇武有力，在奴隶中很有号召力，怕他领头闹事，就把他放了。石勒善于相马，被当地的一个豪强汲桑雇去放牧马群。西晋末年诸王混战，冀州成为战场，石勒纠集18个同伙乘乱为盗，汲桑坐地分赃。后来汲桑起兵反晋，石勒就成了急先锋，首先攻破新蔡王司马腾盘踞的邺城，杀死司马腾，将邺城烧杀一空。

石勒的遭遇只是当时贫苦少数民族人民苦难生活的一个缩影。从他的遭遇中可以看到西晋统治者及地主豪强对于少数民族人民的残酷压榨，在当时的历史条件下，这种压榨促成了少数民族人民对于汉族统治阶级，甚至对于汉族人民的极端仇视。石勒起兵后出于这种仇视情绪，大肆屠杀晋朝官员，他的军队极具破坏性，战斗力也很强。在汲桑死后，石勒先投奔刘渊，但很快就自立门户，割据冀州。当319年刘曜改国号为赵时，石勒就在同一年也自称赵王，建都襄国。

石勒不识文字，但喜欢听人讲读《左传》《史记》等历史书籍，自称：我要是遇上汉高祖，就该俯首称臣，和韩信、彭越之流一起为汉高祖打天下；要是遇上东汉光武帝，可以和他逐鹿中原同争天下，不知鹿死谁手。大丈夫做事就该光明磊落，不能像曹操、司马懿父子那样欺负孤儿寡母。石勒仇视晋朝高官，但却懂得任用下层汉族读书人为自己出谋划策，比全然排斥汉族人的刘曜要高明得多。他自立门户后不久，就组织汉族读书人为“君子营”，掌管文书簿记，还任用汉族读书人张宾为主要谋士。因此石勒的势力后来居上，终于攻灭前赵，基本统一北方。不过后赵依然是一个推行民族压迫政策的政权，石勒规定羯族人为“国人”，是统治者；汉族人虽然可以做官，但只能做小官、参谋官，不可做独当一面的主官。禁止讲“胡”字，连“胡饼”也要叫“麻饼”。只是他本人对汉族官员还比较宽容。有一次，一个羯族军官喝醉酒骑马冲入皇宫，石勒大怒，把守门官找来问罪，守门官是个汉族人，惊惶失措地说：刚才有个“醉胡”冲进来，和他讲话他也不懂。石勒笑了，说：“胡人正自难言。”石勒任命汉族人樊坦为参军，有一次召见樊坦，见樊坦衣衫破烂，就追问原因。樊坦一时忘记忌讳，说：前不久遭到一伙无道“羯贼”抢劫，家财荡尽。

石勒笑着说："羯贼"如此残暴，我替他们赔偿。樊坦这才发现失口，赶紧磕头请罪。石勒说：我的法律只对俗士，与你们老先生无关。随后赏赐给樊坦一大笔财宝。

石勒称帝后不久就病死了。他的子侄们为了争夺帝位大打出手，最后的胜利者是石勒的侄子石虎。石虎行伍出身，登上帝位后一味迷信武力，穷兵黩武。有一次出动 18 万大军游猎，自己站在高处观看，得意洋洋地说：我父子有如此军队，还怕什么天崩地裂！自认为无论怎样倒行逆施都不会遭到惩罚。西攻凉国，南征东晋，北伐前燕；又迁都邺城，大兴土木，征发几十万百姓为他兴建宫殿；在民间征集 13 至 20 岁的美女 3 万多人以充后宫，拆散无数家庭，逼死无数良民。为了镇压异己，特立"私论""偶语"法令，恐吓臣民。这样暴虐的统治竟然也维持了 15 年之久，直到石虎病死为止。石虎的子侄之间又爆发了争夺帝位的残酷战争，掌握重兵的石虎的养子冉闵乘机夺取皇位。

冉闵原来是魏郡内黄（今属河南）的汉族人，他的父亲在 12 岁时就被石勒收为养子，改姓为石。冉闵少年时就表现出杰出的军事才能，很快就成为石虎的宠将。夺取皇位后，冉闵改国号为"大魏"，恢复自己的冉姓，史称冉魏。冉闵大肆屠杀石氏子孙，又怕羯族及其他少数民族造反，他就仿照西晋统治者的办法，通过煽动汉族对少数民族的仇恨来获取支持。他先是下令凡少数民族持有武器者格杀勿论。邺城的少数民族见汉族人当了皇帝早就惶恐不安，听说了这个法令，纷纷潜逃出城。冉闵索性下令大开城门，宣布：与我同心者进城，与我不同心者出城。百里以内的汉族人纷纷进城，而城里的少数民族纷纷出城。冉闵见只有汉族人支持自己，就下令对少数民族进行大屠杀，凡汉族人能杀死一个“胡人”，把首级送到凤阳门下的，文官官升 3 级，武官拜牙门都尉，百姓赐爵。冉闵也亲自带着卫兵到处搜寻少数民族。当天邺城就有上万的少数民族被杀，几天内中原一带的少数民族被屠杀了 20 多万，也有的汉族人只因为鼻子长得高一点、胡须长得密一点就被误杀。

冉闵征发 30 万大军进攻石氏后赵政权的老巢襄国，又通知东晋，请求东晋派兵一起“灭胡”，可是东晋政权却不予理睬。冉闵的民族仇杀政策使得久居内地的各少数民族人民被迫逃往边疆，各少数民族割据政权联手抵御冉魏的进攻。冉闵虽然经反复苦战彻底消灭了羯族石氏政权的残余势力，但被鲜卑族的前燕打败，冉闵被俘杀，这个以煽动民族仇杀起家的政权前后只存在了 3 年就灭亡了。然而，冉闵的民族仇杀政策逼迫大批早已在内地定居的少数民族人民逃往塞外，原来居住在边疆地区的汉族人民为躲避少数民族的报复，纷纷迁往内地。流民充斥道路，饥寒交迫，尸横遍野，造成惨绝人寰的大破坏。

从西晋统一至冉魏的灭亡，60 多年间，黄河流域的汉族及内迁的各少数民族人民遭受了空前的苦难，这个当时中国的经济中心地区也遭到巨大的破坏。在古代的史籍上，古代史学家把这种苦难和破坏全都归咎于内迁的各少数民族，所谓“五胡”即：匈奴、羯、鲜卑、氐、羌，这一段历史被称之为“五胡乱华”。绝大多数古代思想家都对江统的《徙戎论》赞不绝口，认为晋朝统治者没有接受江统的建议是导致西晋灭亡的主要原因。这种观点反映了大汉族主义的偏见，反映了宣扬民族歧视的封建史学“正统”。

从我们以上的叙述中，不难发现真正的罪魁祸首是谁。西晋皇朝及前赵、后赵、冉魏政权所推行的民族压迫、民族仇视政策才是造成这种苦难和破坏的一个重要的原因。

中华民族的发展壮大一直有赖于各民族的交往与融合，汉族本身就是融合了先秦的诸夏族及北方、南方各族而形成的。本来东汉以来各少数民族的内迁形成了北方各民族融合的机会，少数民族人民向汉族人民学习先进的农耕技术，汉族人民向少数民族人民学习畜牧技术，各民族之间经济上互补有无，文化上互相影响，对于各民族的发展都具有积极意义。然而魏晋统治者却推行了一整套民族压迫政策，在经济上奴役各内迁的少数民族，汉族地主豪强肆意压榨“胡奴”“胡婢”“胡佃”，像石勒那样的苦难遭遇是当时少数民族下层贫苦人民难以逃脱的命运。有些少数民族的首领也深受汉族皇族、贵族的奴役，如羌族的部落首领姚馥就曾长期为晋武帝牧马。在政治上魏晋统治者力图控制各内迁的少数民族，千方百计加以监视，向少数民族部落首领索取人质，还经常驱使少数民族人民出战，去为他们攻打政敌、镇压异己，用此族出征彼族，妄想让各少数民族自相残杀，甚至还打算把所有内迁的少数民族全部赶到塞外去。在文化上汉族统治者视各少数民族为野蛮人，比之为兽类，认为胡俗将破坏汉族的礼教传统，千方百计要隔绝各民族的交往。这种民族迫害政策必然会引起少数民族人民的反抗。而一些少数民族的贵族首领也有意宣扬民族仇恨，在仇视、压迫汉族人民的基础上推翻西晋皇朝，建立自己的统治。这样一来就促使民族矛盾日趋激化，阶级矛盾被民族矛盾掩盖，各类社会矛盾通过民族冲突斗争的形式表现出来，使得这一时期的民族矛盾冲突格外激烈、残酷，造成中国历史上一场空前的民族悲剧。这是多么惨痛的历史教训！

另外，仅就所谓“徙戎”政策进行分析，也可以发现，这项政策既野蛮粗暴，又没有任何实际可行性。要将已内迁几十年、上百年，已定居两三代的上百万少数民族人民驱赶到几百里外的塞外，即使没有遭到强有力的武装反抗，仍然需要动用相当数量的军队和物资、修建多条道路才可能实现。而且少数民族迁出后，还要从其他地区迁入上百万汉族居民。这对于当时的统治者来说，要承受这样的代价是难以想象的。正因为如此，魏晋统治者才没有采纳“徙戎”的建议。

“王与马，共天下”
东晋偏安江南

消极“无为”是中国传统政治格局中经常采取的政策。一般来说这都是中央集权力量薄弱的表现。甚至会出现皇室和士族权臣分享政权、内外政策一塌“糊涂”的局面。这就是东晋的政治状况。

公元318年3月，在建康城原来东吴的皇宫里正在举行加冕礼，晋皇族的琅琊王司马睿在群臣的拥戴下被加冕为晋朝新的皇帝（史称晋元帝）。40岁的司马睿在登上皇帝的御座后，几次三番地请丞相王导同坐御座，接受百官的朝贺，王导婉言拒绝，最后说：“假如太阳与下界万物相同，那么苍生百姓如何仰视？”司马睿这才在御座上挺直了腰杆。

这种皇帝在公开场合要丞相同坐御座的现象，在中国历史上可以说是绝无仅有的，相当形象地反映了东晋初年的政治格局。当时人们把这种现象称之为“王与马，共天下”。司马氏的东晋皇朝主要是依靠以王氏为代表的一批从中原南迁的世家大族维持统治的。

西晋“八王之乱”开始的那一年，司马懿的曾孙、15岁的司马睿刚继承琅琊王的宝座。304年东海王司马越挟持晋惠帝进攻成都王司马颖，司马睿也带兵加入，在荡阴战役中大败，只身逃回封地琅琊（今山东半岛东南部）。第二年东海王司马越又起兵于下邳（今江苏、安徽北部），任命司马睿为平东将军监徐州诸军事，留守下邳，以王导为主管军务的司马。王导与司马睿同岁，出身琅琊士族，原来就与司马睿相熟。他见中原大乱，西晋皇朝难以维持，就劝说司马睿积极谋求向南发展。

王导的堂兄王敦是晋武帝的驸马，原任青州刺史，在西晋末年天下大乱的局势下，他把公主的侍婢都赏给将士为妻，散尽家财，组织军队。东海王司马越任命王敦为扬州刺史，王敦挥军南下，扫除江淮之间的一些割据武装，势力初见规模。307年，司马睿得到东海王司马越的认可，移镇建康，加封都督扬州、江南诸军事的头衔，在王导的策划下开始准备割据江南。

建康原是东吴的京城，被晋军攻陷不过才27年。江南士族对于晋皇室并无好感，司马睿移镇建康一个多月，没有人前来拜见。王导知道江南士族轻视司马睿主要是司马睿实力弱小。正好王敦来建康，王导与堂兄商议，要借着王敦的力量来替司马睿树威。时逢3月上巳节（古代每年3月第一个巳日为民间至河边清洗宿垢、祓除不祥的日子，称之为“祓禊”fú xì，祓禊后在水边野餐，称之为禊饮），王导请司马睿亲自前往河边祈福，借此亲近士民。司马睿摆开仪仗，王导、王敦等一批南迁的士族骑马随从，前呼后拥，声势浩大。江南士族的首领顾荣、纪瞻等人见司马睿气势非凡，都在路旁拜迎。王导乘机对司马睿说：江南士族的首领是顾荣、贺循，如果能够让他们出来做官，就会带动江南士族拥戴朝廷。于是司马睿请王导登门拜访顾荣、贺循等江南士族首领，请他们出来做官，都委以重任，这样才打开了局面，在建康站稳了脚跟。当时北方陷入空前的战乱，不少世家大族举族南迁，王导一一予以安置，收编武装，委派官职。北方南迁的士族怀念家乡，每到假日，相约至江边的新亭饮酒望乡。有一次有个叫周觊的人在饮酒时长叹："风景一样美好，只是黄河边换了长江边"，这句话触动了大家心事，南迁的士族名士都痛哭流涕，王导却一脸的严肃，说："正因为如此，大家才应该出力辅佐皇室，克复神州，何至于丧气哭泣！"

王导所谓克复神州的说法不过是说说而已，他积极谋求的是在江南据地自保。311年在荆、湘一带的流民以杜弢为首起义反晋，王敦统率江南的晋军进行镇压，乘机将长江中游纳入王氏的势力范围，王敦官至大将军，都督江、扬、荆、湘、交、广6州诸军事，自行任命官员，成为南方最大的军事集团。而当远在长安的晋愍帝在313年下诏勤王，派遣使者来建康求援时，王导却劝司马睿予以拒绝，理由是尚未平定江东，无暇北伐。北方士族祖逖带了几百家亲党南迁，沿途招募勇士，来到江南后请求北伐，司马睿只给了他个奋威将军、豫州刺史的空头衔，拨给1000人的口粮、3000匹布，连武器都不给，就叫祖逖北渡长江。祖逖只得带上自己的私人部曲过江，船到中流，祖逖慷慨激昂地敲着船楫说："祖逖不能扫清中原，誓不过江！"这中流击楫的誓言很大程度上是发泄对于司马睿及王导的不满。3年后长安失守、晋愍帝被俘的消息传来，司马睿才装模作样地宣布大举北伐，自己穿上盔甲，来到演兵场算是誓师。然后又推说军粮不够，杀了一个主管运粮的小官，北伐之事也就烟消云散了。不久从长安逃到江南的一个官员宣称，晋愍帝被俘时交代由司马睿"统摄万机"，于是以王导、王敦为首的官员纷纷劝进，请琅琊王司马睿登上帝位。司马睿假意推托，先仿照魏晋故事，称晋王。几个月后晋愍帝被杀的消息传来，王导又授意开始新一轮的劝进。江南士族纪瞻言辞最为激烈，当司马睿假意要手下撤去御座时，纪瞻厉声喝道："帝座上应星辰，敢动者斩！"司马睿这才不谦让了。可也有人趁机反对，说不进行北伐，天下大乱，不应先定尊号。王导和司马睿很快就把那人贬出建康，后来又罗织罪名将其打入大牢。

在当时的情况下，王导主持朝政，王敦掌握兵权，王氏一族的权势超过了司马氏。所以司马睿对于王氏敬畏有加，他和王导年纪一样大，却尊王导为"仲父"，经常说王导是"我之萧何"。事实上王敦就曾向王导建议，找其他皇族成员来重建晋朝，王导与堂兄争辩再三，最后决定拥立司马睿。自秦朝以来，中国的皇帝都使用秦始皇传下的玉玺发号施令，在西晋末年的战乱中，这方传国玉玺落入北方少数民族政权手中，东晋小朝廷没有这方玉玺，被中原人称之为"白板天子"（白板原指没有经过朝廷正式盖印的文书，白板天子就是没有正式身份的皇帝），因此东晋朝廷总是有那么一点名不正、言不顺的感觉。出于这一背景，才会出现本章开头所述的司马睿请王导同坐御座的那一幕。

建康的这个东晋小朝廷，由南迁的北方世家大族、司马氏皇族、江南士族这 3 大势力组成。其中势力最强的是合族南迁、带着私人武装的北方士族，其势力可以挟制在江南号召力不强的司马氏皇族，威慑被他们看不起的江南士族，但对于北方的少数民族势力则畏之如虎。北方南迁的这些士族也不是铁板一块，他们相互猜忌，大多数不愿出兵北伐，唯恐北伐一旦失利，会被其他士族吞并、被江南士族或司马氏皇族消灭。江南士族愿意与北方士族联合抗击少数民族势力的南侵，然而又不满意北方士族对政权的把持，对北伐态度消极。司马氏皇族汲取魏晋以来的教训，以抑遏权臣为第一要务，在各个世家大族之间维持平衡，不让哪一股势力能凌驾其他势力之上。王导作为开国丞相，其政治方针的主要着眼点就是维持这一性命攸关的平衡，其他事项都不重要。

“王与马，共天下”是一种政治现实而不是政治构想，就晋元帝司马睿来说，当了皇帝后依然事事受王氏的掣肘是难以下咽的苦药。晋元帝登基后有意识地重用刘隗、刁协等人，以图抑制王氏势力的发展。刘隗、刁协在晋元帝的支持下，弹劾豪强不避王氏子弟，并建议凡中原百姓逃难到江南沦为奴隶的，一律解放为平民，承担兵役，企图以此扩充皇室的实力，可是这样一来就得罪了世家大族。他们又建议为防范拥兵长江中游的王敦，要委派忠于皇帝的人担任建康周围的驻军将领。晋元帝言听计从，果然以准备北伐为名，委派刘隗出镇淮阴，又撤换了一些地方长官。王敦见朝廷对自己步步紧逼，索性就在 322 年起兵反叛，号称征讨刘隗、刁协，大军直指建康。刘隗、刁协请晋元帝下令族灭王氏一族，晋元帝不忍心下手，而王导带了王氏子弟20多人，天天在宫门外请罪，世家大族也纷纷为王导求情。晋元帝最后只得以王导大义灭亲为名，保留王导及王氏子弟的官职，并给王导“先锋大都督”的头衔，要王导去剿灭他的堂兄。王敦兵临建康城下，朝廷军队很快瓦解。晋元帝无可奈何，命刘隗、刁协赶紧逃命；另派使者对王敦说：“公若不忘本朝，于此息兵，则天下尚可共安，如其不然，朕当归琅琊，以避贤路。”被迫承认“王与马，共天下”的现实。王敦入朝，把朝中反对王氏专权的大臣杀的杀、贬的贬，然后又回到根据地武昌遥控朝政。晋元帝忧愤成疾，几个月后就病死了。

王敦公然以武力挟制朝廷，显然已打破了政治平衡的格局。第二年王敦又罗织罪名，族灭江南士族大姓周氏，引起公愤。王导受晋元帝遗诏辅政，辅佐新皇帝晋明帝。晋明帝司马绍是晋元帝的长子，颇具文武之才，即位时已是24岁的青年。王敦第一次起兵时，他曾打算亲自领兵作战。王敦进入建康后，一心想废掉太子司马绍，只是因为其他朝臣的反对才未能得逞。晋明帝深恨王敦，决心联系其他世家大族力量讨伐王敦。东晋小朝廷建立后为防止北方难民大批流入江南导致社会问题，规定凡拥有武装的流民不得过江，由朝廷颁给流民武装的头目一些名义上的官称，将他们安置在江淮之间作为东晋朝廷的屏障。晋明帝即位后就召见这些流民武装中的士族首领郗鉴，郗鉴秘密向明帝建议利用这批流民武装来对付王敦。晋明帝也有这样的打算，很快任命郗鉴为尚书令，另一个流民武装的士族首领桓彝为散骑常侍，积极筹划对王敦的行动。324年，内战再次爆发，王敦的军队大举向长江下游进攻，已被东晋朝廷调到淮南的几支流民武装迅速出动，挡住了王敦军队。而王敦恰好正在这时病死，其势力很快瓦解。东晋小朝廷建立以来尖锐的上游强镇与下游朝廷的矛盾暂告一段落。

王敦虽败，但王导作为王氏首领依然执政如初。过了一年，晋明帝病死，年仅5岁的小皇帝晋成帝司马衍登基，王导与小皇帝的舅舅庾亮一起辅政。王导为三朝元老、小皇帝的老师，晋成帝见了他要行礼，给王导的文书上还写“惶恐言”，到王导家中访问，和家人弟子一样礼拜王导的妻子。仍然是“王与马，共天下”的格局，只是庾氏的势力开始和王氏相抗衡，郗氏、桓氏也成为第一流的南迁士族。东晋政治局面依然是司马氏皇族和世家大族的勉强的均势。

王导执政33年，其主政的核心是保持皇权与世家大族、北方士族与南方士族的力量平衡。凡加强中央集权、有损于士族阶层既得利益的政策自然不会被采用。史称王导为政“清静宽和”，实际上就是对世家大族让步放纵。王导在理论上对西晋的政治弊病看得很清楚，他曾对晋元帝说：“自曹魏到本朝太康年间（晋武帝的年号），公卿世族豪侈相高，轻视政治教化，不遵守法律，文武百官只顾安乐享受，导致天下大乱。”这些话都很中肯，可是他执政后并未对这些弊病进行全面的清除，只是略微地加以补救。他本人比较廉洁，也比较朴素，史称他“简素寡欲，仓无储谷，衣不重帛”，起到了一定的表率作用，对于扭转西晋的奢靡风习有一定的影响。但对于贪官污吏他从不严格依法处置，士族子弟王述试任宛陵县令，收受贿赂，被有关部门检举，王导只不过婉转地进行批评。他写信给王述说："名父之子不患无禄，屈尊当个小县令，很不适宜。"王述回信说："富足自会检点，现在主要还未发达。"王述后来富有了，就改弦更张，廉洁自律了。这在当时的官场上传为美谈。其他不够自觉的官员，王导也就由他去了。他任扬州牧时，按制度派遣八部从事分赴属下各郡考察郡守，八部从事回来汇报时，只有顾和一言不发，王导提问后，顾和说："明公辅政，应该使法网能够漏过吞舟大鱼，何必采听风闻之事，以为察察之政？"王导听了，非但不批评，相反还大加赞赏，从此不再派人去监察下属，甚至对于一些罪大恶极的官员仍然百般维护。羊聃为庐陵太守，因为一个强盗案件就在郡内滥杀200多名无辜平民，连婴儿也被杀死，还关押100多名无辜百姓。羊聃被捕后，因为他是皇后的侄子，按照晋律要"八议"，晋成帝下诏说：羊聃如此残暴，古今所无，何八议之有！下令在狱中处死羊聃，算是优待。可王导却以羊聃是琅琊王太妃的舅舅为由，请晋成帝改判。羊聃居然得以不死，仅处"除名"而已。

王导对于贪暴的官员不加惩治，对于反叛的官员也尽可能地不扩大打击面。他的堂兄王敦叛乱，只惩治了一些没有世家大族背景的官员。流民武装统帅出身的苏峻在平定王敦之乱时得以扩张势力，拥兵历阳，威胁建康，遥制朝政。庾亮主张削去苏峻的兵权，王导却主张"包容"。327年，苏峻与祖约起兵反叛，东晋朝廷用了一年多的时间才镇压下去。在惩治苏峻党徒时，王导又尽力开脱。湘州刺史卞敦在平叛时持中立观望态度，王导只是命他转任广州刺史。强盗出身的后将军郭默矫诏袭杀平南将军刘胤，王导惧怕郭默的势力，居然发布大赦，任命郭默为豫州刺史。名将陶侃上书指责王导：杀死地方大员的给他做地方大员，那么杀死宰相的就可以做宰相了？！陶侃得到庾亮的支持，出兵打败并杀死郭默，王导也就承认了这个既成事实。

为了维持东晋统治集团内部的势力平衡，王导对北伐中原毫无兴趣。司马睿称帝的同一年，熊远上书批评时政，说对外不行北伐，对内纵容权贵，将要危害国家。王导却把熊远赶出建康。祖逖凭着自己有限的军力和黄河两岸人民的支持，收复黄河以南地区，可王导却对祖逖百般防备，不给丝毫的接济。321 年，祖逖打算渡过黄河进攻石勒，晋元帝和王导却给他一个镇西将军的头衔，另派戴渊为征西将军、北方六州的都督，剥夺祖逖的兵权。祖逖忧愤交加，当年病死，北伐半途而废。后来陶侃出镇武昌，都督荆、江、雍、梁、交、广、益、宁 8 州军事，雄踞长江中游，积极筹备北伐，王导和庾亮主持的朝廷态度冷淡，唯恐出现王敦第二的情况，等到陶侃病死才松了一口气。

“王与马，共天下”的君主与世家大族保持均势的局面，在整个东晋时期一以贯之。王导在执政的后期，越发以调和矛盾、息事宁人为政治指导原则，标榜“无为而治”，送给他批阅的公文常常连看都不看就签字画可。为此颇受人攻击，说他办事糊涂。他却说：“有人说我糊涂，将来会有人思念我的糊涂。”339 年王导死去，庾亮、庾翼兄弟主政。庾氏是由颍川南迁的大族，又为晋皇室的外戚，权倾一时，代替王氏与司马氏共天下。他们的主政方针比王导更加积极，对于士族违法敢于处罚，又积极筹备北伐。庾亮、庾翼先后出镇武昌，备战长江中游，庾翼还移镇襄阳，征发马牛车辆，抽调私家奴隶为运输兵，这引起世家大族的强烈反对。庾氏行“察察之政”，破坏了世家大族与皇权的平衡，庾翼死后，庾氏企图让他的儿子庾爰之继任都督，更使皇室与世家大族怀疑，于是推出晋明帝的女婿、大姓桓氏的人物桓温来执掌长江中游的兵权。又为了抑制桓温，推出反对“察察之政”的顾和、清谈名士殷浩、坚决反对北伐的蔡谟等人来主持朝政，回到王导的政治方针上。347年桓温消灭成汉，占领长江上游，声名大振，反而导致朝廷和其他大族的猜忌。以后桓温3次北伐，都是因为缺乏后援先胜后败。然而桓温也并非真心北伐，他以北伐来为自己树威，准备走王敦的老路。当时朝廷主政的是谢安，谢氏也是北方南迁的大族，与王氏有着千丝万缕的联系，具有深厚的政治基础。谢安深得王导搞调和平衡方针的真谛，史称谢安为政“不存小察，弘以大纲”。面对步步紧逼的桓温，总是与之虚与委蛇，含糊应付，“软性抵制”。桓温面对王、谢、庾等几家大族的联合阵线，终于不敢毅然结束“共天下”的局面。桓温死后，王、谢、桓几家大族在北方强盛一时的前秦威胁下，暂时结成了联合阵线，使得东晋渡过难关。由上述的演变过程可以看到，王导的“糊涂”倒还确实是东晋宰辅大臣值得怀念的方针，违背这个方针，统治阶级内部就会紧张，最终总是以回到平衡状态而告终。王导由此被东晋及后世南朝的政治家奉为典范。

“王与马，共天下”在中国历史上是极为罕见的政治现象。中国古代政治制度一直维持君主专制中央集权的体制，虽然时时有皇冠落地、权臣篡位，但像东晋这样在近百年的时间中君主与臣子共天下、皇帝与世家大族保持均势的现象几乎没有过。这主要是由东晋时期特殊的政治历史背景所形成的。司马氏皇室在南方没有根基，即使在北方士族的心目中也因为“八王之乱”而丧失了号召力。琅琊王又缺乏军事实力，王氏等世家大族之所以要拥立琅琊王司马睿，主要是以晋皇室作为一面联合士族阶层抵御北方少数民族进攻的旗帜，假如当时没有迫在眉睫的军事威胁和极其尖锐的民族矛盾，恐怕就不是共天下而是改朝换代的问题了。就士族阶层而言，北方南迁的世家大族实力大损，彼此之间形成均势，既要联合对付北方少数民族，又要对付南方的士族豪强，更需要保护他们的既得利益不致被包括皇权在内的其他势力侵蚀，他们需要保持互相之间及与皇权之间的均势，不愿意哪个取得压倒性的优势。

但是，对于解决当时中国社会存在的尖锐的民族矛盾而言，王导式的政策方针只是力图回避这一主要矛盾，根本就没有恢复中原实现统一的打算，只是考虑苟且偷安得过且过，畏缩于江南维持小朝廷的统治。这不仅违背了广大被迫南迁的人民的心愿，尤其违背了留在北方受到各种政权民族歧视、民族压迫政策迫害的人民的意愿。东晋小朝廷之所以能够在江南立足的根本原因，就在于南迁人民及江南人民从民族大义出发而给予的大力支持，可是东晋政权根本无视人民的意愿，苟且偷安，很快就丧失了这种支持，更加削弱了东晋政权对付北方少数民族政权的力量，并且促使阶级矛盾上升，使得东晋政权经常处于内外交困的境地。实际上当时北方各少数民族政权割据战争频繁，不少汉族武装力量仍在坚持斗争，东晋政权如果能够明确提出北伐方针，广泛联系北方民间武装，在稳定江南政局的同时，积极筹备北伐，在北方战乱局势有机可乘的情况下发起北伐，“克复神州”并非只是空谈。如祖逖仅靠几百私家部曲和极其有限的装备，能够收复黄河以南地区；桓温以有限的兵力发起的北伐一直打到了关中地区。王导式的政策方针完全是坐失良机，而且这一方针还严重败坏了东晋朝野的士气，养成了怯懦苟且之风。

王导式的政策方针对于政治的改良也毫无帮助。东晋建国之初，很多有头脑的政治家都劝告司马睿和王导乘着人心归附的时机，对西晋的政治加以改革。西晋末年陈頵写信给王导，认为造成土崩瓦解局面的主要原因是由于选任官员只看门第，不讲真才实学，赏罚不明，官风腐败，建议改革政治。东晋初应詹建议：“大荒之后，制度改创。”然而就在司马睿加冕的同一年，熊远上书，指责当时刚刚建立的东晋小朝廷“举贤不出世族，用法不及权贵”。15年后，江南士族首领、老臣孔愉上表指责时政，“政繁役重，百姓困苦，奸吏擅威，暴人肆虐”。可见东晋政治完全延续了西晋政治的弊病。王导的“清静宽和”就是因循守旧，而且王导自己也知道这一点，他还不容许别人批评，在孔愉上表后，王导当面反驳，孔愉正准备一一列举事实，被其他人劝止，从此王导对孔愉不断加以排挤。按照中国历史的惯例，改朝换代或朝代中兴是改革弊政的最佳时机，所谓“与民更始”“万象更新”。可是在王导的主持下，东晋政权却完全丧失了这个时机。

王导式的政策方针所实现的统治阶级内部的力量平衡是脆弱的。在王导的政策方针指导下，得到利益的主要是南迁的世家大族。他们躲开了北方少数民族的武力威胁，在江南“求田问舍”，在不到一代人的时间里就恢复了过去安逸的生活。江南士族阶层、中小地主阶层的所谓“寒素”的状况没有多大的改善。王导主要调和的是皇室与南迁士族的矛盾以及南迁士族与江南大族的矛盾，寒素与高门的矛盾则日益尖锐。而且王导式的政策方针没有提出一个能够团结士族阶层的共同目标，不是积极主动地去融合世家大族的力量，相反只是消极地、被动地应付着各个世家大族势力的消长。为了大族的利益，有时不惜以削弱皇权为代价。它所导致的平衡是消极的、脆弱的，结果就是在短短的几十年间，权臣反叛、士族火并层出不穷，统治阶级的力量被分散消耗，只是在北方少数民族政权的威胁之下才勉强维持，没有爆发全面的内战。

淝水之战
南北对峙局面的最终形成

一项正确的政策往往会因实施政策的策略发生重大错误而导致全面失败，这就是前秦政权因淝水之战而迅速瓦解给予我们的历史启示。

北方在两赵、冉魏实施的民族仇杀政策破坏下社会发生了大倒退，而一味偏安江南的东晋忙于协调内部关系，无暇利用这个恢复中原的时机。这样一来，北方的统一与和平还有待于一个具有正确民族政策的少数民族政权。这个政权就是由氐族首领苻坚统治的前秦。氐族的苻氏部落在西晋末年起兵，从原居住的略阳临渭向关中地区发展，在冉闵大杀胡人后一年，苻坚的叔父苻健占据长安，自称大单于，建立大秦国。357 年，苻坚发动政变，废黜荒淫残暴的堂兄苻生，自己登上宝座，自称大秦天王。这一年，苻坚才 19 岁。

苻坚以前的大秦国和当时其他的少数民族割据政权没什么

两样，也实行胡汉分治，推行民族压迫政策，很少有长期、稳定统治中原汉族人民的打算。苻坚则不然，他自幼接受汉族文化，史称“博学多才”，有“经济大志”。他在氐族贵族的支持下夺取权力后，推行改革。在社会经济方面，发展农业生产，息兵养民。在政治上以中国周秦正统政治及文化传统的继承人自命，加强中央集权，大力推行儒学礼教。尤其是在民族问题上废除了胡汉分治政策，各民族一视同仁。苻坚极其注重争取汉族地主阶级的支持，即位当年就下诏命各地推举汉族士人为官，而且任用汉族人才不拘一格，无论士族、寒素兼容并收，这样就大大扩大了前秦政权的统治基础。在发动政变以前他结识了汉族士人王猛，极为欣赏，称之为“我之诸葛孔明”。王猛出身贫寒，小时候卖畚箕为生，自学兵法。东晋桓温北伐到关中，王猛前去拜见，一边捉着身上的虱子，一边谈论天下大事，桓温很佩服。桓温退兵时请王猛一同南归，王猛知道在士族当权的东晋自己无法发挥才能，婉言拒绝。苻坚以王猛为主要谋士，深信不疑。氐族贵族樊世看不起王猛，在朝廷上公开痛骂王猛，苻坚大怒，处死樊世。王猛任管理京师的京兆尹，几十天里处死横行不法的氐族豪强贵族20多人。苻坚赞扬王猛说：“我今天才知道天下什么叫法律，才知道皇帝的尊严所在。”王猛曾在一年之内连升5级，氐族贵族纷纷反对，苻坚坚持任用，并把反对者贬官。王猛最后官至丞相，主持朝政。这是十六国时期罕见的现象。对于其他民族有才能之士，苻坚也重用不疑。如前燕鲜卑族贵族慕容垂受排挤而投奔前秦，苻坚任命为大将，在统一北方的战争中发挥了重要作用。

苻坚的政策大大扩大了前秦政权的基础，前秦国力强盛，

370年攻灭势力最强的前燕，376年又攻灭前凉、代国，统一了整个北方。苻坚雄心勃勃，一心要乘胜统一全中国。王猛死时，请求苻坚不要进攻东晋，说：东晋是正统所在，民心归附；鲜卑和羌才是秦的世仇，要先消灭他们。可苻坚并不把王猛的遗嘱放在心上，仍积极部署南进，在统一北方的同时，派兵占据长江上游的梁、益2州，经长期围攻后占领汉水流域战略要地襄阳，攻下淮河流域战略要地彭城，形成了进攻东晋的战略态势。

382年苻坚召集文武百官讨论大举进攻东晋，宣布可以征发97万大军由自己亲自指挥进攻东晋，说："以我军强大的兵力，把马鞭投入长江都足以阻断江流，有什么天险可言！"然而群臣中除了一两个人外都纷纷反对，其理由有天上星象不吉、长江天险难以逾越、兵老师疲等等。苻坚实在扫兴，退朝后找来足智多谋的弟弟苻融商量，可苻融也反对攻晋，说进攻东晋"民有畏敌之心"，实际指攻晋不得人心。最后苻融讲了真话："我国家本来是戎狄，东晋虽然软弱但是中华正统所在，上天不会让它灭绝。"苻坚不以为然，说："帝王的气运没有一成不变的，谁有德上天就保佑谁，刘禅不是汉朝的正统吗？还不是被曹魏灭掉吗？"实际上王猛、苻融所说东晋为正统的说法，只能更加坚定了苻坚攻晋的决心。在他看来，正因为东晋小朝廷的存在，才使得北方汉族人民心存观望，消灭东晋就可以取得正统地位，从而赢得汉族地主阶级的全面合作，进而实现以汉族为中心的民族同化。为此他不灭东晋，寝食难安，终于"圣心独断"，决定倾尽全力一举攻灭东晋。

在前秦强大的压力下，东晋政治局势趋于内部和解，一致对外。野心勃勃的权臣桓温恰好在东晋丧失长江上游的那一年病死，继任的是他的弟弟桓冲，在迫在眉睫的威胁面前，桓冲与其他的世家大族和解，主动让出兼任的扬州刺史一职，让谢安、王彪之主持朝政，而王、谢也予以报答，在桓温的侄子桓豁死后，请桓冲继任执掌长江中游地区兵权的荆州刺史。这样桓氏、王氏、谢氏这 3 家东晋势力最大的大族（另一大族庾氏在这之前遭到桓温的沉重打击，一蹶不振）组成了前所未有的联合阵线，王、谢同掌朝政，谢氏掌江淮地区的兵权，桓氏掌长江中游的兵权，积极组织防御。谢安的侄子谢玄指挥江北军事，招募江淮地区的骁勇之士组建军队，由勇将刘牢之统率。因谢玄出镇的广陵当时与建康相对而称北府，这支军队号为“北府兵”。北府兵并不是新兵新军，实际上是将原来活动于江淮之间的各股流民武装加以收编而成。过去东晋朝廷对于这些流民武装是放任其自生自灭，北方军队南下，靠这些武装进行阻滞；没有战事时则既不供应给养，也不让他们过江，唯恐他们扰乱了东晋的偏安局面。现在谢玄把他们改编为正规军，由东晋朝廷负责后勤，原来的各股首领都任命为将军，士气大振。谢玄以北府兵为主力，和前秦争夺淮南地区，获得成功。

383 年 5 月，桓冲以 10 万大军发起攻势，反攻襄阳，打乱了秦军的计划。同年 7 月，苻坚下令按十丁抽一兵的比例征兵，分 4 路大举进攻东晋：羌族将领姚苌率军从梁、益 2 州沿长江而下，汉中地区秦军沿汉水进攻荆州，幽、冀 2 州的军队进攻彭城。主力为 27 万骑兵、60 余万步兵组成的大军，由苻坚亲自指挥，以苻融率 25 万人为先锋，从长安出发，沿洛阳、许昌、颍河一线前进，前后绵延近千里，进攻东晋淮河防线。

秦军大举入侵的消息传到建康，东晋朝野震动。谢安决定按东西两线部署迎敌，西线由桓冲指挥，东线由谢安的弟弟谢石指挥，先锋是谢玄，东线的兵力不过 8 万而已。为了安定人心，谢安在部署停当后还带着亲友去游玩。桓冲担心东线战事，建议从西线抽调兵力，谢安却坚决不同意。桓冲对着下属叹气，说："谢安不懂将略，派几个不懂事的少年御敌，兵力又不够，看来大势已去，我们要按着胡俗把衣襟朝左开襟了。"

苻融指挥的秦军顺利占领淮河南岸重镇寿阳，包围淮河要塞硖石，晋军硖石守将的告急信被秦军截获，苻融把信送给在 400 里外项城的苻坚，报告说敌少易擒，只怕他们逃走。苻坚大喜，抛开大军，只带 8000 轻骑连夜赶到寿阳。苻坚派被俘的原东晋襄阳守将朱序去谢石处劝降，不料朱序乘机向谢石泄露军情，并建议原打算死守的谢石趁秦军主力尚未到达之际，速战速决。谢石遂派刘牢之率 5000 精兵突袭在洛涧的 5 万秦军，首战告捷，杀死秦军将领梁成及 1.5 万多秦兵。苻坚在寿阳城头观望，见晋军阵营严整，把对面八公山上的树木也当成是晋军，说："这也是劲敌，怎么说是弱旅。"谢玄指挥晋军沿淝水（即淮河支流东肥河）布阵，与秦军隔河对峙。他派人去挑战，请秦军略退，让晋军过河去决一死战。秦军将领都不同意，苻坚却说："可以退几步，等晋军渡河至河中时，出动骑兵杀过去，肯定可以获胜。"苻融也表示同意。于是秦军向后撤退，不料一退顿时乱了阵脚，晋军迅速过河猛冲，苻融阵亡。朱序则在秦军阵后高喊：秦军败了！秦军败了！秦军士兵乱作一团，纷纷溃退，晋军一口气追击三四十里，20 多万秦军溃不成军，仓皇逃命，听闻风声鹤唳都以为是晋军在追杀。秦军主力大败，各路军队也纷纷撤退，晋军获得出乎意料的空前大胜。

苻坚在淝水战役中了一箭，狼狈逃到洛阳，收集残兵败将还有十几万，伺机东山再起。可是就在苻坚回到京城长安的几个月里，前秦境内烽火四起：慕容垂借着巡抚河东的机会，在原前燕鲜卑贵族的策动下起兵反秦，重建燕国（史称后燕）；原前燕贵族慕容泓、慕容冲在关中起兵，从东面进攻长安，也重建燕国（史称西燕）；羌族将领姚苌在渭北起兵，自称万年秦王（史称后秦），从西面进攻长安；另一鲜卑族将领乞伏国仁在陇西起兵，也建秦国（史称西秦）。转眼之间，北方又陷入混战局面。东晋得知前秦内乱，乘机发兵收复失地，并攻略黄河以南地区。两年后苻坚被姚苌杀死，前秦政权沦为与其他割据政权并列的小国，在 394 年灭亡。

淝水之战是十六国时期规模最大的战役，也一直是历代兵家推崇的以少胜多的典型战例。这一战役直接导致强盛一时的前秦瓦解，说明南北统一的时机还未成熟，即使是北方的统一也还处在不稳定的状态。南北政治、军事力量对比的天平趋于平衡，从而确定了南北分裂局面的长期保持。

历代史学家们大多认为前秦之所以一战而垮，关键在于苻坚没有接受王猛及苻融的建议，没有诛杀慕容垂及姚苌等原前燕的贵族及其他少数民族上层人物。然而司马光在《资治通鉴》中却不同意这种说法，他认为：这些人和曹操一样，不过是“治世之能臣、乱世之奸雄”而已，如果苻坚治国有道，这些人都是苻坚的能臣。苻坚的失败主要是屡战屡胜，“民疲主骄”，以骄主御疲民从事远征而失败，造成能臣转为奸雄的机会。从历史的高度来分析，司马光的观点是很有见地的。

前秦在淝水之战后分崩离析，并不能证明苻坚的民族政策是失败的。在目睹了两赵、冉魏的民族压迫、民族仇杀政策导致的巨大破坏后，苻坚能够站在整个中华民族的立场上看问题，他高于王猛、苻融之处就是他从不认为前秦是一个戎狄少数民族政权，他自命为中华正统的继承人，前秦政权也和秦汉魏晋一样是堂堂正正由上天授命的皇朝，不用去纠缠历史上胡汉戎狄的旧账。王猛曾设计诬陷慕容垂，被苻坚制止。苻融以所谓天象示警请求杀死前燕鲜卑皇族，苻坚义正词严地加以拒绝，说：现在海内多事，社会还没有安定，需要抚慰民众，和好夷狄，“方将混六合以一家，同有形于赤子”，你不要再有类似的主意。“天道助顺，修德则禳灾”，只要做好自己的事，就不用怕上天降祸。

苻坚的前秦是用武力统一北方的，但在使用武力的同时，苻坚注重对被征服政权上层人物“服而赦之”，力图学诸葛亮七擒孟获、攻心为上。在进攻前燕时，军队出发以前，苻坚已经为前燕君臣安排好位置。在俘获了前燕君臣后，苻坚宣布赦免其负隅顽抗之罪，将他们迁至长安，封授官职。攻灭代国后，因代王什翼健被其子杀死，孙子拓跋珪年幼，拓跋部落离散，无人统摄。苻坚并不乘机灭绝拓跋部落，他将拓跋部落分为两部，派人代管，又将拓跋珪接到长安，让他学习汉族文化，长大后再统领部落。即使对于举兵反叛的贵族首领，苻坚也不滥用刑杀。如匈奴左贤王刘卫辰多次反叛，苻坚在每次俘获他后仍封授官职。至于对汉族士大夫，苻坚更是千方百计进行争取。进攻东晋益州时俘虏了梓潼太守周虓，苻坚想争取他，可周虓见了他就肆意辱骂，元旦朝会时，说前秦朝廷是

“犬羊相聚”。前秦廷臣多次请求处死周虓，可苻坚依然不同意。东晋将领朱序坚守襄阳一年多，最后城破被俘，苻坚任命朱序为尚书。淝水之战前，苻坚已经为东晋的君臣预备好了位置：东晋孝武帝司马昌明为尚书左仆射，谢安为吏部尚书，桓冲为侍中。苻坚的这些政策大大减少了前秦武力征伐实现统一的阻力，也减少了战争的破坏，使得前秦能够较为顺利地统一北方，更重要的是为民族的大融合提供了良好的条件。东汉以来北方各民族融合的趋势得以恢复，这对于整个中华民族的发展是有利的，符合民族融合的历史潮流。

然而，苻坚在推行其民族统一政策的过程中急于求成，由于统一北方较为顺利，他力图毕其功于一役，一举统一全国。民族融合是一个长期、艰难的历史过程，苻坚所依据进行统一的民族主体是前秦政权本族——氐族，而他所依据进行统一的文化主体却是中原地区传统的汉族文化，这就存在着一个深刻的矛盾，是苻坚推行其民族融合政策的一个巨大障碍。尽管氐族是一个高度汉化的少数民族，但要被中原占有统治优势的汉族地主阶级认同，需要一个较长的历史过程，至少要有几代人的时间。苻坚争取到不少像王猛那样的汉族寒素士人的支持，但中原地区汉族士族阶层并没有加入前秦积极支持者的行列。广大的汉族人民也对前秦政权存在着恐惧感，唯恐其又走两赵残暴统治的老路。苻坚按照少数民族阖族为兵的思路，以十丁一兵计算自己可以组建近百万的大军。可是自三国以来，中原汉族政权一直采用世袭兵制，汉族人民一般不被征发当兵。所以当苻坚为进攻东晋征发汉族人民组成军队时，一来更引起汉族人民的不满，二来强征来的老百姓也没有战斗力可言，所以在淝水之战中，一触即溃。

在对待其他少数民族的政策上，苻坚虽注意在军事征服的同时使用怀柔手段，可是氐族本族在数量上对鲜卑、羌、匈奴等族并不具有绝对的优势，由于前秦尚未得到汉族地主阶级的全力支持，这样对于各少数民族的军事征服成果并未巩固，武力威慑强度不大，怀柔手段的成效也就不大。鲜卑族人数较多，苻坚在攻灭前燕后，将4万多鲜卑贵族迁到长安居住，第二年又将15万多关东的鲜卑等少数民族迁入关中，而将几万氐族人迁到关东地区，监视、弹压关东的少数民族。为进攻东晋，苻坚抽调了关中的氐族军队，而这支本族的精锐军队在淝水之战中又损失殆尽。淝水之战后，苻坚为防止关东鲜卑族反叛，再次调动氐族军队镇守关东，造成根据地关中空虚。当关中的鲜卑族起兵时，苻坚无兵可调，只得依靠羌族军队，而羌族军队又起兵造反，前秦政权就再也不能维持了。

苻坚对于上述推行其政策的障碍是有察觉的，但他的策略却是在进行新的军事冒险，一厢情愿地认为只要攻灭东晋，汉族地主阶级就会与自己全面合作。这其实是他的错觉，实际上正是由于对东晋的大举进攻，不仅激化了前秦政权与中原汉族地主阶级及汉族人民的矛盾，而且给了一些野心勃勃的少数民族首领以可乘之机。如鲜卑族将领慕容垂、羌族将领姚苌等是南征计划的积极支持者，都劝苻坚“圣心独断”。所以一项正确的政策往往会因实施策略发生重大错误而导致全面失败。

另外，民族矛盾往往是和阶级矛盾交杂在一起的，民族政策的制定与推行，常常需要有社会改良政策的配合。单纯缓解民族矛盾、忽视社会阶级矛盾的做法很难收到良好的效果。苻坚掌权后，初步整顿了吏治，整顿了社会秩序，遏制了豪强大族的横行不法行为，但是没有能够较好地处理好社会矛盾，在社会经济方面也没能拿出什么有力的政策方针，这样就使得苻坚的民族融合的总政策没有得到足够的社会支持，其统治的实现在很大程度上依然和两赵政权一样，是建立在军事征服的基础之上的。因此当军事实力消耗殆尽时其统治也就无法维持了。

正如司马光所指出的那样，苻坚在统一北方的战争中连战皆捷，不免滋生骄傲自满的习性，自以为秦军已是天下无敌，单凭数量优势就足以征服南方。“投鞭断流”之语就反映出苻坚对于进攻东晋的军事计划并没有深思熟虑。前秦进行如此大规模的作战，而4条战线毫无协调，从上游向中游进军的一路，直到战争结束仍然未见动静。汉水一路对于桓冲统率的东晋军队实际上依然居于守势，甚至在东路已和晋军交战时还丧失了战略重地郧城，迫使苻融从中路主力中抽出慕容垂率领的精锐鲜卑族军队去收复郧城，并一直留守郧城，直到中路军溃散慕容垂才放弃郧城，带兵到洛阳与苻坚会合。至于进攻彭城的幽、冀之军，也没有对东晋东线造成任何压力，使得东晋可以集中东线的全部主力在淝水决一死战。即使是中路主力军，人数虽多，但一字长蛇，首尾相隔千里，真正能投入战斗的不过是长途跋涉、人困马乏的先锋军20多万人马。这样的军事部署实在是混乱到极点。

整个氐族统治集团也都因迅速统一北方而沾沾自喜，即使是反对出兵的朝臣也认为在军事上打败东晋是不成问题的。苻融再三劝阻出兵，主要是从政治上考虑，当他就任先锋时，也是骄傲轻敌，指挥一再出错，直接导致战败。苻坚召集关中20岁以下的氐族贵族官僚子弟从征，全部封为羽林郎，作为自己的禁卫军。氐族的公子哥儿纷纷从军，以为攻打东晋就如同游猎一般容易。前秦从统帅到主力部队士兵都是如此骄横大意，难怪会在淝水战败后，毫无斗志，一溃千里。而军事力量对于前秦政权而言又是性命攸关的。一旦没有了军队，这个皇朝也就走到了它的终点。

中国古代正史习惯于以成败论英雄，淝水大战是东晋大获全胜，正史记载中就把东晋当时的政治、军事都捧上了天。然而东晋的获胜具有一定的偶然性，淝水大战的胜利与其说是东晋在军事部署及指挥上如何卓越，还不如说是前秦犯了过多的致命性的错误。淝水大战促使前秦崩溃，同时也宣告东晋在前秦强大压力下实现的联合阵线破裂。早在前秦军队大举南下之前，东晋内部已出现不少摩擦。谢玄以北府兵收复淮南后，谢安、谢石、谢玄都被封为公侯，当时就有人说诸谢势力盖朝，简直和王莽时差不多。就在前秦出兵时，桓冲提出以自己妻子的叔叔王荟补江州刺史，而王荟的哥哥恰好去世，王荟上书朝廷推辞，谢安建议由自己的亲信谢輶出任江州刺史。江州地处长江下游的江东与中游的荆州之间，位置重要，习惯上属于荆州的势力范围。桓冲见谢氏企图插手自己的地盘，勃然大怒，索性上书攻击谢輶无能，要求由自己兼任江州刺史，被东晋孝武帝批准。战争初起，桓冲请以自己的军队支援东线，谢安坚决拒绝，唯恐桓氏势力染指长江下游。而东晋的司马氏皇室也趁着战况紧迫之机扩大势力，当前秦军队进抵淮河一线时，东晋孝武帝忽然任命自己的弟弟、仅20岁的琅琊王司马道子录尚书事，和谢安同为宰相。淝水大战胜利后，东晋朝廷迟迟不宣布对于参战将士的论功封赏，谢安遭到排挤，不得不自请北征，离开建康，不久就病死，而桓冲也在这之前病死。东晋朝廷保留了桓氏的势力范围，而与桓氏联手压迫谢氏。谢氏原想利用北伐扩大地盘和势力，可是朝廷以朱序出镇洛阳，统辖北伐的军队。谢玄出师不利，被解除兵权。骄奢腐败的谢石同一年病死，谢氏的势力退出政权的中枢。司马氏皇族是淝水大战后内争的获胜者，司马道子执掌朝政，和桓氏削弱了谢氏之后，联系原籍太原的大族王氏，开始新一轮皇室与桓氏的斗争。所以大胜之后，东晋反而在酝酿新的统治危机。

清谈误国
曹魏两晋南朝的士风

不涉及具体事务、不讲求解决实际问题，热衷于就一些大而无当的题目谈玄讲道，以在口锋上胜过对方为乐事。这就是所谓的“清谈”之风。读书人偶尔清谈无伤大雅，但是当统治集团上下都崇尚清谈、不干实事，就会形成统治危机。东晋、南朝的政治历史就是典型。

311年，“八王之乱”中最后一个祸害天下的国王东海王司马越病死在项城，在他控制下的西晋朝廷的朝臣及军队群龙无首，公推太尉、尚书令王衍为元帅，王衍却不愿担任。十多万人马就以送东海王灵柩回东海为由，缓慢地向东移动，才走到苦县宁平城，就被追赶而来的石勒军队团团包围，晋军稍作抵抗后就溃不成军，公卿朝臣至普通士兵几乎全部被屠杀，尸体堆积如山。石勒对被俘的晋军名义上的元帅王衍倒很客气，称之为“王公”，和他谈了一天，问他西晋政治的得失。王衍是西晋最负盛名的清谈名士，风姿儒雅，明悟若神，善谈老庄，被誉为一世龙门。到了这个时候，居然照样侃侃而谈，说了不少西晋的弊政，石勒听了很有兴趣。王衍为了保命，说自己从来对政事不过问，这些弊政与自己没有关系，还劝说石勒称帝——当时晋怀帝还在洛阳，西晋皇朝还没有灭亡。想不到石勒听了大怒，说："君名盖四海，身居重任，少壮登朝，至于白首，怎么能够说政事与你没有关系？！破坏天下正是你的罪过！"叫来左右把王衍押下去。石勒和手下的人商量，说："我见过的人算是多的，从来没有见过这样的人。要不要留他一条命？"手下人劝他说：王衍是晋朝的三公，不可能为我们所用。石勒说杀他也不要用锋刃，派人晚上推倒住房的墙壁压死王衍。据说王衍在临死时对随从说："我们如果不崇尚浮虚，全力帮助治理天下，也不至于落此下场。"

王衍的下场很能说明魏晋时清谈误国的后果。所谓清谈，主要是指清雅、高雅的言谈，就是脱离实际地谈论学理玄机。

清谈的风气始于东汉末年，由清议转化而来。东汉时士大夫盛行清议，他们自视为天下栋梁，号为清流，同类相聚，议论朝政，褒贬人物。清议成为士大夫阶层的政治武器。不过清流中也有人进行不那么激烈的清议，比如清流党首领之一的郭泰，虽然善于识别人物，但其评论都是点到为止，不做过分的褒贬，没有直接得罪当时擅权的宦官集团，所以在后来的党锢之祸中得以幸免。后人批评郭泰"周旋清谈闾阎，无救于世道之陵迟"，认为郭泰是魏晋清谈风气的开创者。但这时的清谈还远远没有形成风气，只是个别人的行为而已。

曹魏后期是清谈风气真正兴起的时期。曹魏后期司马氏掌权，朝臣中曹氏、司马氏两党明争暗斗。司马氏集团掌握着兵权，尤其得到了士族豪强阶层的支持，势力逐渐增强。司马懿老奸巨猾，消灭政敌的手段残忍毒辣。如攻灭辽东公孙渊时，屠杀大批公孙氏余党。诬陷曹爽谋反，一举诛灭曹氏这个最有势力的集团，凡支党也一律夷三族，其亲属无论少长男女都被杀死，连已经出嫁的姑姊妹也不能幸免。东晋时有一次晋明帝与王导等人闲谈，问晋朝是如何得天下的。王导就说了司马懿如何诛杀异己，结党营私；司马昭如何发动政变，杀死高贵乡公曹髦。晋明帝听了浑身发软，瘫倒在坐床上用衣襟遮住脸，喃喃自语："若如公言，晋朝的国祚怎么会长久？"可见司马氏集团的残忍阴毒，就连其子孙后代也觉得羞愧。

曹操在很大程度上施行法家的政策，史称其"尚刑名""抑兼并"，打击豪强。在道德学术上提倡通脱、不拘泥烦琐礼节。司马氏作为世家大族的政治代表，则倡导注重君臣父子尊长礼仪的儒家"名教"，尤其强调"以孝治天下"。因为司马氏擅权弑君，单讲法家的绝对忠君之说就有点说不过去。而一些处在司马氏淫威之下拥护曹氏的士大夫，就转而提倡道家的"自然"，认为礼教孝行不用拘泥细节、刻意矫饰、长期从学，只要随从人的自然本性就可以了。这些士大夫的首领是名士嵇康。嵇康与阮籍、山涛、向秀、阮咸（阮籍的侄子）、王戎、刘伶号为"七贤"，他本人是曹操曾孙的女婿，却不愿做官，隐居山林，喜爱打铁，著书称赞古今的圣贤隐士，不与司马氏合作。有一次司马昭的谋士钟会前去拜访，嵇康自顾自打铁，钟会站了一会儿要走，嵇康突然问道："何所闻而来？何所见而去？"钟会回答："闻所闻而来，见所见而去。"钟会写了一篇《四本论》，主张人的才能和人的性情（指仁孝道德）是相合的，这与曹操及嵇康的观点不同。钟会很想让嵇康知道他的观点，但又怕嵇康批判，就来到嵇康住处外，把文稿扔进窗户后，转身就走。嵇康的名气很大，司马昭想辟举嵇康为自己的幕僚，嵇康不应，避居河东，号为避世。山涛当了司马昭手下的选曹郎，又推举嵇康代替自己，嵇康写回信与山涛绝交，说自己“不堪流俗”，并非薄儒家一贯推崇的商汤、周武王、周公、孔子。司马昭知道了大怒。正好嵇康的朋友吕安被哥哥吕巽诬告为不孝，吕安为自己辩解，并请嵇康为自己作证，嵇康毅然作证。钟会向司马昭建议借着这个案件剪除嵇康，司马昭就将吕安、嵇康都定为不孝罪，处以死刑。

嵇康的被杀，震动了以崇尚自然来消极对抗司马氏的士大夫们。向秀原来常和嵇康一起打铁，和吕安一起灌园，著文崇道贬儒。嵇康死后，向秀就应了州郡的察举，到京城去做官。司马昭见了他说：“你不是要学着古人隐归山林吗？”向秀只得自嘲：“我是说那些隐士不知道圣人的意思，并没有说要学他们。”另一个名士的首领阮籍，以庄周为楷模，原来见了礼俗之士，就翻白眼相见，见了嵇康等崇尚自然的人士才青眼正目。写《大人先生传》，说世上的礼法君子，就如虱子躲在人的裤裆里。他曾是曹爽的幕僚，后因病回乡，侥幸逃过了被株连处死的厄运。司马昭要利用他的名声，曾为司马炎向他的女儿求婚，可阮籍一醉60天，司马昭只得作罢。司马昭要他做官，他却要了个有酒喝的步兵校尉官职，终日纵酒，放谈玄理。然而从不评论时事或臧否人物，终于得以善终。七贤中的刘伶、阮咸也纵酒放达，专做一些不合礼法、惊世骇俗的举动。刘伶作《酒德颂》，常常在家里脱衣裸体，客人来了也不穿衣，说古人以天地为房屋、以房屋为衣服，你们为什么进到我的裤子里来？阮咸是阮籍的侄子，好酒崇道，与姑妈的婢女要好。有一次婢女离去，阮咸正在接待客人，一听说这事，赶紧向客人借了马去追，追上后和婢女合骑一匹马而归。

由于司马氏的高压恐怖政策，使得具有正义感的名士被迫低头，将东汉以来指斥政治、公论是非的清议转变为空谈抽象玄理的清谈，从消极抵抗变为消极混世。而一些司马氏的亲信为了追求名士的名声，也喜欢谈论老庄玄理。七贤中山涛是司马懿妻子的表亲，原来也是不交世事的隐士，司马师当政时，出山见司马师，司马师说："姜子牙也想出仕了吗？"下令举山涛为秀才。山涛后来官至司徒，为晋朝的开国重臣之一。他长期担任选举官职的工作，每有一官缺，都先草拟几名候选人密报晋武帝，然后按照皇帝的旨意公开上奏任用。他虽然官做得很大，依然喜欢谈论老庄之学，自然之理。七贤中的另一个官做得很大的是王戎，王戎是琅琊大族王氏子弟，年轻时就善于清谈玄理，他比阮籍小 20 岁，得到阮籍的欣赏，得以名列七贤。他和钟会一样是做官的名士，后来官至西晋的司徒。他清谈老庄自然，做官又要讲儒家礼法，一心要调和两者的矛盾。有一次接见阮咸的儿子阮瞻，问："圣人贵名教，老庄明自然，其旨同异？"阮瞻回答道："将无同。""将无"是助词，实际回答就是一个同字。王戎大为欣赏，立即就辟举阮瞻为司徒掾史，世称"三语掾"。由此发起所谓自然为体、名教为用的说法，名教取法于自然，做官也是清高的表现，可以在朝讲礼法，散朝论清谈，以前者得实利，以后者博名声。向秀、郭象注《庄子》，鼓吹“虽在庙堂之上，然其心无异于在山林之中”，将这种说法上升到理论的高度。这样一来，清谈之风就从名士贤达传播至朝廷命官。

鲁迅在《魏晋风度及文章与药及酒之关系》一文中指出，嵇康、阮籍等人一直被人指责为毁坏礼教，实际上他们的本心是相信礼教到迂腐程度的，只是因为曹操、司马氏一贯利用礼教加罪于反对自己的人，他们愤恨这种亵渎礼教的做法，可又无计可施，激而不谈礼教，甚而反对礼教，作为一种抗议。所以他们遵循的是自己心目中的礼教，只是不遵循礼教的表面文章而已。所以他们并不愿意别人模仿自己，阮籍不让自己的儿子加入饮酒的行列，嵇康给儿子写《家诫》，告诫儿子种种做人的礼仪和注意事项。相反王戎及西晋朝廷的那些又做官又做名士的人，虽然高唱名教、自然，但实际上完全是为了自己的实利和名声，是为了清谈而清谈，借着自然之说放浪形骸，满足享受。从而使得清谈又由消极变为无聊，这是清谈之风的第二阶段，所谓清谈误国主要指的就是这一类的清谈。

第二类清谈在西晋时兴起，其主要代表就是王戎、王衍两兄弟。王戎虽官至司徒，但在位无所事事，政事都委托幕僚处理，自己经常骑小马从司徒府的便门出去游玩清谈。西晋末年贾皇后专权，王戎与贾氏通婚，以固官位。他的言论清高，做官不理俗务，可又性好兴利，置买田园产业遍及四方，积聚财产不知纪极，常常和老婆两个人手持算筹，计算盈利，日夜不倦，总觉得自己的财产还不够。做官时贪污受贿，当荆州刺史时，因为驱使官府属吏为自己修理园宅被揭发免官；当侍中时，收受贿赂被揭发，靠晋武帝的帮助没有被追究。八王之乱时身居高位却毫无主见，在河间王司马颙将晋惠帝迁到长安时，他逃到郏县，在此病死。

王衍是王戎的堂弟，少年时便以盛才美貌名满天下。开始时喜欢议论纵横之术，晋武帝诏各地举荐能够“安边”的人才，有人举荐王衍为辽东太守，王衍不应，从此就“口不论世事”，专门谈论老庄玄虚，自比子贡。做官从县令开始，终日清谈，名气越来越大，官运也愈加亨通，带动满朝官员都学他，走清谈升官道路。他的妻子郭氏是贾皇后的亲戚，贪得无厌，王衍很惧怕她，他自己为表示清高，口不称钱字。郭氏有一次叫婢女乘王衍睡觉的时候，用钱把床围上，王衍起床后也只是说：“把阿堵物拿开。”王衍的女儿是晋惠帝的太子妃，八王之乱时贾皇后废太子，王衍赶紧叫女儿与太子离婚。可不久贾皇后被废黜，太子又被复立，王衍被禁锢终身。赵王司马伦掌权，王衍和赵王不和，怕赵王报复，砍杀婢女装疯卖傻，躲过了这一劫。成都王司马颖主政，王衍得以复官，一直升到尚书令、司空、司徒，位极人臣。可他仍不以国事为重，专为王氏利益考虑，委派弟弟王澄为荆州牧、族弟王敦为青州牧，说：“你们两个在外，我在内，足可以为狡兔三窟。”

魏晋清谈一般谈论的内容主要是就道家的《道德经》《庄子》以及儒家的《易经》的经义进行发挥，所谈越是出乎传统说法之外的，越能让人叹服。精密推论是完全没有必要的，需要的是惊世骇俗、出人意料，反正清谈并不需要得出什么结论。真正有见解的名士并不多，曹魏时何晏著《道德论》《无名论》鼓吹以无为本。西晋时王弼注《易经》、注《老子》；郭象谈玄口若悬河，也曾注《庄子》。但绝大多数清谈客只不过是赶时髦而已。比如王衍解说老子，随意修正说法，号为口中雌黄，并没有什么真实的主张。清谈实际上是士族阶层互相沟通的方式，是他们借之以表明其与众不同的方式。出身寒素的真正有才能之士是无法加入清谈行列的。清谈时谈客们手中必定要持一根麈尾。麈就是俗称“四不像”的麋鹿，用四不像的尾巴装上手柄，就是麈尾，清谈时用它轻轻拂动，平添了一分闲适气。王衍肤色细白，平时喜欢手持一支白玉柄麈尾谈论玄学，白手和白玉相称，号为一绝。凡名士必清谈，清谈必持麈尾，麈尾也就成为名士的象征。石勒初起时曾受晋幽州都督王浚的节制，王浚把自己的麈尾送给石勒，作为信物。石勒为麻痹王浚，假意恭顺，将王浚的麈尾挂在墙上，每天叩拜。

清谈在学术上毫无意义，只是造就了一批说空话的谈客。从政治上而言，清谈风气的后果是造就了一批在其位而不谋其政的官僚，官场上不以政事为重，热心公务的都被贬为俗吏，无所事事的却博得高雅名声，赏罚不明，朝政不清，便利了一些野心家乘机作乱。西晋末年朝政混乱，而文武百官却碌碌无为，朝廷在八王之乱中毫无作为。所谓清谈误国就是指这种现象。所以东晋大将桓温北伐中原时，渡过淮河，登上平乘楼，远眺中原大地，慨然长叹：“神州陆沉，百年废墟，这个责任是王衍等人逃脱不掉的。”

清谈风气断送了西晋，可是到了东晋，当局势稳定后，清谈风气又盛行起来。上文已经提到，清谈实际上是士族阶层的交流沟通方式，东晋是由世家大族拥立的小皇朝，清谈自然也会在世家大族之间流行起来。王戎、王衍都是琅琊王氏一族的名士，王导、王敦以前也曾参与他们的清谈，只是南迁后形势紧迫，清谈之风稍有收敛。等到局势基本稳定，大族名士又以清谈为高了。

殷融、殷浩叔侄是这新一轮清谈的名士。殷浩以谈论老子、周易出名，为东晋谈客所崇。有人说自己每当就任新官就会梦见棺材，每当得钱就会梦见大粪，请他用周易之法来解释。殷浩回答说："官本臭腐，故将得官而梦尸；钱本粪土，故将得钱而梦秽。"这句话被当作名言。他几次被征辟都不应，名声愈加显赫，做了几年庾亮的幕僚。有一次出差到建康，王导特意找了一些人和他清谈到半夜三更，王导与他反复辩驳，最后自叹不如。殷浩后又隐居，十多年不肯出来做官。朝廷三番五次下诏，他都推辞。谢尚等人去请他做官，他不答应。谢尚等在回朝时商量，说：殷浩不出来主事，天下百姓怎么办？庾翼写信骂他，说现在江东朝中靠何、褚几家大姓，外地靠庾、桓几家大族维持，你不愿做官，要学过去空谈老庄被俘身死的王衍吗？殷浩依然不肯做官，他要做的是大官，一般的征辟不在他的眼中。后来桓温雄踞荆州，东晋朝廷为了对抗桓温，请殷浩担任建武将军、扬州刺史，掌握长江下游地区的军队，参与朝政。会稽王司马昱（后来的东晋简文帝）写信给他，说："足下去就，即是时之兴废。"简直把他当成了救星。殷浩这次只搭了 4 个月的架子就出山了。不久中原发生冉闵之乱，桓温上书请求北伐，东晋朝廷唯恐桓温北伐是假、发动军事叛乱是真，先是含糊应付，最后无奈就任命殷浩为中军将军、假节都督扬、豫、徐、兖、青 5 州军事，统率北伐。桓温大失所望，消极进兵。殷浩却兴冲冲地组织幕府，率军出征。可这位清谈名士对于军事指挥一窍不通，晋军才过了淮河就连遭败仗，损兵折将，狼狈退回建康。桓温乘机上书，弹劾殷浩。东晋朝廷丧失长江下游的主力，无法对抗桓温，只得牺牲殷浩，把这位清谈统帅废为庶人。殷浩表面上一如既往，照旧清谈玄虚，只是经常在空中写“咄咄怪事”4个字。桓温出身桓氏大族，父亲桓彝原为宣城太守，在平定苏峻叛乱时，坚守泾县近一年，城破被杀。桓温当时才15岁，立志报仇。因仇人已死，18岁时连杀仇人3子，轰动一时，成为名士，与殷浩齐名。桓温主持朝政后，又曾写信给殷浩，请他出山担任尚书令。殷浩喜出望外，赶紧写回信答应，可为了慎重，反复斟酌，将回信封了拆、拆了又封，颠倒了十几次，结果送走的只是一张白纸。桓温见了大怒，不再理睬殷浩。殷浩悔恨交加，不久就病死了。

东晋统治者对于西晋清谈误国的教训并没有深刻的认识，很多身居要位的官僚依然以清谈为务。东晋历任宰相级官员都以清谈文义自诩，只有卞壶对政事孜孜不倦，士大夫们都笑话他。同在中书省做官的阮孚终日蓬发饮酒，问他：“你从来没有悠闲的时候，嘴里好像含着瓦片，不也太辛苦了吗？”卞壶说：“诸君清谈恢宏，风流相尚，办理庶务的就只能是我了。”卞壶曾激烈弹劾士族清谈名家王澄、谢鲲，说他们败坏人心，悖礼伤教，“中朝倾覆（指西晋灭亡），实由于此”。然而这两位清谈家得到权臣王导及庾亮的保护，依然故我，即使是一些名臣也沾染此风。有一次，王羲之与谢安在东吴遗迹游玩，谢安颇有飘飘欲仙的遐想。王羲之说：“大禹治水，手足胼胝；周文王治国，日不暇给。现在国家多事，应该人人效力。虚谈废务，浮文妨要，恐怕不是现在应有的风气。”谢安却说：“秦朝任用商鞅，二世而亡，难道是清谈造成的吗？”因此东晋官场上仍旧是以清谈饰高雅，当时人说士族子弟是“居官无官官之事，处事无事事之心”。以善于谈玄著名的会稽王司马昱，从小在江南长大，竟然连水稻也不认识，有一次出巡，见了水稻问随从是什么草。王羲之的儿子王徽之是清谈名士，终日谈玄，蓬头散带，号为风流。他被朝廷任命为桓冲的骑兵参军，从不应卯办公。有一次，桓冲问他在哪个部门任职，他回答：“好像是在马曹。”桓冲又问他管多少马？他理直气壮地说：“我连马都不知道，怎么会知道数目？”桓冲问他马死了多少，他却像是在谈玄一样，用《论语》中的话来回答：“未知生，焉知死？”桓冲劝他“你在府这么久，还是要管一点事”，王徽之拿上朝的手版拄着脸，想了一会儿后牛头不对马嘴地说：“西山朝来致有爽气耳。”桓冲拿他也没有办法。如此风气之下，东晋的统治效率极其低下，终于在不断的内争中灭亡。

东晋灭亡后，清谈的风气依然流行于世家大族之间，甚至武将出身的宋武帝刘裕也不免受到清谈风气的影响，在执掌东晋朝政后，有时也和名士们清谈，一般人都不敢过分固执己见，只有郑鲜之总是要谈到刘裕词穷为止。宋齐时的宰相也是清谈的多，办实事的少。宋文帝时，王敬弘为尚书仆射，从来不看公文。有一次，宋文帝找臣下讨论一个疑案，王敬弘哑口无言，宋文帝不高兴地问左右为什么不给仆射案件卷宗的副本，王敬弘说：“臣已经看过卷宗，就是还没有看懂。”宋文帝拿他没办法，以后再也不让王敬弘参加实务问题的讨论了。齐明帝不重清谈，有人向他推荐名士明山宾，他说：“我听说明山宾不停谈论书上的事，怎么能够做官呢？”因此逐渐形成由寒素出身的官员替皇帝办理机要事务的局面。

清谈的风气在南梁时期又兴盛一时，而且清谈的题目更为广泛：佛教的教义也逐渐成为话题，而传统的儒学也可开讲，不过最主要的清谈题目还是老子、周易、庄子，号为“三玄”。梁武帝本人就是个善于清谈的谈客，当了皇帝后谈风不减，起初他曾在重云殿开讲老子，后来迷上佛教，公开宣布自己弃道从佛，经常在宫中或寺庙中讲解佛经，听众往往有上万人之多。除了自己以身作则外，梁武帝还经常派手下的大臣，请民间名士讲经清谈。他的太子萧纲也热衷清谈，经常在玄圃开讲老庄。这样一来，清谈风气自然愈加盛行。曾在南梁当官后来又转为北齐效力的颜之推在其《颜氏家训》中写道：梁朝全盛时，士族子弟都身穿宽大的衣服，头戴高帽，脚蹬高齿的鞋履，衣服熏得喷香，面孔刮得精光，脸上扑粉涂红，出门坐长檐的座车，居家坐在坐垫上，靠着丝织的靠垫，两旁陈列着古玩器具，高谈阔论，潇洒自如。看上去就像神仙一般，可是实际上却毫无用处。遇到考试就请人代考；朝廷宴会请人预先作好诗句，到时候鹦鹉学舌背诵一番；任官不涉世务，只愿意做没有实际事务的清官；从未亲眼目睹犁地除草，不知几月下种、几月收割；肤脆骨柔，不堪行步，体亏气弱，不耐寒暑。结果不仅害得国家灭亡，而且连自己的生活也无法保障。侯景之乱时，很多士大夫转死于沟壑。当时梁元帝萧绎割据江陵地区，公元 554 年西魏军大举进攻江陵时，萧绎还在龙光殿给百官讲老子，探马报敌军已至襄阳，才暂停数日，待战事似乎稳固，又重新开讲，武将也得身着战袍听讲，最后国破身亡。这样一来南朝的士族阶层在改朝换代的日子里完全丧失主动，眼看着素族出身的权臣以军队武力为后盾登上皇帝宝座。直到隋朝灭南陈后，清谈之风才告一段落。

两晋南朝的清谈风气虽然说不上是皇朝灭亡的主要原因，但是这一风气的流行至少是这些皇朝短命而亡的一个重要因素。从以上的叙述中可以看到，清谈风气转移了职官队伍的注意力，瓦解了职官们尽职服务的士气。清谈得到统治者的赞赏和推崇后，正常的职务被贬为不值得埋头苦干的俗务，尽心尽职的官员在士大夫的圈子里会被判为“俗吏”。而在当时的制度下，士大夫圈子里的舆论评价是直接关系到官职升迁的决定性因素。这样的舆论导向，势必要使官员们把注意力集中在能够为自己博得清高文雅名声的事情——清谈玄虚上。统治阶级的统治是依靠政府的职官队伍来实现的，当清谈风气盛行于这支队伍时，统治的效率就必定要大打折扣了。政府正常的行政事务势必要假手政府里的胥吏或社会上的豪强，政治状况更加黑暗；正常的信息传递渠道也会处于阻滞状态，下情不能及时上达，朝廷的决策就容易脱离实际情况；一旦发生紧急情况，很难及时作出反应。因此清谈风气的盛行总是伴随着统治危机。

脱离实际的清谈在思想文化领域内也严重阻碍了学术思想的发展。清谈在西晋以后已经完全流于空谈，谈客们所展示的主要是他们的风度、口才，在清谈中所要达到的目的只是在口舌上压倒对方，越出人意料越是受到推崇，并不是要使自己的思路更加清晰、体系更为完整，更不需要提出什么具体的政治或学术上的主张，因此和战国时期流行的纵横家相比，清谈家根本就谈不上形成学派。清谈的题目主要是道家的理念，但真正对于道家理论发展做出贡献的都是魏晋之际的玄学家，比如何晏、王弼、向秀、郭象等人，而在两晋名噪一时的清谈家如王戎、王衍、殷浩等等，除了留下了一些过眼烟云的名气外，在学术思想史上并没有什么痕迹可言。早在东吴时，思想家杨泉在他的《物理论》中就说清谈家们的清谈犹如“春蛙秋蝉”，只不过发出一阵阵的噪声而已。清谈风气使得士大夫重视追求空名，不愿意从事认真的学术研究工作，败坏了学风，败坏了人心，使得这一时期的学术发展陷于停顿的状态。

猜忌与残杀
南朝的政治弊病

统治集团的内部互相猜忌提防，甚至以残杀来解决矛盾，这种政治瘟疫的传播必然导致统治危机。东晋南朝一个个小朝廷大多都是因为这种瘟疫短命而亡。

西晋八王之乱的惨痛教训对于南朝的统治者是一个严重的警告，而东晋时权臣凌驾于皇室之上的情况，更是南朝皇帝的噩梦。东晋皇权依靠世家大族的支撑，尤其缺乏皇室直接控制的军队，尽管仍然像西晋那样分封皇子为国王，或由国王出镇一方独掌地方军政大权，但绝大多数国王出镇只是在名义上掌握兵权，实际受制于权臣，还有几个国王是被权臣废黜甚至杀害的。如晋元帝的儿子武陵王司马晞颇有军事才能，为大将军掌握朝廷兵权，后来被权臣桓温诬告而废黜。东晋后期的晋安帝是个白痴，从小到大就连季节转换天冷天热都说不清楚，全靠叔叔会稽王司马道子掌权。司马道子曾任都督掌管中外诸军事，他的儿子司马元显才16岁就任征讨都督，实际掌握朝廷的兵权。但后来在讨伐桓玄的战争中大败，朝廷军队的主力北府兵将领刘牢之倒戈，司马元显及其6个幼子一同被杀，司马道子在放逐后被毒死。这样，防止皇族内部争斗和防止权臣篡权成为南朝时各个朝代的首要任务。

东晋灭亡后，南方相继由刘宋、萧齐统治。这两个朝代有相当多的共同之处。比如，两个朝代的开国皇帝都是素族出身，都是走从军道路而得以发迹，并都依靠军权篡夺政权。刘宋的开国皇帝刘裕（史称宋武帝）原籍彭城，祖上在西晋末年南迁京口。刘裕父亲只不过是个郡里的小吏，家中贫困。刘裕本人是个无赖，史书上称之为“不事廉隅小节”，靠割芦苇换钱。乡里的豪强刁逵为社日（祭祀土地的节日）的仪式向大家收钱，刘裕拖欠了3万钱，被刁逵捆绑拘押，幸好东晋的琅琊王司马谧代他出钱偿还，才得以脱身。后来投入刘牢之的北府兵，参与平定孙恩武装的战争，以军功逐步升为大将。刘牢之在东晋末年的政争中失败自杀，刘裕成为这支东晋朝廷最精锐部队的统帅，并且凭借这支武装最终颠覆东晋皇朝。萧齐的开国皇帝萧道成（史称齐高帝）比刘裕的出身要高贵得多，他的高祖父从东海兰陵郡迁到江南的武进（当时设侨郡，称南兰陵），世代为小官，到他的父亲已官至太守，然而仍然只算是素族。萧道成称帝后曾说：“我本布衣素族，当初从没想到会到这一步。”他小时候读过书，从师学儒经的“三礼”和《左传》，但后来弃文从武，15岁就进入军队当低级军官，在与北朝的战争及平定叛乱的内战中战功卓著，掌握了朝廷的兵权，最后发动政变建立自己的皇朝。这两个开国皇帝都是在前朝皇帝与权臣、皇族与皇族的血腥厮杀中异军突起乘乱夺权的。他们都是在大权在握的情况下先废掉一个皇帝，拥立一个小皇帝后，再以“禅让”的名义改朝换代，而且都是在称帝后没几年就死去，宋武帝是3年，齐高帝是4年。

这两个朝代开国背景的相似，决定了对于统治经验的总结与汲取方面的高度一致性，形成了基本相同的政治指导原则。这些原则就是：首先要防止东晋时皇帝大权旁落的历史重演，对于传统的世家大族保留其政治、经济等方面的特权，但政治决策权力收归皇帝亲自掌握。其次要保证军队牢牢掌握在皇帝手中，出镇一方、统管军民的都督尽可能不让权臣担任，尤其不让世家大族的官员出镇，而代之以皇帝的皇子皇孙；可又鉴于西晋八王之乱的教训，即使对于自己的皇子皇孙也不能完全放心，对于有可能取代自己的皇兄皇弟更是要千方百计地加以提防，甚至“先下手为强”。总而言之，皇帝要时时刻刻提防各种潜在的、可能的威胁，尽可能把这些威胁都消灭在萌芽状态之中。皇帝不能相信任何人，哪怕是自己最亲的亲人。这样一来，这两个朝代政治的通病就是“猜忌”，而且这个政治通病成为南朝政治的传统，这两个朝代开创的一些政治措施也被南梁、南陈沿袭。

为防止东晋皇权旁落的历史重演，刘宋开始在朝廷政治中尽力排挤世家大族的势力，可是又不敢和士族阶层全面对抗，只得采取架空的办法。传统的朝廷要害部门如三公（太尉、司空、司徒，为最高级官员）、八座（尚书令、仆射、六曹尚书）、中书令等等官职全都照旧保留，仍然由世家大族的代表人物担任，不过真正的决策部门已经转移到了皇帝周围一些侍从性质的官职中。比如中书通事舍人，原来只是在皇帝周围替皇帝传达诏旨的九品低级小官，一开始是给素族出身的人准备的官职，后来才“士庶杂选”。刘宋时开始任用中书通事舍人起草诏旨，参与机密，进而掌握决策权力，原来辅佐皇帝进行决策的中书令、尚书令、仆射等反而被排斥在决策圈子之外。中书通事舍人一共有 4 员，设有专门的办公机构，办公地点在皇宫内，每人住一区，有从事文书工作的令史。所有尚书省的文件资料中书通事舍人都有副本，俨然成为朝廷的中枢。又如侍中，原来也是皇帝的亲信侍从官职，刘宋时开始给亲信大臣侍中的官称，得以出入宫廷，参与机密决策，成为实际上的宰相。

从刘宋开始，南朝各代皇帝与之商量做出决策的往往是一些寒素出身的亲信，在历史上称之为“寒素掌机要”。这是出于排挤士族势力的需要，同时也因为当时的士族子弟视高官厚禄为自己的囊中之物，大多居官无所事事，终日高谈阔论，文不能治民，武不能打仗。在皇帝看来，没有世家大族背景的人对自己更加忠心，更容易控制，即使滥用职权，收拾起来也方便，没有盘根错节的势力需要铲除。比如刘宋孝武帝由藩王起兵夺取皇位，他任用卖布出身的戴法兴、“人士之末”的巢尚之等寒素为中书通事舍人，执掌机密，官职任命、重大案件、军政大计之类的事务都和这些人商量，决定处理的方针。当时孝武帝的叔叔江夏王刘义恭为太宰录尚书事，按官职是仅次于皇帝的朝廷首领，可实际上权力被架空，反过来事事要听戴法兴等人的指示。孝武帝死后，太子刘子业登基（史称前废帝），虽然年已 16 岁，可戴法兴掌权日久，事事专断，皇帝的诏旨都由他一手包办。没过多久，刘子业就觉得戴法兴实在是太跋扈了，他身边最得宠的太监华愿儿向他密报说，民间都在传言皇宫里有两个天子，戴法兴是真天子，皇帝是假天子。又报告说戴法兴收受贿赂，家产千金，还养了几百名门客，朝廷百官都怕他，再这样下去，恐怕宝座就不是皇帝坐的了。刘子业立刻下令免去戴法兴的官职，接着又赐死。戴法兴临死一一封闭家中的钱财仓库，交代后事。想不到他死后第二天，皇帝又下令处死他的两个儿子，并把他的家产全部没收。巢尚之不像戴法兴那样胆大妄为，做了三朝皇帝的中书通事舍人，得以善终。

刘宋以后寒素掌机要成为南朝政治的惯例，几乎每一个皇帝都依靠寒素出身的中书通事舍人来办理政务。宋齐之交时，原来是卖字画出身的中书通事舍人刘係宗接连为宋明帝、宋后废帝、宋顺帝、齐高帝、齐武帝、齐明帝 6 个皇帝服务，熟悉朝政典故，为皇帝出谋划策，处理事务都很恰当。萧道成发动政变时，死党王敬则先在宫内动手杀死宋后废帝（刘昱，历史上也称之为苍梧王）后，提着皇帝的脑袋去报告萧道成，萧道成把鲜血淋淋的脑袋洗干净，仔细辨认无误，才在第二天一大早带领亲兵进入皇宫，接管朝政。值班的中书通事舍人酒醉糊涂，无法办公，萧道成招来刘係宗，要他起草各种公告文书以皇帝诏书名义发往朝廷各部门及全国各地，并对他说："今天天地重开，是你效力的好时候。"刘係宗一个人口授，动用 10 个主书记录，20 个书吏誊抄，圆满地完成了萧道成篡夺权力的程序，大得萧道成的赞赏。后来齐明帝曾说："学士（指士族子弟）不堪治国，唯大读书而已，刘係宗一个人足抵他们 500 个。治理国家他一个人就够了。"

史称南梁武帝“优惜士族”，和宋齐排挤士族势力有所不同，梁武帝开始以士族出身的周捨为中书通事舍人执掌机要20多年，但南梁的士族仍然抱怨梁武帝“爱小人而疏士大夫”。梁武帝在周捨死后又依靠寒素出身的朱异掌握机要事务。朱异是吴郡钱塘人，他的祖辈是庶族读书人，他的叔叔因为族人不慎烧了母亲的坟墓，就杀死族人为母报仇，这在当时被认为是孝行，皇帝下诏特赦。而族人的儿子又杀死他叔叔为父复仇，朱异的父亲再杀死族人的儿子为弟弟复仇。皇帝认为这都是“义事”，全都赦免。朱异的父亲由此出名，还得以进入官僚阶层，当过一任县令。朱异少时博通经史杂艺，21岁上书朝廷，建议在建康设立单独的司法机构，得到朝廷重视，破例让他任官（当时规定25岁以上才可任官），后来被人推荐给梁武帝，梁武帝很是欣赏，称之为“朱异实异”，从此朱异就任中书通事舍人、侍中等职，执掌机要30多年。他富于才智，批阅文件、起草诏旨一挥而就，深得梁武帝的宠信。但他收受贿赂，作威作福，对于朝中的显贵士族很不客气，说：“我是寒士出身，侥幸得到今天的位置，显贵们凭借他们祖先坟墓中的枯骨得到高官厚禄，看不起我，我要是对他们客气，就更要被他们轻视了。”因此引起士族的不满。侯景起兵反叛，就以讨伐朱异为名，兵临建康城下时宣布朱异的罪行，说如果梁武帝杀朱异就马上撤退。梁武帝和太子萧纲（史称梁简文帝）商量，太子说朱异的罪行是确有其事，不过这只是侯景的借口，现在就是杀了朱异，侯景也不会退兵，只会让人耻笑。梁武帝这才没有杀朱异。可朱异知道大势已去，又急又气，一病而亡。

直到南朝的最后一个朝代，寒素掌机要的局面依然存在。

南陈后主时，重用家世“吏门”的施文庆及其朋友沈客卿为中书舍人（南梁时改中书通事舍人为中书舍人），掌握机要。两人都颇有才干，处理一般事务也很有条理，但遭到世家大族的忌恨。而以他们为首的一些陈后主的佞幸揽权纳贿，搞得朝政混乱。尤其施文庆、沈客卿对于军国大事缺乏处置能力，对于南陈面临的威胁毫无感触。公元 589 年，北方的隋朝开始大举进攻，文武朝臣会议防务，可他们两个竟然不向陈后主汇报讨论的防务计划，只说这是北军常有的调动，只需边防将领处理就是了，不用兴师动众。直到隋军开始渡江，施文庆还想自己亲自指挥军队，排斥武官将领，导致根本就无法进行有组织的抵抗，被隋军各个击破，施文庆等人都被隋军统帅晋王杨广下令处死。

中央机要朝政由皇帝所信任的寒素掌握，对于各地的军政大员更是要派出皇帝的亲信前去监视。刘宋时开始向各地都督的军镇及各州派出由皇帝的亲信担任“典签”，专门监视都督及州刺史。典签原来只不过是处理文书的小吏，因为习惯上将各地官府办事的文书称之为“签”，前面写内容，最后写“某官某签”，典签顾名思义就是管理这种签的吏。刘宋时鉴于东晋时地方都督经常要挟朝廷甚至起兵反叛的教训，改由皇子出镇重要地区；又为了防止西晋藩王起兵的历史重演，再派皇帝的亲信为典签，名义上是帮助皇子处理文书，实际上是监视藩王。以后又对所有的都督和刺史派典签进行监视。典签地位卑下，只能是寒素担任，其实际权力又没有明确的范围，有的与都督、刺史争权夺利，有的每年回京几次密报造谣生事。孝武帝时功臣宗悫为豫州（辖境约今皖北淮河两岸）刺史监五州军事，孝武帝派亲信吴喜公为典签。吴喜公对宗悫的施政总是指手画脚，宗悫大怒，说："宗悫年近六十，为国家出生入死，才得到一个如斗大的州，绝不能再和典签共管！"吴喜公吓坏了，连连磕头请罪，直到头磕出血来宗悫才放过他。宗悫是宋文帝的老臣，又是拥立孝武帝的功臣，所以有恃无恐，其他的地方大员就没有这样的自信了，只能忍受典签的制约，尊典签为"签帅"，典签由此"威重州郡"。

南齐沿袭刘宋的这项制度，而且实行得更加严厉。齐高帝时开始，凡年幼皇子出镇，一律加派典签和行事辅佐帮助皇子，从政事处置到生活起居，典签、行事都替皇子做主。南海王萧子罕想到王府东堂去游玩，典签姜秀不允许，萧子罕到母亲面前哭诉说："儿想移动五步都不可以，和囚犯有什么两样？！"江夏王萧宝元为郢州刺史，部下送他一匹马，他想去看，行事刘晅说："马有什么好看的。"王妃想吃炖肉，刘晅说："已经煮了鹅了，不用再烧了。"诸王不得擅杀典签，长沙王萧晃被典签压制，愤而杀死典签，齐高帝大怒，下手诏赐萧晃重杖一顿。鱼复侯萧子响被典签、行事告发，齐武帝派御史前去调查，萧子响害怕，杀死典签、行事，发兵阻止御史到镇。齐武帝听说后和戴僧静商量，说："子响竟然敢造反！"戴僧静却说："诸王都该造反。出镇如同被关押，想吃一段藕、想喝一碗羹，如果典签不在就要忍饥挨饿终日。诸州只知道有签帅，不知道有刺史。"萧子响终究被杀，典签制度也照旧施行。南梁、南陈仍有此制。

单纯的制度防范还不足以使南朝的大多数统治者放心，猜忌心更强烈的皇帝经常要采用更加直接的防范措施，那就是抢先消灭潜在的、可能的篡夺者。

根据东晋的政治经验，最有可能的篡夺者是拥有兵权的权臣，如王敦、桓玄之流，而宋武帝刘裕本人也是由此而建立皇朝的。所以南朝有不少残杀无辜大臣的事例，最著名的就是宋文帝杀檀道济。檀道济是从北方南迁京口的移民后代，刘裕起兵平定桓玄叛乱时，檀道济投军效力，后来以军功从士兵升为将军。公元416年刘裕发起北伐，檀道济为前锋，攻克洛阳，有人建议把俘虏全杀了以树威，檀道济不同意，说："今天是吊民伐罪，怎么可以滥杀。"他此举大得民心，晋军得以顺利北伐。刘宋建国后，檀道济平定叛乱，抗击北朝入侵，战功卓著，为江州（辖境约今福建、江西两省及湖北、湖南各一部）刺史。430年刘宋北伐中原，先胜后败，丧失黄河以南地区。檀道济临危受命，都督北伐诸军，和北魏军队作战30余次，胜多败少，将北魏军队逐回黄河一线，后因粮食供应不上才撤退。北魏军队害怕檀道济，甚至想用巫术害他。刘宋的北部边境得以维持稳定。檀道济威名远扬，帐下文武人才济济，7个儿子也是才能出众，朝廷却因此唯恐他是司马懿第二。当时宋文帝体弱多病，执政的彭城王刘义康怕文帝万一病死，无人能够制服檀道济，就把他召回建康，不久又以"附下罔上"的罪名逮捕下狱。去抓檀道济时，檀道济怒发冲冠，目光如炬，喝了一斛酒后，恨恨地把自己的帽子扔到地上，说："乃坏汝万里长城！"檀道济及其7个儿子都被冤杀。过了15年，北魏伐宋，一直打到长江边，扬言要渡江，建康震动。宋文帝登上石头城，遥望对岸北魏大军，不由得叹着气说："要是檀道济在，怎么会到这种地步！"

类似的冤案在南齐时也有。宋齐之际，垣崇祖是和北朝作战的名将，他家是下邳（辖境今苏皖交界地区）的豪强，祖上曾做过前燕的高官，后归刘宋，仍守护淮河一线。垣崇祖少年从军，长期率领小部队在河淮之间游击，曾经以几百人马深入北朝防线700余里。萧道成称帝后对垣崇祖交待："我新有天下，北朝肯定要乘机来进攻，其主攻方向肯定是指向寿阳。要守住这个战略要地，非君莫属。"垣崇祖受命担任豫州刺史，出镇寿阳。第二年北魏号称20万的大军前来夺城，垣崇祖筑堰拦截淝水，故意派几千人守寿阳北的小城，北魏大军猛攻小城，垣崇祖破堰放水，淹死数千魏军，垣崇祖立即出兵追杀，魏军大败。不久垣崇祖又强渡淮河，击败北魏军队，并在淮北组织屯田，积极准备北伐。垣崇祖一直自比白起、韩信，到这时人们才真正相信他确实有古代名将之才。可是齐高帝死后，即位的齐武帝因为垣崇祖在他当太子时没有奉承他，唯恐这位名将起兵作乱，先是给垣崇祖加官晋爵，把他调回建康剥夺兵权，然后就诬蔑垣崇祖"凶诟险躁""连谋境外"，处以死刑。

武将遭忌，而文臣也不可放过。刘宋时琅琊王氏子弟王景文以美风度、善清谈而著称，他的妹妹是宋明帝刘彧的皇后，王景文在明帝朝以名士兼外戚，在朝中很有号召力，宋明帝却因此对他百般猜忌。宋明帝病重，考虑自己的儿子年纪幼小，唯恐自己死后，皇后临朝，王景文以国舅身份自然担任宰相，而且王氏的宗族强盛，可能会篡位夺权，于是就派使者给王景文送去毒药，赐死王景文。并下手诏："与卿周旋，欲全卿门户，故有次处分。"王景文为保全家太平，只得乖乖地饮药而亡。

不过与权臣相比，皇亲藩王对皇帝的威胁似乎更大。刘宋时，宋文帝自己就是由朝臣拥戴以藩王入京继承皇位的，所以对于藩王格外注意，确立典签监视制度。他身患“虚劳疾”，动脑筋久了就会头痛欲裂。为了平衡朝廷中过于强大的朝臣势力，他把弟弟彭城王刘义康召到身边主持朝政。生杀大事、人事任命都由刘义康做决定，宋文帝很少有异议。刘义康逐渐权倾天下，凡朝士有才能的都引入自己府内，天下供奉的贡物好的入彭城王府，差的送给皇帝，他府内的奴婢有6000之多。有一次宋文帝病危，写遗诏要刘义康辅佐太子，刘义康回到府内对亲信说：“天下艰难，难道是幼主所能控制的吗？”宋文帝病好后有所耳闻，对这位弟弟不再信任，终于在刘义康主政的11年后，突然行动，一举逮捕刘义康的下属亲信，将刘义康放逐外地，名为出镇，实则软禁。刘义康还盼望着回到建康。他信奉佛教，有一次慧琳和尚来看他，他问自己是否可能回京，慧琳回答说：“可惜你读书太少。”后来刘义康读《汉书》，读到淮南王刘安的传记，废书长叹：“原来古代就有这种事，我获罪是应该的。”可是宋文帝依然忌恨，当北魏打到长江边时，宋文帝唯恐有人会拥立彭城王作乱，派人送去毒药赐死。刘义康对来使说：“佛经上说人要是自杀的话来世不能投胎人身。”不愿自杀，结果被来使用被子闷死。

宋文帝开了刘宋皇室骨肉相残的先例，而他自己也被他那急于抢班夺权的太子刘劭杀死。刘劭才做了两个多月的皇帝，又被他的弟弟武陵王刘骏起兵攻杀。刘骏登上皇帝宝座（史称孝武帝）后，杀了6个兄弟，其中的竟陵王刘诞曾积极支持孝武帝，可却最被孝武帝忌恨。刘诞在其军镇广陵被迫起兵，孝武帝派大将沈庆之前去镇压，命令进行屠城，沈庆之请求放过身高 5 尺以下的百姓，总算保留了不少生命。宋文帝的另一个儿子刘彧在以后混乱的政局中抓住机会登上帝位（史称宋明帝），更是以杀皇室子孙立威，竟然杀了 4 个弟弟、16 个侄子（孝武帝的儿子）。后来宋明帝自己的 12 个（均系过继）儿子则被萧道成杀死一半。宋顺帝刘准被废黜时问会不会杀死自己，萧道成的亲信回答说："你们祖上是如何对待司马氏的？"刘准痛哭，说："愿来世不生帝王家。"

萧道成建立齐朝，想汲取刘宋的政治教训，他问儒者刘瓛怎样才能够长治久安，刘瓛说要想长治久安就要宽厚，刘宋就是因为残刻亡国。萧道成也知道自己能够推倒刘宋是因为刘宋皇室自相残杀，他临死时告诫太子萧赜（史称齐武帝）：刘氏不是因为骨肉相残，他族哪会乘乱夺位，你要牢牢记住。齐武帝残杀了不少大臣，不过对自己的兄弟还算手下留情，他重用弟弟竟陵王萧子良及堂兄西昌侯萧鸾辅政。齐武帝死后，由皇太孙萧昭业即位，竟陵王萧子良不久就病死，大权落入萧鸾之手。萧昭业昏乱，当了一年皇帝（史称郁林王）就被萧鸾杀死。萧鸾又故意立萧昭业的弟弟萧昭文为帝，几个月后又杀死萧昭文（史称海陵王）自己称帝（史称齐明帝）。萧鸾是齐高帝的侄子，小时候父亲去世，由齐高帝抚养长大。他称帝后，唯恐齐高帝、齐武帝的子孙来夺帝位，就接连进行残杀。齐高帝 19 个儿子，当时在世的 8 个都被他杀死；齐武帝 23 个儿子，当时在世的 16 个也全被他杀光。他杀这些堂兄弟、侄子之前常常要焚香默祷，呜咽流涕，当晚就派军队包围王府，一路杀进去。把人杀完了，才装模作样地公布死者的罪名。他当了 6 年皇帝，自以为杀光了自己子孙的潜在对手，却不料螳螂捕蝉，黄雀在后，权臣萧衍乘机而起，攻杀他的继任者萧宝卷（史称东昏侯），并且又把他的几个还在世的儿子杀光，萧齐皇朝改换为萧梁皇朝。齐武帝的儿子巴陵王萧子伦在被齐明帝杀死前说："先朝杀灭刘氏子孙，今日之事，理数固然。"

在中国古代历史上，猜忌残杀是君主专制中央集权政治制度的通病，但像南朝刘宋、萧齐这样典型的事例并不多见。这可以说是当时错综复杂的社会矛盾的集中反映。南朝实力弱于北朝，在政治、军事上都受到北朝的强大压力；而南朝内部皇权与士族阶层之间、南迁士族与江南土著士族之间存在着重重的矛盾，皇权并不具有绝对的优势。东晋以来绵延不断的政变内争甚至内战，消耗着统治阶级的力量，在统治集团内部散布着互不信任、猜忌提防的致命病毒。政局不稳使猜忌更甚，而猜忌残杀又导致政局更为动荡，恶性循环，造成南朝一个个朝代都短命而亡。

空前的改革
北魏孝文帝改革

指导政治社会改革总是困难的，尤其是当改革牵涉到统治者本身利益时，其难度及危险更是足以吓退大多数改革者。从这个意义上而言，北魏孝文帝改革确实是历史上罕见的事例。

北方自前秦瓦解后，再次陷入混乱局面，鲜卑族的拓跋部势力在混战中崛起，迅速成为北方最强大的政权。从386年拓跋珪恢复代国、并在当年改国号为魏开始，只用了12年时间，就占有了黄河以北的广大地区。在平城建都，开始仿照汉族皇朝的统治方式建立国家，力图长久地统治汉族人民占绝大多数的中原地区。到439年消灭北方最后一个割据政权北凉，结束了100多年来的十六国混战局面，统一整个北方。

鲜卑族的拓跋部原来是一个活跃于今东北嫩江流域的游牧民族，魏晋时迁徙到代，汉化程度比氐族、羌族、南迁的匈奴族、鲜卑族的慕容部等要低得多，而且有不少拓跋部的首领，在主观上并不愿意主动接受汉族的文化，甚至很讨厌汉族文化。北魏道武帝拓跋珪派贺狄干出使后秦，羌族建立的后秦汉化程度很高，因此贺狄干滞留后秦时期学习了不少汉族的经典史籍，通《论语》《尚书》诸经，举止风流，看上去像个儒者。回国后，北魏道武帝见他言语、衣服有类羌俗（汉化的羌俗），认为他是喜爱汉族文化主动去模仿的，竟然愤而杀了贺狄干。然而鲜卑族的拓跋皇朝要统治汉族人口占绝大多数的中原地区，又不得不接受汉族的文化，尤其是要仿照汉族皇朝的统治方式。而要仿照汉族皇朝的统治，又必须任用汉族的世家大族参与统治。这样一来，在统治阶级内部就必然要形成汉族世家大族与鲜卑族贵族之间的矛盾，拓跋氏皇族的皇权与汉族士族阶层及鲜卑族贵族阶层的矛盾。同时，社会的民族矛盾、阶级矛盾也相当尖锐。北魏的统治者一直在统治阶级内部的冲突斗争中寻求着解决的方案，以图提高统治的效率，解决社会矛盾，防止十六国混战局面的再现。

北魏前期的皇帝们采用的手段是在强大的武力支持下，生硬地拉拢，甚至是逼迫汉族士族参与统治，同时维护鲜卑贵族的既得利益，维护鲜卑族的文化传统。北魏初年，汉族士族阶层对这个“胡人”政权心存疑虑，并不积极地参与政治。北魏朝廷多次下诏征召高门名士，但响应者并不踊跃，常常是被地方官逼着上路的，而北魏皇帝对于汉族士族也疑心重重。北魏道武帝任用汉族谋士张衮及张衮推荐的名士崔逞，让他们参与军国大计的讨论。进攻后燕都城中山时，军队缺粮，崔逞建议以桑葚为食，说是《诗经》上有飞鸮（古代传说中的恶鸟，鸣叫声不祥）吃了桑葚鸣叫声会变得好听的说法。北魏道武帝认为这是在污辱鲜卑军队，虽然接受了崔逞的建议，但怀恨在心。不久，道武帝要崔逞和张衮写信招降东晋将领，指示要在信中侮辱东晋皇帝，可两人起草的信中只是称呼东晋皇帝“贵主”。道武帝更加不高兴，将崔逞处死、张衮贬官。北方汉族第一高门崔氏的崔宏、崔浩父子在魏明元帝、魏太武帝时期参与朝政，出谋划策，立有奇功。但崔浩建议“分明姓族”，想利用北魏少数民族政权来恢复魏晋的士族门阀政治，进一步确认士族阶层的种种特权，要求分享政治权力，这就更加引起鲜卑贵族的仇视。尤其是崔浩在太武帝时主持编写国史，对于鲜卑族一些被中原汉族人民看来是野蛮的丑事直书不讳，还将国史刻在石碑上，树立在大路旁，让往来的行人都能看见。鲜卑贵族及太武帝大怒，于是就以“暴扬国恶”为罪名，族诛崔浩及清河崔氏与崔浩同宗的亲属，与崔氏通婚的范阳卢氏、太原郭氏、河东柳氏也被灭族，参与修订国史的几百名秘书郎吏全部被处死。

北魏统治者没有能够解决统治阶级内部的统一问题，也就不可能解决鲜卑族与汉族之间的民族矛盾。在很长的一段时间里，北魏靠着军事征服手段来进行统治，没有能够建立起像中原汉族皇朝那样有效的统治体制。比如各级官员都没有俸禄，鲜卑贵族及鲜卑族武官可以依靠战争的掳掠及战后的赏赐获得奴隶、财富，以汉族为主体的文官只得到不定时的赏赐，其余就只能从违法的途径去获得收入。地方州郡设 3 员守宰，一个是拓跋宗室，一个是异姓鲜卑族贵族，一个是汉族文官，一律 6 年一任，考核的项目仅仅是是否按时、按定额向朝廷缴纳租调税收，至于如何前去征收租调完全由地方官自行决定。如此体制，造成贪官污吏遍布官场。而且在地方上北魏实行“宗主督护制”，既承认鲜卑族各部落控制各族人民组成的屯聚，也承认汉族地主豪强的各个土围子“坞壁”的合法性，任命豪强头目为“宗主”，“督护”属下的百姓，作为各地的地方基层组织。这样的政治制度显然难以长期而有效地统治中原汉族人民。

北魏以武力立国，当鲜卑族的武力开始衰落时，其统治就出现了危机。北魏太武帝统治后期，鲜卑族的军事实力明显衰落，450—451 年与南朝刘宋的大战失利，鲜卑军队死伤惨重，朝廷上下无人敢轻言向南朝开战。此后，北魏统治地区接连爆发各族人民的反抗起义，社会秩序混乱。473 年，北魏发布法令，规定县令能够平定一个县的劫盗的，兼管两个县；能平定两个县的，兼管三个县，3 年升郡守；郡守能平定一个郡劫盗的，兼管两个郡，能平定两个郡的兼管三个郡，3 年升刺史。可见当时社会秩序之糟糕。

恩格斯在《反杜林论》中说：“在长时期的征服中，比较野蛮的征服者，在绝大多数情况下，都不得不适应征服后存在的比较高的‘经济情况’；他们为被征服者所同化，而且大部分甚至还不得不采用被征服者的语言。”北魏前期的统治者不愿意主动去适应这一趋势，导致统治出现危机，要克服这些危机，就有待于愿意主动自觉地去适应这一趋势的统治者掌权，这样的统治者就是北魏文成文明皇后冯氏和孝文帝拓跋宏（后改为汉姓，史称元宏），在他们执掌政权期间，主持了重大的政治、经济、文化改革，顺应了民族融合的历史潮流，在中华民族历史上具有极其重要的意义。

冯氏是汉族人，其家族几世都是北魏的高官。她是北魏文成帝拓跋濬的皇后，文成帝死后，即位的献文帝拓跋弘才 13 岁，鲜卑贵族丞相乙浑擅权，冯氏定计诛杀乙浑，从此以太后身份临朝听政。等到献文帝有子（即以后的孝文帝），冯太后亲自抚养，还政于献文帝。但献文帝喜好佛道，在 471 年传位于才 5 岁的儿子，自称太上皇帝。5 年后，冯太后毒死献文帝，再次以太皇太后的身份临朝听政。孝文帝拓跋宏在冯太后的影响下，从小接受汉族文化，史称他“雅好读书，手不释卷”，精通五经，“善谈老庄”，广泛涉猎经史诸子，好为文章，经常在马上口授文书，无须改动一字。从 476 年冯太后临朝听政到 490 年冯太后病死，主要是冯太后主持朝政；孝文帝从 490 年起亲政，继续进行改革。到公元 499 年病死。历史上将这 23 年的改革统称为北魏孝文帝改革。

冯太后主持朝政期间进行的改革，主要集中在政治方面及社会经济政策方面。481 年公布了新的法典。483 年颁行“班禄制”，正式给文武百官发放俸禄。当然朝廷是不用拿出钱财来的，老百姓每户的租调增加 3 匹帛、2 斛 9 斗谷，算是官员俸禄的来源。同时规定官员如果在俸禄之外贪赃值 1 匹帛就处死刑。当年对于各级官员进行监察，查出 40 多个地方官贪赃，全部处死。这震撼了北魏官场，贪赃枉法之风有所收敛。奇怪的是鲜卑族的地方官员却不愿意享有俸禄，淮南王拓跋佗作为代表上书请求恢复原来的制度。孝文帝坚决予以拒绝。

大约在 485 年前后又开始实施“三长制”，废除原来的宗主督护制。规定民间百姓每 5 家立邻长，每 5 邻立里长，每 5 里立党长，人户由国家直接控制，政府直接向人户征收租调赋税。邻长、里长、党长由政府挑选“乡人强谨者”担任，给予免除徭役的特权，负责为政府编造户籍、催征赋役、劝课农桑。这项制度损害了鲜卑族及汉族豪强的既得利益，因此在朝廷会议讨论这项制度时，很多官员都表示反对。三长制的建议者李冲与反对者反复辩驳，最后主持会议的冯太后决定推行此制。这样北魏政权得以争夺到剥削对象，并为均田制及租调制的推行创造了条件（详见“均给天下之田”一章）。三长制、均田制、租调制这3项重大的改革，在一定程度上缓和了社会矛盾，加强了北魏的中央集权。

孝文帝亲政后，进一步推行改革，其改革的重点转向民族政策。孝文帝是没有民族成见的皇帝，他曾说：“皇帝经常犯的毛病在于不能处心公平、诚意待人。如能做到这两点，则胡、越之人都可以做兄弟。”他立志要移风易俗，改革鲜卑族的风俗，实现胡汉一家、民族融合。

北魏孝文帝民族融合政策关键的一步是迁都洛阳。北魏当时的首都平城地区是鲜卑族拓跋部的根据地，到了孝文帝的时候，这一地区的经济仍然以畜牧业为主，而平城地区居住的人口众多，皇宫、百官以及从各地迁来的富商豪强消耗着大量的生活资料，普通的鲜卑族百姓则生活困难，抗御灾荒的能力很差，社会秩序也较为混乱。平城地区相对于中原汉族农业地区，经济实力是相当低下的。这一地区占优势的是鲜卑族传统文化，阻碍着政治制度的改革及民族的融合。有鉴于此，孝文帝决心将北魏的统治中心迁往洛阳，这样在政治上可以摆脱传统守旧势力的干扰，进一步推行改革，并且更便于统治中原地区。在经济上而言，洛阳可以通漕运，通过水路联系四方，既利于军队输送，又便于获得充足的物资。尤其从文化背景而言，洛阳是汉族文化的中心，将鲜卑族朝廷迁到洛阳，对于推进民族融合具有重要意义。不过鲜卑族守旧贵族坚决反对离开老根据地，孝文帝就玩了一个花招。493年，孝文帝宣布要亲自率领百万大军征伐南齐，朝臣纷纷反对，尚书令任城王拓跋澄尤为激烈。孝文帝大怒，说："社稷乃我社稷，任城王胆敢沮众么？！"拓跋澄反驳说："社稷诚然是陛下的社稷，但我是社稷之臣，不能不尽忠。"退朝后，孝文帝约拓跋澄密谈，对他说："我们国家兴起于北方，徙居平城，虽然富有四海，可文治还未走上轨道。这里是用武之地，不能推行文治，要移风易俗，更为困难。洛阳历来是帝王统治中心，我是想迁都洛阳，你看如何？"拓跋澄"少而好学"，也是接受汉族文化熏陶的鲜卑族皇族，他对这个计划表示赞同。说："天下百姓听说了肯定高兴。"孝文帝这才向他言明：南伐是假，迁都是真。拓跋澄说这是非常之事，不能让一般人知道，"要决之圣怀"。孝文帝就任命拓跋澄为抚军大将军，负责指挥南伐。孝文帝率领20万（号称30万）大军及文武百官，浩浩荡荡开往南方，到了洛阳后，休整了几天，孝文帝查看晋朝宫殿遗迹，参观太学、石经后，全身戎装，又上马出发。北魏的文武百官们拦在道路上磕头哭泣，请求停止南伐。孝文帝乘机宣布如不愿南伐就要迁都洛阳，朝臣们只得赞同。孝文帝第二年在河阳建立牧场，下令每年将原来河西牧场的200多万匹马分批调到并州，饲养一段时间后再转移到河阳牧场，使马匹熟悉内地水土，不至于病残，这样就保证了鲜卑族骑兵的马匹供应。同时在鲜卑族中挑选勇士15万人组成宿卫军，驻扎洛阳，使朝廷拥有足以威慑地方的武力。至495年，北魏朝廷全部迁至洛阳。

孝文帝民族融合政策的核心，在于使鲜卑贵族转化成与汉族士族相同的统治集团。过去鲜卑族男子蓄发梳辫，称之为“索头”，服装窄袖、左面开襟，与汉族习俗不同。494年，孝文帝下令禁止穿戴鲜卑族服饰，所有士民一律按照汉族风俗穿戴打扮。第二年，孝文帝又下令，凡迁到洛阳的代人（即鲜卑族人）户籍一律改为河南洛阳，不得再称代人；死后一律葬在邙山一带，不准归葬代地，以此绝灭鲜卑族贵族故土之恋。495年，孝文帝规定凡30岁以下的官员，在朝廷中只能讲汉语，不准讲鲜卑族语言；30岁以上的官员可以讲本族语言。如果有故意违反的，降爵黜官。为了威慑朝臣，孝文帝还和李冲演了一出双簧：在宣布这项规定时，孝文帝故意说李冲曾提出“四方的语言没有正音可言，皇帝用的语言就是正音，何必改旧从新”的反对意见，孝文帝宣布：“李冲说的这些话，实在是有负朝廷，应判死罪。”命御史把李冲拿下，李冲赶紧下跪求饶，文武百官也上前求情，孝文帝这才把李冲放了。他是用这出双簧来堵住守旧大臣的嘴。为了让鲜卑贵族彻底汉化，496年，孝文帝下令把原来鲜卑族的姓氏都改成汉族姓氏，比如皇族原姓拓跋，改姓为元姓，丘穆陵氏改为穆氏，步六孤氏改为陆氏，贺赖氏改为贺氏，独孤氏改为刘氏，贺楼氏改为楼氏，勿忸于氏改为于氏，达奚氏改为嵇氏，尉迟氏改为尉氏，等等。传说拓跋氏兴起时就有99姓跟随，以后并吞各部族，姓氏更多，至此全部被改为汉族姓氏。此外还将鲜卑族官员的名字也按汉族士大夫的习俗，改为有名、有字。

孝文帝的民族融合政策是为了北魏皇朝长治久安的目的，

以减少与汉族士族阶层的矛盾，联合汉族士族阶层更积极主动地参与统治。所以在大力推进鲜卑贵族汉族化、士族化的同时，他又全面强化中原地区久已存在的士族制度。495年下令定姓族，按照先人官职的大小，将士族阶层的各姓氏划分甲、乙、丙、丁4等，依次排列各姓士族的位次。原鲜卑族贵族转化而来的穆、陆、贺、刘、楼、于、嵇、尉8姓以及汉族山东士族中的太原王氏，清河、博陵崔氏，范阳卢氏，赵郡、陇西李氏，荥阳郑氏；关中士族中的京兆韦氏、杜氏；河东裴氏、柳氏、薛氏，弘农杨氏，这些姓族算是最高级的。凡选拔官员必须严格按照姓族出身进行。魏晋以来的九品中正制原本是要根据人品选拔官员，就制度、法律而言，并不是完全依照门第取官，孝文帝的定姓族则完全注重门第，所以帮助进行定姓族的李冲等人也感到太过分了（参见第七章）。可是孝文帝这样做也是有他的苦衷的，因为如果全部按汉族标准，那么原来的鲜卑贵族因没有儒学基础就会被汉族士族看不起，而重门第不重“人伦”可以使鲜卑贵族迅速获得与汉族士族相当的社会地位。为了实现与汉族士族阶层的密切合作及融合，孝文帝还大力提倡原鲜卑贵族与汉族士族的通婚。他本人以身作则，为自己的6个弟弟聘汉族士族家庭的女儿为妻，同时又强调缔结婚姻必须严格按照门当户对原则来进行。

冯太后与孝文帝在推行改革时，大力重用汉族官员。如陇西李氏的李冲建议实行三长制，并主持洛阳的修复工程；李安世建议推广均田制；从南朝投奔而来的琅琊王氏的王肃为仿照魏晋改定官制、设立官品制度、改定祭祀天地宗庙礼仪出谋划策；如此等等，足可见这次改革得到了汉族士族阶层的积极配合。很多鲜卑贵族官员也积极支持改革，如任城王拓跋澄协助确定迁都大计。孝文帝的弟弟彭城王拓跋勰“博综经史，雅好属文”，当时为侍中，参与改革大政的筹划。然而在另一方面，这次改革触动了鲜卑族旧贵族的既得利益，遭到不少鲜卑族守旧贵族的反对。孝文帝的太子拓跋恂就十分讨厌迁都洛阳，在迁都后的第二年，拓跋恂乘着孝文帝出外巡视，杀死自己的汉族辅导老师，带了一些人逃往平城。孝文帝得知后大怒，亲自杖责拓跋恂，并与大臣商量废黜太子，李冲等人都表示反对，孝文帝说：“古人有言，大义灭亲。拓跋恂背叛父亲，叛逃国都，如此丧心病狂，今天不废掉他，是国家的大祸，恐怕我死后永嘉之乱就要重演了。”坚持废掉了太子。一年后有人密告拓跋恂谋反，孝文帝就下令将拓跋恂处死。鲜卑贵族穆泰，是三朝老臣，孝文帝年少时曾触怒冯太后，冯太后下令将这个小皇帝软禁起来，打算废黜，穆泰苦苦谏告，才使得太后回心转意。但穆泰后来反对迁都，反对改换汉族服装、使用汉族语言，任恒州（治所即北魏旧都平城，辖境相当于今山西北部及河北、内蒙古部分地区）刺史后，与一些反对改革的旧贵族密谋起兵叛乱，企图推举阳平王拓跋颐为皇帝，恢复旧制度。幸好阳平王揭发了这起阴谋，穆泰铤而走险，带几百人造反，孝文帝毅然将这批阴谋家全部处死。

北魏孝文帝改革缓和了北魏的统治危机，使得北魏真正成为鲜卑贵族与汉族士族阶层的联合政权，自十六国以来，少数民族政权第一次得到汉族士族阶层的全面合作，北魏的政治状况在本质上已经和魏晋南朝政权没有什么两样。

自东汉以来，北方汉族及陆续南迁的各少数民族逐渐融合是历史的趋势，但魏晋统治者的民族压迫政策和少数民族首领的民族仇视政策酿成十六国前期的民族仇杀惨剧，激化了北方的民族矛盾。虽然经过前秦的纠正，民族矛盾有所缓和，但随着前秦的瓦解，北方的民族矛盾再度激化。北魏以武力统一北方后，民族融合的条件逐步具备，可是北魏前期的统治者没有体会到民族融合的意义，客观上阻碍着民族的融合过程。孝文帝敏锐地注意到民族问题的重要性，毅然顺应历史潮流，可以说是强行推行自上而下的汉化政策，迁都洛阳，得以一举移风易俗。

“均给天下之田”
北朝成功的土地政策

除了传说中的西周“井田制”，北朝隋唐时期的“均田制”是中国历史上最著名的土地制度。不过在北魏开创这个制度的时候，很大程度上只是一种应急的措施。

自从西晋末年以来，北方久经战乱，史称“天下大乱，生民道尽”。人民死于战乱及战乱带来的饥馑，使人口减少了一多半，再加上大批百姓被迫流徙，造成耕地被大量抛荒。按照传统的“溥天之下，莫非王土”的观念，这些无主的土地都被认为是国有的。北魏入主中原，为了解决迫在眉睫的粮食问题，北魏道武帝拓跋珪下令把原有的鲜卑部落解散，“分土定居”，把原来从事游牧的鲜卑族迅速转变为定居的农业民族。北魏朝廷还奉行中原汉族皇朝传统的“重农”政策，经常发布“劝课农桑”的诏令，要求地方官督促百姓尽力农耕，为朝廷提供尽可能多的粮食及纺织品之类的物资，还把一批又一批的被征服地区的人民强行迁徙到京城平城附近，“计口授田”，按照人口拨给无主荒田，由政府督促耕种，然后收取租税，供给京城朝廷百官及禁卫军队。

尽管采取了历史上中原汉族皇朝曾经采取过的种种措施，可北方农业的恢复过程仍然不够快，尤其是朝廷所收获的财富物资总是远远满足不了需要。国家实际控制及名义上国有的荒地有很大一部分尚未开垦，而因为频繁的战乱、灾荒，使流离失所的农民得不到土地耕种，即使已经“计口授田”的农民生产积极性也不高，也不能为朝廷提供更多的收入。汉族世家大族和鲜卑族的贵族豪强控制着大量的土地及荫附的人口，同时还巧取豪夺，兼并土地，和朝廷争夺剥削对象，造成社会动荡。北魏统治者为了增加财政收入而加重赋税剥削，有权有势者自然不受影响，可普通的农户就无法承受，不是逃亡，就是沦为豪强的荫户，甚至铤而走险造反。这样就形成了恶性循环，朝廷控制的农民越来越少，社会越来越动荡，朝廷的收入越来越低，控制能力也就越来越差。

为了解决这个对于维持统治利害攸关的问题，北魏朝廷在冯太后、孝文帝统治时期进行了前所未有的改革（参见“空前的改革”一章）时，实施了被后世称之为“均田制”的土地制度。

“均田制”的设想是由汉族大臣李安世提出的，他在北魏大规模改革开始后向孝文帝上了《请均田疏》，正式提出土地制度方面的改革建议。在疏文中他先是引经据典，按照儒家经典中西周实行“井田制”的说法，强调国家应该限制私有土地的数量，使得无地的农民能有一定数量的耕地；对于私有土地的纠纷，要设定年限，以保护现耕种人利益为原则；应该按照土地占有人的耕种能力来重新平均分配土地，让贫民也有“资生之利”。孝文帝接受了李安世的建议，于太和九年（485年）发布了“均田诏书”，在北魏全国推行均田制。

李安世的建议是要重新平均分配土地，孝文帝的均田诏书也有抨击土地兼并的内容，可是真的要搞土地重新平均分配是绝对不可能的，汉朝的王莽搞复古“王田”的结局是谁也不想重复的。所以均田诏书中说的是“均给天下之田”，即由国家平均给予农民土地，所给的土地虽说是“天下之田”，其实只能是国家实际控制或名义上国有的荒地而已。和原来“计口授田”不同的是，授给的土地中的大部分在受田者死后是要还给政府的。制度具体内容是：

凡15岁以上的成丁男子，每人授给40亩“露田”，同年龄段的妇女授给20亩“露田”。到了70岁以上或死亡时，露田必须归还政府。所谓“露田”是因为这类土地上只能种庄稼，不得种树，土地裸露的意思。也有的说法是，因为这种土地是要归还政府的，如同露水朝结午消，所以叫露田。还授给15岁以上的男子每人20亩“桑田”，初次接受桑田者必须在3年内至少栽种50棵桑树，5棵枣树，3棵榆树。如果当地不宜种桑树，每个男子授给10亩“麻田”，妇女授给5亩。麻田和露田一样要还官，桑田作为受田人的“世业”，可以被继承，也可以在允许的限度以内买卖。此外还规定拥有奴婢的人户每个奴婢按照平民的数额同样授给土地，有耕牛的人户每头耕牛授给30亩露田，最多授4头。新迁居的每3人授给1亩宅地，奴婢每5人授给1亩宅地。15岁以上的男女每人另给五分之一亩的菜地。在需要土地休耕的地区，露田加倍授给，称之为“倍田”。如果一户人家老的老、小的小，没有授田年龄段的人口，11岁以上的授给半额的土地，70岁以上的所授田无须还官。

均田制并不触及原有的私有土地。“均田”一词早在汉朝就有，原来是指公卿贵族官员各按等级规定可私有的土地面积，并不具有将天下所有的土地全部平均分配的词意。桑田一词在当时也具有私有土地的含义，如“桑梓”指家园故乡，当时的襄阳一带民间习惯在自己的土地边界上种植桑树作为私有权的标志。北魏均田的法令规定私人占有的桑田再多，也不得作为露田还官给授，默认私人桑田可以合法存在，只是另外授给露田，如果私有桑田的数额按人口计算超过了应授给的露田数额，就不再授给。按照均田的法令，授给土地的原则是“先贫后富”，轮到富户时政府已无田可授，也就不给了。而且均田的法令规定：凡是被流放的罪犯没有子孙的，或者是家中无子“户绝”的，其原来私有的土地没收为“公田”，但在进行授给时优先授给其亲属，如果还没有到给授的时间（北魏均田法令规定在每年的正月集中进行露田的还官及给授），可以由其亲属以借的名义进行耕种。可见均田制对于私有土地仍然是注意保护的，并不像李安世建议的那样平均天下所有的土地，只不过是平均地授给国有土地而已，均田诏书中有关要抑制土地兼并的内容并没有实际操作的可能。

均田制所规定的授田数额也只是一个理论上的平均数。均田法令规定凡地广人稀的地方，名义上国有的荒地可以让私人“随力所及”地进行开垦，算是国家借给他们的，后来的定居者再按均田的方法授给。而在人多地狭的地方，鼓励人民“乐迁”到“空荒”地区去，如果不愿乐迁，授给的土地可以打点折扣。土地足够的地方，老百姓就不能无故迁徙。

北魏朝廷推行均田制的主要目的不在于抑制兼并，而在于保证政府获得稳定的剥削对象。土地当然不是白白授给的，与均田制配套的“租调制”就在均田诏书公布后一年颁行。其中规定：每一夫一妇，每年向政府缴纳1匹帛、2石粟。以此为标准，15岁以上还没有结婚的，每4个人缴纳1匹帛、2石粟；能够进行耕织生产的奴婢，每8个人缴纳1匹帛、2石粟；每20头牛缴纳1匹帛、2石粟。出产麻布的地方，则改帛为布，每一夫一妇缴纳1匹麻布，未婚者、奴婢、耕牛都按上述同样方法折算。原来北魏的租调是按户征收的，当时的“宗主督护制”（参见“空前的改革”一章）下，大多是几十户，甚至几百户为一户的大户，每户的租调高达粟22石9斗、帛7匹。逼迫平民百姓只能投靠大户，以躲避政府的租调。现在实行的新的租调制，改为按劳动力征收租调，大大减轻了农民的负担，使大户荫庇的农民有可能重新成为自耕农，摆脱宗主豪强的剥削控制。

均田制、新的租调制的实施，改变了西晋末年以来北方土地及赋税制度的混乱情况，调整了生产关系与阶级关系。广大的无地或少地的农民能够获得一些国有土地进行生产，所受的租调剥削也有很大的减轻，尤其是均田制规定农民有可能获得并保有一小块私有的桑田，这些都提高了农民的生产积极性，使北方的农业经济得以比较快速地恢复和发展。均田制与新的租调制实施后，大批农民有可能从宗主豪强的控制下摆脱出来，恢复平民的身份。均田制实施后，北魏朝廷又一再派出大臣赴各地“括户”（检查户口），政府控制的户口数目有了很大的增加，到孝文帝去世的时候，全国的户口数目比西晋全盛时的户口数目增加了一倍，达到约500余万户。北魏政权由此得到了稳定的剥削对象，增加了财政收入。史称在这以后北魏朝廷“府库积盈”，孝文帝有一次曾因为仓库里的物资堆积过多，下诏将仓库里大部分物资赐给文武百官及京师的百姓、六镇军人、全国的孤寡老人、残疾人及贫困者。北魏政权与世家大族势力形成了新的平衡格局。朝廷的政治力量得以加强。

北魏均田制的成功，对于以后的朝代有着直接的启示作用。北魏瓦解后，继起的东魏—北齐、西魏—北周都继续推行均田制。

高欢在执掌东魏大权后不久，就下令继续进行均田，当时很多勋贵乘机大量攫取国有良田，而贫民只得到荒地。高欢接受功臣高隆之的建议，进行了一次均田的补正，略微调整了土地关系。北齐建国后仍然实行均田制。公元557年，北齐朝廷打算以“乐迁”的名义把冀、定、瀛3州的无地农民迁到北方幽州地区去，激起农民的反抗，只得作罢。到了北齐河清三年（564年），又公布了新的均田令，对北魏的均田制进行了较大的修改。

河清三年均田令与北魏均田制主要不同之处是：百姓受田的年龄提高到18岁，还田的年龄降低到66岁；不再考虑土地休耕的问题，每个男子授给露田的数目提高到80亩，每个女子授给露田的数目提高到40亩；授给每个男子的桑田数目仍然是20亩，明确称之为“永业”，确认农民对于桑田的私有权，而且在不宜种桑的地方，授给和桑田同样数目、同样性质的麻田；奴婢与平民同样受田，但对于受田奴婢的数量加以限制，亲王300人，嗣王200人，庶姓王150人，正三品以上的官员100人，正七品以上的官员80人，八品以下的官员以及庶民60人，超过这些限制数额的奴婢不得授给；每头耕牛的授田数目增加到60亩，仍然限制只授4头牛；还田、授田的时间从正月改为10月。

宇文泰控制的西魏割据关中地区，地狭人少，而且在宇文泰拥立西魏文帝后的第二年，关中地区发生空前的饥荒，饿死的人口据说占了全部人口的“十之七八”。高欢乘机大举进攻，几乎灭亡了西魏。为此宇文泰高度重视农业生产，544年发布“六条诏书”的第三条就是“尽地利”，规定各地地方官在春耕开始的时候要巡视乡间，凡能够操持农具的男子一律到田间耕种，有早归晚出的就要处罚。然而西魏—北周的均田制度在历史记载中不是很清楚，只知道北周正式建国的前一年（556年）曾公布过均田制的法令。其内容是有家室的人户授给田140亩，未结婚的成丁男子每人100亩，至于这些授给的土地性质，史无明文。另外又规定，人口在10人以上的人户授给住宅地5亩，7人以上的授给住宅地4亩，5人以下的授给住宅地2亩。从敦煌出土的西魏大统十三年（547年）的户籍残卷中可以看到，当时敦煌地区确实是实行均田制的，残卷中的7户人家全都领受了正田（露田）和麻田，但没有倍田的名目。实际受田的数额比原来北魏初年的规定数额要低，7户平均每户少受田24亩多，但麻田都已受足，而且受田的年龄已经提高到了18岁。

和北周比较，北齐的均田制似乎更健全一点，所以隋朝建国后，尽管其政权是从北周脱胎而来，可是均田制却主要是沿袭北齐的制度，受田的年龄，露田、永业田的数额等等都和北齐制度相同，只是在住宅地方面沿袭了一点北周的制度，规定每 3 人授给园宅地 1 亩，奴婢每 5 人 1 亩。唐朝正是在隋朝的基础上制定了更为完善的均田制。

自战国时期开始，土地私有制已成为中国农村土地所有制的主流，而封建皇朝的统治者从未正式确认农民的土地私有权，最多不过是在赋税制度方面通过设定农民的某项义务来默认农民的土地私有权，统治者公开谈论的总是“溥天之下，莫非王土”的传统说教，统治者总是企图用土地的国有制来包容农民的土地私有制。北朝均田制的实质可以说是这种传统做法的典型代表，它实际上是将小部分国有土地分期分批授给无地或少地的农民，转化为农民的小片私有土地。而国家保留着大部分土地的处分权，可以从农民那里收回，在这个过程中，原来的国有荒地被农民开垦为良田，国家从农民身上获得租调收入，实现国有土地的收益。

在三国时期的屯田及北魏初年的“计口授田”制度下，政府与农民的关系并不是契约关系，农民接受了土地也就成为国家的农奴，农民对于国家授给的土地只有使用权，土地收益的大部分都被政府收取，农民没有生产的积极性。北魏开创的均田制使得农民对于国家授给的土地有了真正的占有权，对于露田有一定期限的占有权，对于桑田则拥有永久性的占有权和有限的处分权。尤其到了北齐时，明确规定桑田的“永业”性质，并规定不宜种桑地区授给的麻田与桑田同样数额、同样性质，实际上已承认了农民对于这部分土地的私有权。这样农民才有进行垦荒和土地投资的积极性。政府收取的租调是固定的，税收的性质大于地租性质。农民有可能保留土地收益的相当部分作为自己的生活资料，提高了进行农业生产的积极性。

中国古代的土地问题很大程度上是土地兼并问题，秦汉以来，豪强兼并土地的同时也控制了农民的人身，造成与国家争夺剥削对象的局面。然而统治者要真正限制土地兼并就要冒和豪强阶层开战的巨大风险。北魏开创的均田制通过有限地解决农民的土地问题，防止了更多的农民沦为豪强的荫户农奴，从侧面对土地兼并进行了抑制，又回避了与世家大族的冲突。当然这样做的前提是国家要拥有较大数量的国有土地、无主的荒地。北魏、北齐、北周实行均田制的时候都处在大乱之后，地广人稀，有条件对农民进行授田。可是当和平时期豪强疯狂进行土地兼并，国有土地被豪强权贵巧取豪夺，政府就很难继续按照定额授给农民土地，均田制也就无法维持下去了。不过尽管如此，北朝的均田制毕竟对土地兼并有所抑制，毕竟在一定程度上解决了农民的土地问题，对于缓解社会矛盾有积极作用。相比之下，东晋、南朝政权几乎没有采取任何积极的措施来设法解决农民的土地问题，南迁的及土著的士族豪强疯狂地进行土地兼并。西晋时曾颁行“占田制”，规定平民每人占田70亩，而官僚贵族按照品级占田，一品占田50顷，以下每品差5顷，至九品为10顷。可实际上这个限额毫无作用，东晋南朝时士族豪强所占的耕地田园数量之多难以想象，如东晋时京口的豪强刁氏占有田地竟达上万顷。东晋南朝时豪强兼并的对象还扩展到了山林水面，东晋在336年曾颁布“壬辰诏书”，禁止豪强封禁山泽，刘宋时又曾再次强调这项禁令，并允许按照官员品级占山，一品可占 3 顷，以下以 50 亩为级差，至九品及百姓可占 1 顷。可是这项禁令和西晋的占田制一样不起作用，如南齐时竟陵王萧子良把 3 个县交界处方圆几百里的山泽当作自己的私产加以封锁，禁止百姓上山砍柴打猎。许多湖泊都被豪强霸占，百姓不得捕鱼捞虾。如此疯狂的土地兼并是造成东晋南朝社会矛盾激化，国力弱于北朝的重要原因之一。

北魏、北齐、北周的均田制都与租调制紧密联系，政府授给农民的土地可能并不足额，每个人的土地可能是不平均的，而每个人的租调负担是平均的。从政府的角度而言，按照人头来收税最为方便，比按照实际土地占有面积、土地的收成等来计算税额的方法要简单得多，阻力也要小得多。可是从纳税的农民的角度来看，占有的土地不同却要承担同样的租调，是非常不合理的。尤其当政府已拿不出土地授给农民时，这样的负担就会逼迫农民走上绝路。所以均田制只能在一定的历史条件下才能够发挥作用。

倒退必亡
北齐失败的民族政策

在古代，民族融合是一个长期的、往往是伴随着苦难的过程。不过融合的大趋势是难以阻挡的，统治者的民族政策如果逆潮流而动，其统治就难以持久。东魏—北齐高氏政权的历史就证明了这一点。

自东汉以后，北方的民族融合经历了几个血与火的过程，经过了数百年的风风雨雨，至北魏孝文帝改革达到了一个新的阶段。然而，民族矛盾并没有从此就烟消云散，在北魏孝文帝改革以后，北方的民族融合进程又出现了倒退，少数民族政权推行的民族政策又开始回到民族歧视、民族压迫的老路。在这方面走得最远的就是东魏及北齐政权。

北魏孝文帝的改革使迁居洛阳的鲜卑族上层贵族转化为汉化的贵族官僚，其中的很多人接受了汉族的文化，同时也更多地学会了汉族士族阶层腐朽的生活方式，骄奢淫逸，荒淫残暴。这些从战马上下来的武士，丧失了武功，却没有学会文治。而留在平城地区的鲜卑族人编为镇守边疆的军队，很少受孝文帝汉化政策的影响。北魏在北方边疆先后设立了以怀朔、武川、抚冥、柔玄、怀荒、沃野6镇为主的军镇，镇守军队绝大多数都是少数民族，北魏统治者的传统政策是把在征服战争中俘虏的各少数民族人民迁往边疆充当边镇士兵。鲜卑族人是军队的主力，和南迁的鲜卑族人相比，边镇的军人及低级军官随着鲜卑族内部两极分化的加剧，他们的生活日益困难，社会地位也日益低下。他们受到汉化了的鲜卑族贵族官僚的残酷剥削压榨，又不可能在汉化了的官僚体系里占据一席之地，积聚着对于洛阳朝廷的仇恨。而其他民族的边镇军人地位更低，既不满洛阳朝廷的政策，更不满鲜卑族的统治。阶级矛盾与民族矛盾日益激化，孕育着大乱。

523年，怀荒、沃野镇民分别杀镇将起义，短短的几个月时间里，起义的烽火就燃遍了北方的各个边镇，史称“六镇起义”。一些原来被北魏降服的少数民族部落也乘机起兵反魏，南梁见北魏大乱，也派兵攻打北魏的南部防线，北魏陷入空前的危机。只是反魏的各股势力互不关联，目标也不统一，大多数反魏势力只满足于割地自保，使得北魏的内地暂时还控制在朝廷手中。525年，6镇中最强大的反魏武装——破六韩拔陵统帅的以沃野、怀朔、武川3镇为主的镇兵，被北方游牧民族政权柔然打败，破六韩拔陵战死，20多万镇兵被迫向北魏朝廷投降。北魏朝廷按照对付投降部落的惯例，将这批降兵迁徙到河北的冀、定、瀛3州（今河北中部），编为营户，安插在各地驻军的军府之内。这批镇兵刚到河北就又纷纷起来造反，把战争的烽火烧到了北魏的内地，而且很快席卷了黄河以北的广大地区。几经兼并后，葛荣成为势力最大的首领，建国号为齐，自称皇帝，俨然要和北魏朝廷争夺天下了。

在空前的统治危机面前，北魏朝廷竟然还在继续进行残酷的内争。当时在位的皇帝是孝明帝元诩，他即位时仅 6 岁，由母亲胡太后临朝听政。胡太后是汉族人，迷信佛教，在国中大起佛寺，所建洛阳永宁寺，极其壮观，塔高 90 丈，耗费人力财力无法计算，搞得民困国穷。520 年，领军将军元叉等人发动政变，将胡太后幽禁，奉 10 岁的小皇帝临朝，由元叉及高阳王元雍主持朝政。边镇起兵，朝廷兵力出外镇压，胡太后的侄子纠集死党发动政变，杀死元叉，奉请太后再次临朝听政。已接近成年的小皇帝不满太后的胡作非为，母子之间大起冲突。孝明帝元诩唯恐大权在握的太后暗害自己，在洛阳又找不到有实力的帮手，就想把有实力的地方军阀召进洛阳来清除太后的势力。他找到的帮手就是羯族首领尔朱荣。

尔朱荣的羯族部落早年曾帮助北魏建国，北魏允许这个羯族部落在北秀容周围 300 里世代聚族而居，不受北魏汉化政策的影响。尔朱荣在镇压边镇起义中乘机招兵买马、扩充实力，逐渐控制了并州地区。有了这个机会，尔朱荣当然不愿放过。这时胡太后已抢先毒死了孝明帝，又拥立了 3 岁的小皇帝。尔朱荣立即起兵，秘密与洛阳的长乐王元子攸联系，许诺奉元子攸为帝。公元 528 年，尔朱荣兵抵洛阳附近的河阴，元子攸前来相会，被奉为皇帝（史称孝庄帝）。尔朱荣则被这位空头皇帝任命为都督中外诸军事、大将军、尚书令，封太原王。胡太后在武力威胁下不得不随王公百官到河阴去迎接这位上台才一天的皇帝。不料尔朱荣出动骑兵包围这批王公百官，自己登上高处，把他们痛骂了一顿后，下令骑兵将胡太后及11个皇族国王、2000多个公卿官员全部诛杀，连元子攸的哥哥也被杀死。史称“河阴之难”。

“河阴之难”消灭了汉化了的、腐败的洛阳朝廷鲜卑贵族官僚，现在主持北魏政治的已是仇视汉化政策的鲜卑族及其他少数民族军阀。第二年尔朱荣在洛阳附近打垮了葛荣率领的号称百万的大军，被俘的葛荣部下有20多万人，由尔朱荣的侄子尔朱兆统辖安置在武州齐郡一带。这批降民主体是原鲜卑族镇兵，本就桀骜不驯，在羯族将领的压迫下又纷纷再次造反。尔朱兆无计可施，召集部下将领讨论。部将高欢建议：“这批人是六镇反叛军人的残余，不可能把他们全杀了，不如派大王的亲信统领，从中挑选头目分别管带，有犯错的就处罚头日。”尔朱兆觉得很有道理，问派谁去统领为好。有个叫贺拔允的建议让高欢去，高欢却猛地一拳打落了贺拔允的门牙，说：“过去跟随尔朱大将军（指尔朱荣）时，奴才们听从命令就如鹰犬一般。现在天下的大事都由大王决定，贺拔允竟敢诬下罔上，请大王处死他。”尔朱兆认定高欢最为忠心，就委派高欢去统领这批流民，想不到恰好给了高欢独树一帜的机会。

高欢的祖先是发配到边镇当兵的汉族人，到了高欢这一代已是完全鲜卑化了，以至于高欢及其子弟都自认为是鲜卑族。高欢参加了六镇起义，失败后被迁到河北，又参加葛荣的军队，后来投奔尔朱荣，为尔朱荣的得力干将。他得到这批鲜卑流民后，以当地缺粮为由，请求移居河东就食。一到河东，他就打出反对尔朱氏的旗帜。他发布号令，向鲜卑族流民说明葛荣之败，是由于没有纪律，所以才会一败而亡。随后他宣布两条命令：一不得侵犯汉族人，二必须服从命令。这批乌合之众从此才比较有了纪律，河东的一些汉族世家大族也因此支持高欢。高欢很快占领河东，并频频进攻洛阳。这时尔朱荣已被孝庄帝杀死，孝庄帝后被尔朱兆杀死，高欢乘着混乱，只用了短短的两年多时间，就消灭了尔朱氏的势力，控制了北魏朝廷。他拥立了一个皇帝，自己为大丞相。可公元 534 年，他所立的北魏孝武帝组织人马要讨伐他，高欢打败了这个倒霉皇帝，孝武帝只得狼狈逃到割据关中的另一个军阀宇文泰那里。不料宇文泰觉得太有主见的皇帝不好控制，过了几个月就暗杀了孝武帝，另立南阳王元宝炬为帝，史称文帝。高欢也立了一个才 11 岁的小皇帝，史称孝静帝。这样就出现了高氏控制下的东魏和宇文氏控制下的西魏对峙的局面。

高欢控制下的东魏占据着今山西、河北、山东、河南等广大地区，他的基本力量是原来的边镇镇兵。高欢作为军阀武夫，认定保持政权的主要方法是武力，文治只是武力的辅助手段，所以他对于北魏末年的弊政及社会矛盾只进行了有限的调整。在政治、经济方面，高欢采取了一些措施以恢复被战乱破坏的北方经济。北方因战乱大量的土地荒芜，高欢主政后立即下令进行均田，让流民与土地结合，并大力鼓励垦荒，发展农业，为政府提供物资，取得了较好的成果。同时在各地设置备战备荒的粮仓，北方的经济逐渐得以恢复。高欢裁撤了 3 个州、153 个郡、589 个县的编制，精简了政府机构。他死后的第四年，他的儿子高洋废黜东魏孝静帝，自称皇帝（史称北齐文宣帝），正式建立了北齐高氏皇朝。

东魏—北齐高氏统治集团从仇视汉化政策的北方边镇起家，掌握权力后就在民族政策上进行了大倒退。高氏统治集团的主体是鲜卑族人及鲜卑化的汉族人、其他鲜卑化的少数民族人，虽然也笼络了不少汉族世家大族进入统治集团，但就其本质而言，他们是非常蔑视甚至仇视汉族人和汉族文化的。尽管高氏皇族及统治集团中的一些头面人物在血统上是汉族人，但他们却习惯自认为是鲜卑人。高洋在准备废魏建齐时，曾问汉族功臣杜弼，治国应该用哪一种人？杜弼说："鲜卑只是车马客，治国还是要用中国人（指汉族人）。"高洋认为杜弼是在嘲讽自己，怀恨在心，在统治局面稳定后最终杀死了这个得力的文臣。齐文宣帝高洋以北方汉族的士族大姓赵郡李氏之女李祖娥为皇后，同样是汉族血统而鲜卑化的大臣高德政、高隆之表示反对，说："汉族妇人不可为天下母。"李皇后生下的太子高殷，从小受舅舅家族的影响，喜好汉族文化，高洋认为太子有"汉家性质"，不像是自己的儿子，几次想废掉太子。有一次高洋命令太子亲自动手杀人，太子胆小，割了几刀还没有把人头割下来，高洋大怒，举起马鞭把太子狠狠抽打了一顿。高洋的弟弟高阳王高湜，在路上见了自己的汉族岳父，连理都不理，说："无官职汉，没必要和他讲礼貌。"高氏统治集团不仅蔑视汉族人，而且还蔑视汉化的少数民族人。如西域胡人后代的和士开，汉化程度较高，就被当成汉族人，他得到齐后主的信任。后来被齐后主的弟弟琅琊王高俨杀死，齐后主发怒要处罚弟弟，主政大臣斛律光劝阻道："天子的弟弟杀一个汉人有什么大不了的。"鲜卑族秃发部人秃发贺投奔北齐，齐武成帝高湛说我们同出一源，赐姓为源。源贺学习汉族天文学，有一次对齐后主的宠臣高阿那肱说起天上出现“龙星”，是不祥之兆，高阿那肱骂他“汉儿懂什么天文星宿”。

出于这样的蔑视、仇视心理，高欢初定中原时，对鲜卑族人为主的军队发布号令说：“汉民是你们的奴隶，男人为你们耕种，女人为你们织布，给你们粮食布帛，使你们温饱，你们为什么要欺凌他们？”而对汉族人却说：“鲜卑是你们的客人，拿了你们1斛粟、1匹帛，为你们打盗贼，让你们得到安宁，你们为什么要恨他们？”这些号令的宗旨就是鲜卑族有权压榨汉族人民，只是这些压榨要有点秩序，而汉族人民只能忍受这种压榨。这可以说是高氏统治集团民族政策的出发点。

高氏统治集团在民族政策上可谓是倒行逆施，务必反北魏孝文帝改革而行之。在语言上，原来洛阳朝廷及南迁的鲜卑人已普遍讲汉语，到高欢掌权，又推行鲜卑语，凡所下达的口头号令都使用鲜卑语，军队、朝廷用语也都改用鲜卑话。汉族官员如能讲鲜卑话，就被重用。有的汉族士大夫还专门教儿子学鲜卑话，弹奏琵琶来取悦鲜卑族公卿。在姓氏上，高氏统治集团将鲜卑人的姓氏改回到原来的鲜卑姓。皇帝即位的礼制也改回到使用鲜卑族的旧俗：黑毡蒙头，向西拜天，然后进太极殿。在文化上，汉族皇朝传统的治国之术儒家学说名义上仍然保留，但中央到地方的儒学学校由于选官不用儒学而形同废止。鲜卑族没有文字，所以朝廷的公文依然要用汉字写成，用汉字签署，可很多鲜卑族官员根本就不会写字。功臣库狄干连自己的名字也不会写，签署文件只写一个“干”字，当中的一竖从下往上划，号为“穿锥”。大将斛律金原名敦，嫌敦字难写，改名为金，可仍然不会写，汉族大臣教他，说在字的上面要盖上个房顶，他才记住了自己名字的写法。

在这样的政策指导下，高氏集团就无法在统治阶级内部保持和平局面，东魏—北齐政权经常爆发鲜卑族与汉族官员之间的激烈冲突。高欢初入河东，汉族大族高敖曹引兵支持，高敖曹后来成为高欢的得力干将。有一次在虎牢关练兵，有部将来报告说，治理黄河的民工淹死了很多，在座的高欢功臣、鲜卑族化的匈奴将领刘贵轻蔑地说："头钱价汉（只值一文钱的汉人），随他去死。"高敖曹大怒，举刀便砍，刘贵逃回本营。高敖曹要发兵攻打刘贵，其他将领苦劝很久才制止了这场冲突。高敖曹手握重兵，鲜卑族将领才不敢招惹他，而对于没有兵权的汉族文臣就不会这么客气了。另一个最早支持高欢的汉族文官功臣李元忠见鲜卑族军阀飞扬跋扈，就主动退让，做官不问政事，终日饮酒消遣，把财产都分给贫民。本来高欢要他做主持朝政的仆射，见他是个醉鬼，只得作罢。儿子请他节制，他却说我觉得做官没有饮酒快乐。但其他的汉族文臣不像李元忠那样消极，总想用传统的汉族皇朝的统治方式来改造高氏政权。东魏—北齐时期汉族文臣与鲜卑族官员发生的这种大规模政争主要有三次。

高欢占领洛阳以后，将他的部将派到各地去当官，这批鲜卑族功臣到处搜刮民脂民膏，吏治腐败之极。他的谋臣杜弼向他进言应澄清吏治，他却说："杜弼，我对你说！天下风气腐败久已成俗。现在有很多将领的家属在关西，宇文泰经常以此招诱，军心不稳。江东还有一个吴老头萧衍，专门搞衣冠礼乐那一套，中原的士大夫都以为那才是正统所在。我要是急于用法整治，恐怕武将都要逃到宇文泰那里去、文臣都要逃到萧衍那里去了。怎么立国？你等着，我不会忘记你的话的。”过了几年，高欢出动大军去攻打宇文泰，杜弼又请他先除去“内贼”，惩治侵扰民间的勋贵们。高欢不答，叫士兵们拉弓搭箭、举刀挺矛，面对面排成两行，让杜弼从中间穿行，杜弼吓得浑身发抖，遍体冷汗。高欢说：“张弓不射，举刀不砍，挺矛不刺，都把你吓成这个样子。那些勋贵们在刀锋矛尖中百死一生，就算是贪得无厌，他们的作用比这大得多。”杜弼连连磕头请罪，说：“愚人不识至理。”可是高欢所依靠的那些勋贵们早已腐败得挡不了刀锋矛尖，在沙苑一战中大败，使高欢没能一举统一整个北方，只得满足于东西对峙的局面。而勋贵们纵情享乐，孙腾、高岳、高隆之、司马子如号为“四贵”，横行不法，高欢这才记起杜弼的话还有点道理。他自己长居晋阳，由他的长子高澄在都城邺城辅政。高澄重用汉族士族崔暹、崔昂、毕义云等人，弹劾诸多权贵。高欢从晋阳写信给邺城的勋贵，警告他们不得再肆无忌惮。他还亲自来到邺城，当着文武百官的面嘉奖崔暹，表示支持。但高欢、高澄死后，高洋准备废魏称帝，鲜卑勋贵们纷纷要求处罚崔暹，高洋把崔暹及他的叔叔崔季舒各鞭200，流放到边远地区做苦工。这第一次鲜卑族与汉族的政争就以汉族士族的失败而告终。

齐文宣帝高洋称帝后起初几年还能够注意政治，随后就愈发残暴无度，不理朝政。他的姐夫、汉族士族杨愔逐渐成为汉族朝臣的领袖。高洋死后，杨愔是受遗诏的辅政大臣之一，即位的是太子高殷（史称废帝），仅16岁。杨愔密谋把高洋的两个弟弟常山王高演、长广王高湛赶到外地，由李太后（高洋的皇后李祖娥）临朝听政。可事情泄露，太皇太后娄氏（高欢的皇后，鲜卑族）与高演、高湛抢先发动政变，逮捕杨愔等一批汉族官员。娄氏大骂高殷：“你怎么纵容这些汉人坏种要害我和你的叔叔！”又骂李氏：“怎么能够让你这个汉老婆子欺负我们母子。”高殷吓坏了，只得说：“我可不敢可怜这些汉人之辈，任凭叔叔处分。”结果这些汉臣全部被杀，高殷也被废黜，高演、高湛相继登上帝位（史称北齐废帝、孝昭帝）。鲜卑族与汉族的这第二次政争又以汉族士族的失败告终。

鲜卑族勋贵与汉族士族的第三次政争更为激烈，这已是接近北齐的末年了。齐后主高纬登上帝位后，原本任用汉族士族的祖珽等人，建立儒学机构；全部用汉族士大夫为县令（东魏—北齐以来，县令大多是由鲜卑族勋贵派出的奴仆担任的，基层吏治因此大坏）；把邺城附近管理鲜卑族军士的京畿府撤销，改由郡县政府管辖，把鲜卑军士的身份改为平民。又借北周的离间计，诬告鲜卑族功臣、齐后主的岳父、左丞相、咸阳王斛律光谋反，结果斛律光被灭族。这些措施都侵害了鲜卑勋贵的既得利益，引起双方的剧烈冲突。鲜卑化的汉族官员韩长鸾动辄大骂汉族人“汉狗大不可耐，唯须杀却”，“恨不得锉汉狗喂马”，“刀只可割贼汉头”等等。他得到齐后主的宠信后，祖珽等汉族大臣对于齐后主已失去了影响力，祖珽也被赶到外地去做北徐州刺史，死于任上。573年，齐后主要去晋阳，一批汉族文臣联名进谏，韩长鸾对齐后主说：“汉儿文官联名进谏，说是劝阻出行，其实未必不是要造反，应该把他们全杀了。”齐后主立即召这批文臣进殿，当场行刑，并把他们的家属流放，妻子女儿发配为女奴，小男孩阉割，没收家产。经过这次屠杀，北齐政权中的汉族文臣不敢再向鲜卑族勋贵挑战，这样的政争才不再发生。

东魏—北齐的倒退的民族政策，延缓了北方各民族的大融合。高氏统治集团的支持力量是那些反对汉化的鲜卑军人，他们在民族压制政策下获得的是无须从事生产的特权，成为一个寄生性质的阶层。这对于鲜卑族本身的发展并没有什么好处，只会带来腐化堕落风气的流行。从维持政权的角度来看，高氏集团的政策带来的结果是统治阶级内部的离心离德，汉族士族阶层不会积极支持政权，所以最后北齐才会被在人力物力上均居于劣势的北周消灭。

由“胡化”而“汉化”
西魏—北周的关陇本位政策与北方的统一

打出“复古”旗号是为了进行政治改革，推行“胡化”政策实际却是为了民族融合。西魏—北周宇文氏政权走的就是这样一条看起来南辕北辙的政治轨迹。

北魏分裂后，宇文泰所控制的西魏政权占据了关中地区，地狭兵少，难以和高氏控制的东魏抗衡。为了确保关中进而经略河东、统一北方，宇文泰及其继承人在汉族士族阶层的帮助下，推行了一整套以关陇地区为根据地、融合鲜卑族首领及汉族士族豪强为关陇本位统治集团、坚持了北魏孝文帝的民族融合路线，顺应了北方民族大融合的历史潮流，西魏—北周政权终于以弱胜强，最终统一北方，并且为以后隋朝统一打下了坚实的基础。

和东魏—北齐政权的高氏统治者一样，西魏—北周政权的宇文氏统治者也是从北魏末年的六镇军人起家的。据史籍记载，宇文泰的小名叫黑獭，祖先为辽东南单于部匈奴族人，原来的姓氏为“俟汾”，意为“草”，后来音转为“宇文”。十六国末年，这个匈奴部落被鲜卑慕容部攻破，他的八世祖率500骑投靠北魏，被北魏道武帝迁徙至代郡武川镇为边防军人，后代逐步鲜卑族化。北魏末年六镇军人起义，宇文泰的父亲率所部参与混战，后被迁至中山安置。不久发生河北起义，宇文泰的父亲阵亡，宇文泰受河北起义军首领葛荣委派为将帅。葛荣被尔朱荣打败后，宇文泰随军迁至晋阳。530年，宇文泰跟随主帅贺拔岳进入关中平定了万俟丑奴率领的叛乱军队，在关中地区站稳脚跟。4年后，贺拔岳被高欢唆使的叛军袭杀，关中诸将公推宇文泰为首，平定叛军，并奉迎逃到关中的魏孝武帝，与高欢对峙。不过几个月后，孝武帝就和宇文泰发生冲突，宇文泰杀死孝武帝，另立跟随孝武帝入关的皇族元宝炬为皇帝。元宝炬在宇文泰的武力挟制下，不敢轻举妄动，做了17年的空头皇帝，史称西魏文帝。宇文泰则以丞相名义大权独揽，开创了西魏—北周政权。

宇文泰占据的关中地区久经战乱，就经济实力而言实在无法与高欢占据的河东地区相比。在政治号召力上，宇文泰毒杀孝武帝，和高欢逼走孝武皇帝相比更名不正言不顺，并不能高举“勤王”旗帜来号令原北魏皇室的忠臣孝子。而在民族文化方面的号召力上，西魏—北周政权也不占据什么优势，要鲜卑化比不过高氏的东魏—北齐，要利用汉族文化更比不上南梁。从军事角度来看，几十万彪悍善战的六镇军人大多归入高欢麾下，宇文泰所部不过是六镇军队的偏师而已，至多不过10万人马。而且鲜卑族军人大多在河东，跟随贺拔岳入关的六镇军人很多是汉族人，宇文泰麾下的名将如寇洛、李弼、赵贵、杨忠（隋文帝之父）、李虎（唐高祖之祖父）、韦孝宽、李贤、李远等等都是汉族人，不过他们中的大部分人祖上就在六镇当兵或做小军官，在一定程度上已经鲜卑化了。当时汉族人被认为是不善于打仗的，如高欢有一次作战时以部将高昂所部多为汉族人，说“汉儿恐不济事”，要增加鲜卑族军人援兵。

534年东、西魏正式分裂后，双方立即爆发了激烈的战争。高欢先是频频招诱西魏的鲜卑族将领率军叛逃，并派部将乘势骚扰。536年，关中地区发生大饥荒，据说到了人吃人的地步，死者十有七八。高欢在第二年就发动进攻，兵分3路：高昂一路进攻上洛，窦泰一路进攻潼关，高欢自己率大军集结于蒲津建造浮桥，扬言要强渡黄河。宇文泰在蒲津对面的广阳集结军队。他分析高欢这一路实际是虚张声势，是为策应窦泰直捣长安，便决心先打败窦泰。可他手下的将领纷纷反对，说舍近处的敌人大军不顾而远袭，万一有误将导致全军覆没。宇文泰说：“去年敌军两次前来侵扰，我军都没有出击，敌人以为我军只会自守，我军出其不意定能取胜。”于是他率6000轻骑兵迅速南下，果然一举歼灭窦泰部1万多精兵，窦泰被杀。这支军队是高欢的主力，一旦被歼，东魏军队无不胆寒，纷纷撤兵。宇文泰趁势发动反攻，出关占领恒农。高欢立即率10万大军从蒲津渡过黄河，攻入关中腹地。宇文泰引军入关，双方在沙苑会战，西魏军在芦苇荡中设伏，邀击东魏军，以少胜多，俘虏东魏军7万多人，缴获大批军用物资，高欢连夜逃跑才免当俘虏。宇文泰下令分3路出击，一路攻洛阳，一路南下攻荆州，一路渡黄河进入汾河流域。连战皆捷，攻下洛阳。高欢集中兵力南渡黄河争夺洛阳，双方在洛阳附近的邙山大战，西魏军先败后胜，杀死东魏名将高敖曹及所部1.5万多人。然而西魏军也损失惨重，将领纷纷引军后撤。宇文泰这次倾巢出动，留守关中的军队很少，原沙苑战役的战俘乘机造反，关中大乱。宇文泰赶紧率主力退回关中，花了很大力气才镇压了战俘的暴动。以后的几年战争中双方依然互有胜负，尤其是543年双方又在邙山大战，第一天的战斗中西魏军失利，宇文泰差一点被俘，第二天东魏军先败，高欢也险遭不测，好在下午东魏军进攻顺利，西魏军大败，高欢率军猛追，一口气打到潼关，但唯恐再遭伏击，收兵关外。

两次邙山之战说明西魏的军事实力不如东魏，尤其是兵力不足，难以持久作战。面对这些不利因素，西魏—北周的统治者采取了一系列措施来力争主动。由于对高欢、宇文泰这样的军阀政权来说，军事问题是性命攸关的，所以宇文泰的改革是以军事为中心来进行的。原来北魏传统的兵制是部落兵制，鲜卑族及其他被鲜卑族政权收编的少数民族“全民皆兵”，而汉族百姓一般不承担兵役，即所谓“兵农分离”制，只有少量鲜卑化的汉族人世袭为兵。经过连年争战，由贺拔岳、宇文泰带到关中的六镇老兵损失殆尽，如不对北魏传统的鲜卑族及鲜卑化的部落世袭兵制加以改革，就不可能在和东魏的战争中占据有利地位。有鉴于此，542年，宇文泰在关中汉族士族集团的帮助下推行了府兵制，对北魏以来传统的兵制进行了重大改革。

起初，府兵制也是一种兵农分离的职业兵制，但其士兵的来源不像北魏那样按照民族区分，而是在关中地区对户等（户等是按照人户资产划定的等级，作为征税的依据）在第六等以上的中上户进行征兵，凡中上户之家有 3 个以上儿子的就必须选择“魁健材力”者为府兵。尤其是在 543 年第二次邙山大战失利后，宇文泰下令“广募关陇豪右以增军旅”，这样汉族人就成为府兵的主要来源。当了府兵就免除其本人的所有赋役，脱离一般的户籍，加入府兵的独立户籍。每个月中半个月警戒巡逻，半个月演习操练。府兵的指挥统帅系统是这样的：西魏朝廷设 8 个“柱国大将军”，其中元欣作为皇族代表只具有象征性的意义，而宇文泰本人“督中外军”是最高统帅。其余的 6 个柱国大将军是李虎、李弼、独孤信、赵贵、于谨、侯莫陈崇，每位柱国大将军之下设两个大将军，每位大将军之下设两个开府将军，每位开府将军各领一军，总共是 6 柱国、12 大将军、24 开府（24 军）。

府兵制并不是单纯的军事制度。宇文泰的真正目的是要造就一个有别于东魏—北齐鲜卑族军阀集团、南梁汉族士族集团的，文武兼备、紧密团结的统治集团。为此他规定凡跟随入关的将领官员一律改籍贯为关内人，和关中的士族大姓同为乡亲，彼此沟通。为了消除鲜卑族及其他少数民族和汉族之间的民族隔阂，宇文泰又倡导胡汉一家，他根据北魏初年“统国三十六、大姓九十九”的说法，把战功卓著的将领封为三十六国之后，功劳次一等的封为九十九姓，汉人将领都按照功劳改所封的姓氏。比如李虎改为大野氏，杨忠改为普六茹氏，李弼改为徒何氏，王雄改为可频氏，等等。原来在北魏孝文帝时改为汉姓的鲜卑族及其他少数民族百姓则全都改回到原来的姓氏。府兵的八柱国制是仿照匈奴族、鲜卑族早期“八部大人”“八国大人”的模式而创立的，按照少数民族的部落兵制的传统，所有的士兵都要改从主将的姓氏。这样一来，汉族将领和士兵都化为鲜卑族部落民众，并且朝廷命官的朝服也都采用鲜卑族的服装。从而就表面上来看，府兵将领都是胡人，凡征召入伍的士兵也就成为鲜卑族人。与北魏孝文帝的化胡为汉的民族融合政策相反，宇文泰是通过化汉为胡来实现“胡汉一家”的。除了改籍贯、改姓氏之外，宇文泰还对府兵将领广赐土地及奴婢，使他们在关中安家落户，真正成为关中的豪族。

将汉人改造为胡人，照理说会导致民族矛盾的激化，可是实际上宇文氏的西魏—北周政权得到了关中汉族士族集团的全力支持，双方并没有发生过剧烈的冲突。这是因为宇文氏推行的胡化政策实际上只是表面现象，可以说他是以胡化的形式推行汉化，他的胡化政策只停留在姓氏、服装及兵制称呼之类的表面层次上，而在政治、文化等更深层次的政策方面，他推行的却是汉化政策。

首先，宇文泰尽力吸引关中的汉族豪强加入统治集团，并保留他们的种种特权，尤其是允许他们保留私人武装，并且将私人武装统一编为乡兵，由当地最有声望的豪强担任“乡帅”，统一指挥乡兵。乡兵平时维持地方治安，有重大战事时征调上前线作战，成为宇文氏政权的后备兵源。乡帅有战功可兼任府兵将领，而府兵将领也可兼领乡兵。如武功大族苏氏子弟苏椿历任军职，后来委派至弘农郡代理太守，宇文泰为了以其名望统帅乡兵，命驿站火速传信，把他追回来担任雍州乡帅。后来苏椿率乡兵在镇压氐族叛乱时立下战功，加大都督，兼府兵将领。又如蓝田豪强王悦，在宇文泰入关时就率乡里私兵参战，屡立战功，在第一次邙山大战时，又率乡兵千余人赶到战场参战，战后又率乡兵远征梁州。上洛豪强泉企、泉元礼父子多次领乡兵保卫潼关，击败东魏入侵的军队。而宇文泰带入关中的各个将领也可在所封赐籍贯的地区组织乡兵，和关中豪强打成一片。宇文泰广泛征召关中的士族豪强加入西魏政权担任官职，使他们有职有权。为了消除官员队伍中的民族隔阂，同样实行化汉为胡的政策，优秀的文官也都被赐予鲜卑族的姓氏，比如柳庆以刚直不阿、善断疑案闻名于朝，得到宇文泰的赏识，赐姓宇文氏；申徽精于吏才，治理地方州郡政绩卓著，也赐姓宇文氏；老臣寇恂以清廉著称，赐姓若口引氏；赵肃长期为法官，执法公正，赐姓乙弗氏。

其次，宇文泰以恢复西周政治文化传统为号召，以图对抗东魏—北齐的鲜卑化倾向，同时超越北魏孝文帝、南朝萧梁所沿袭的魏晋文化。这一措施大得汉族士族豪强的支持，大大增强了关中地区士族豪强的自信心。宇文泰入关后不久就根据汉族僚属的推荐，征召武功大姓代表苏绰。苏绰向他讲述传统的帝王之道及法家申韩之术，宇文泰深为佩服，以苏绰为主要的谋士。苏绰为宇文氏政权制定了完整的行政制度，诸如各类公文的格式、上报下达的规则、户籍制度、统计核查制度等等。并且精简官员，推行屯田。宇文泰建立西魏政权的当年，苏绰制定“六条诏书”，即：“治心身”（要求官员洁身自好）、“敦教化”（要求官员以儒家的礼教教化百姓，实际上也隐有以汉族传统改造鲜卑族之类少数民族风俗习惯的意义）、“尽地力”（发展农业）、“擢贤良”（推荐有用人才，尤其强调选举人才不限门第）、“恤刑狱”（慎重司法）、“均赋役”（平均赋役负担），作为各级政府的施政原则。宇文泰规定，各级地方长官如果不通这“六条诏书”、不懂统计账册，就不得做官。宇文泰又命苏绰仿照儒家经典《尚书·大诰》（内容是周公对臣民的训诫）的文体，作《大诰》宣示群臣，要求群臣的文书风格必须模仿《大诰》，以图扫除魏晋以来的浮华文风。他还命廷尉赵肃按照《周礼》制订法典。府兵制实际是对鲜卑部落兵制的改造，但宇文泰却给它罩上了一层西周制度的外衣，号称是仿照《周礼》记载的西周六军之制，每个柱国大将军领一军。宇文泰还命苏绰为他设计遵照《周礼》制订的国家制度，革除汉魏的旧制。苏绰未及完成即病死，宇文泰又指令儒学大师卢辩继续制订。548年，西魏朝廷按《周礼》之说设官职，以宇文泰为太师，皇族广陵王元欣为太傅，李弼为大宗伯，赵贵为大司寇，于谨为大司空。至556年终告完成，于是颁行全国。朝廷设三公（太师、太傅、太保）、三孤（少师、少傅、少保）、六卿（天官冢宰、地官司徒、春官宗伯、夏官司马、秋官司寇、冬官司空），废除汉魏丞相、尚书、中书之类的官职。官员分公、卿、大夫、士4级，朝廷礼仪、车服器用制度也都按照《周礼》制定。恢复西周制度礼仪具有重要的象征意义，既能够团结关中这片西周故土上的汉族士族豪强，又能够在心理上战胜沿袭汉魏制度的东魏—北齐和南梁。当然，宇文泰及其谋士苏绰、卢辩等人并不是书呆子，他们绝不是为复古而复古，复古只是一种手段，甚至只是一种幌子，比如地方制度仍然保留郡县制，官员的选拔也都是汉魏以来的旧例，丝毫不采用西周那种世袭制，而且强调选官不拘门第资格，和魏晋以来的九品中正制也有所不同。

宇文泰通过上述这些措施很快团结了关中的士族豪强和入关的原六镇军人，组成了一个较为稳固的豪族统治集团——按照近代史学家陈寅恪的称呼，叫作“关陇本位集团”。西魏由此大大加强了政治、军事实力，在和东魏—北齐的战争中逐步获得主动权。550 年北齐代魏，宇文泰率军攻打北齐，虽无功而返，但北齐也不敢反攻。以后 8 年间，北齐向北发展，西魏则向南进军，双方没有爆发重大战事。

宇文泰在全面推行西周式制度的当年病死，他 15 岁的儿子宇文觉继位，可实际权力全都落在了他的侄子宇文护的手中。第二年宇文护废西魏恭帝，拥立宇文觉登上帝位（史称周孝闵帝），正式改朝换代，国号自然是其力图想模仿的“周”。当年和宇文泰一起起兵的老臣独孤信、赵贵等不满宇文护的专横，和孝闵帝密谋诛杀宇文护，不料宇文护抢先下手，杀死赵贵，免除独孤信的官职，并废掉了小皇帝，另立宇文泰的长子宇文毓为帝（史称周明帝）。可不到一年，宇文护又觉得这个皇帝也不好对付，于是又先下手为强，派人毒死明帝，再立宇文泰的四子宇文邕为帝（史称周武帝）。老臣侯莫陈崇微有不满，结果被宇文护逼迫自杀。这样一来，原来的六柱国被宇文护除去了三个。在这些事件发生时，北周整个政治局势依然相当稳定，宇文护治国有方，自任天官冢宰，又兼任都督中外军事，其余五卿皆受其辖制，大权独揽。然而宇文护短于军事才能，564 年他联络突厥大举进攻北齐，又在洛阳附近的邙山和北齐军队大战，因号令不明，周军大败，狼狈退回关中。可突厥在北齐境内烧杀抢掠 700 余里，北齐也大伤元气。双方停战议和，不再轻易用兵。宇文护专权 10 多年，周武帝一直隐忍不发。572年，周武帝召见宇文护，谈完政事后，引宇文护去拜见太后，就在宇文护向太后行礼之际，周武帝用上朝的玉版猛击宇文护头部，亲手杀死了这个威胁到自己生命的权臣。

周武帝诛杀宇文护没有在朝廷内部造成任何动荡，从此这位雄才大略的皇帝亲自掌权。在进一步整顿了朝政后，周武帝于575年亲自部署征齐战略：几路出击，打乱北齐的军事部署；主力攻击河南，然后以逸待劳，和北齐的主力决战，一举消灭北齐主力后，就可扫荡北齐全境。当年按此部署分4路出击，水陆并进，连战皆捷，但就在北齐主力赶到河南准备决战时，周武帝突发重病，只得下令退兵，放弃了所攻占的30多座城市。第二年周武帝又率军卷土重来，这次的主攻目标是高氏集团的老巢平阳。周军渡过黄河后，只用了9天时间就攻下了平阳。周武帝留下一万精兵，由名将梁士彦守城，自己率军退回关中。北齐的齐后主在一个月后才调集大军包围平阳，相持近一个月，也没能攻下这座孤城。周武帝回到长安只过了一天就又动身返回战场，以8万精兵援救平阳，双方在平阳附近决战。齐后主不顾士兵疲劳，抢先进攻，当进攻失利时，他惊慌失措，带了几十名亲信逃离战场，导致全军覆没。周武帝严令各将领率军乘胜追击。齐后主逃到晋阳，无力再战，又逃往邺都。北齐将领在北周军队的穷追猛打下，毫无斗志，纷纷溃散，晋阳城仅两天就告陷落。周武帝领军直指邺都，齐后主把皇位传给8岁的儿子（史称齐幼主），自己继续往东逃命。周武帝穷追不舍，很快又攻下邺都。北齐皇室部分成员逃入北方突厥境内，其余都被北周军队活捉。北周武帝发动的这次灭齐之战，前后只花了4个多月的时间，就占领了北齐全境，得到

50州、162郡、382县、303.25万户。北方再一次实现了统一。

西周的政治制度毕竟不能切合1000多年以后的社会，尤其北周制度所依据的《周礼》一书只是后世儒家对于西周礼制的理想化的追述，掺杂着大量的儒者的空想，按照这本书建立的制度必然滞碍难行。所以北周一直采用灵活变通的办法，并不拘泥于制度的细枝末节。周武帝时期已不再严格遵守宇文泰创立的制度，在统一北方后中原皇朝的正统地位已是牢不可破，为争正统、团结汉族士族的西周名号也就可有可无了，因此在官制方面逐步混用北齐所沿袭的魏晋制度，社会制度方面如均田制等等也转而采用北齐制度，在宇文泰改革的核心——府兵制方面也进行了重要的调整。574年，周武帝下令将所有的府兵军士改为直隶于皇帝的侍官，首先服从皇帝，其次服从统帅，消除了鲜卑族部落士兵的痕迹。周武帝在灭齐后的第二年病死，太子宇文赟登基（史称周宣帝）。周宣帝即位后下令朝廷服装改为汉魏服式。周宣帝昏暴荒淫，只做了一年多的皇帝就让位给8岁的儿子宇文阐（史称周静帝）。外戚杨坚（周静帝之外祖父）为大丞相都督内外诸军事，乘势剪除异己，掌握了北周政权。他下令凡原来改为胡姓的汉族文武官员都一律改回原姓氏，府兵的士兵也改回汉姓，这样一来，外表胡化的府兵制终于以汉化而告终。

杨坚在581年发动政变登上帝位（史称隋文帝），建立隋朝。北方自西晋末年以来首次出现了一个统治全部北方地区的汉族皇朝，正统地位已毋庸置疑。隋文帝得以完全不受北周那套夹生的西周式政治制度的束缚，而继续汉魏的政治传统，建立尚书、门下、内史（原中书，为避隋文帝之父杨忠之讳而改称）、秘书、内侍5省，御史、都水2台，太常等11寺的朝廷体制。宇文泰推行的改革基本上都被遗忘了，然而业已汉化了的府兵制依然保留着。隋文帝还进一步将原来兵农分离的府兵制改造为兵农合一的府兵制。590年，隋文帝下诏，凡军人一律在所在地区落籍，编入州县户籍，和普通百姓一样授予土地，轮换服兵役操练或出征。十六国以来少数民族军人高人一等的特权地位被取消了，为适应战乱频繁时代的职业兵制就此告一段落。隋朝依靠这支亦农亦兵的军队稳定了其北方的边境，并且在589年大举南下，消灭了南陈，统一了全中国。

西魏—北周政权以府兵制为中心的改革，虽然带有"胡化"的外貌，迎合了当时六镇军阀怨恨北魏孝文帝改革的逆流，可是实际上这些改革却继承了北魏孝文帝改革的精神，顺应了北方各民族融合的历史总趋势，因此西魏—北周政权的统治基础较为稳固。在府兵制基础上组成的关陇本位集团，在文治武功各方面都要优于同时期的东魏—北齐政权及南梁政权。所以最后统一中国的是这个集团。隋朝皇室和唐初皇室都出自这个集团，也造就了中国封建社会的兴盛时代。

佞佛抑道与灭佛崇道
南北朝时期的宗教政策

统治者的宗教政策、严厉的行政及司法手段能够影响到宗教的发展方向，在一定程度上左右宗教的发展速度，但总的来说不可能完全灭绝或彻底推行某一种宗教。这是这一段历史给后人提供的启示。

在中国历史上，很少有像南北朝时期那样，宗教在国家政治及社会生活中起到如此举足轻重的作用，而且国家宗教政策的摇摆程度在历史上也是罕见的。统治者有时佞佛抑道，有时灭佛崇道，经常实行走极端的政策，国家政策对于宗教的影响之大，也是历史上所仅见的。

这一时期流行的宗教主要就是佛教和道教。开始的时候道教的社会影响最大。道教实际上和战国时期的道家关系并不大，而和求仙求长生的神仙家及民间巫术的关系要紧密得多。东汉时张陵创立道教，教人悔过奉道，用符水咒法替人治病，凡入道者要缴纳5斗米，俗称“五斗米道”。他的徒弟们尊他为“天师”，所以又称“天师道”，主要流行于巴蜀、汉中一带。东汉末年张角又创立“太平道”，入道无须纳米，教人跪拜悔过，也以符水为人治病。太平道在中原地区广泛流行，张氏兄弟以太平道教组织了黄巾大起义，基本推倒了东汉皇朝。张陵的孙子张鲁传播五斗米道，在汉中建立起政教合一的割据政权。当时的太平道教主要流行于社会下层民众中，对于统治者来说，这是一种威胁到统治秩序的宗教，所以大多采用了禁止或镇压的政策。曹魏时曾多次下令严禁各类非朝廷规定的祠祀巫祝，尤其是禁止太平道教。而张鲁主动归降曹操，曹操为招徕蜀汉及东吴归降，对张鲁十分优待，张鲁及其5个儿子都被封侯。曹操又迁几万户汉中百姓到关中居住，在刘备进攻汉中时，又有大批的汉中百姓流入中原，天师道从此在北方广泛传播。北魏初年，寇谦之对原有的道教进行改造，形成“新天师道”，不再收入道的5斗米，也不搞一般的符水治病，修道可以在家进行，以礼拜修身为主，练气服丹为辅，深得权贵士族的赞赏，在当时的社会背景下很有号召力。南方流行的道教则有宣扬炼丹飞升成仙或长生不老的内容。东晋时葛洪归纳道义，强调信道要修身祈祷，养生炼丹，就能延年益寿，永享人生。东晋时有多次利用五斗米道组织的反抗朝廷起义，尤其是399年至411年由孙恩、卢循领导的五斗米道起义，横扫东晋东部沿海地区，南朝统治者由此对于五斗米道形式的道教流派予以严厉镇压。而葛洪提倡的养性炼丹的道教更适合士大夫的口味，在士族阶层中广泛流传。刘宋时，道士陆修静广泛收集道经，编为经戒、方药、符图“三洞”，又编制各类道教的仪式，以炼丹求仙的内容改革五斗米道为“南天师道”。他的道义后经陶弘景等的发展，成为南朝道教的主流。道教不再成为统治者的威胁，而成为统治者的统治工具。

佛教在东汉时传入中国。魏晋之际，佛经开始大批被译为中文，但信徒大多是读书人。西晋时曾规定百姓不得出家为僧，到西晋末年，距佛教传入中国约已 200 多年，全国的佛寺才 180 座，度僧 3700 人。而到十六国时期，一些少数民族统治者为了增强统治中原汉族人民的信心，寻找统治的根据，开始提倡这一外来的宗教。因为各少数民族政权本身没有什么完整的政治、社会理论，要统治文化程度高于自己的广大汉族人民是非常困难的。他们在政治制度上已被迫采用被征服者的制度，如果在思想文化上再全盘接受汉族的传统，在他们看来就似乎失去了少数民族统治的理由。佛教是外来宗教，“胡人”奉“胡教”好像更顺理成章。特别是刘渊仿照汉族政权的失败，似乎也提供了反面的例证。

后赵政权建立后，石勒、石虎迷信被奉为“大和尚”的西域僧人佛图澄。335 年，石虎在佛图澄的说服下，驳回汉族官员禁止百姓出家的请求，下令所有愿意奉佛的人都可出家。当时中原社会混乱，人民看不到出路，佛教鼓吹来世可得救的教义对于一般民众确实有很大的诱惑力，因此佛教的传播大大加速。佛图澄收了上万名弟子，后赵境内的佛寺达到了 893 座。佛图澄死后，他的弟子释道安致力于翻译、注释佛经，使佛经能够被中国的士大夫接受，并且又为僧众制定戒律，规范了佛寺的活动规则。他在后赵灭亡后逃往南方，在襄阳一带传教。前秦苻坚攻下襄阳，将释道安带到长安。他的影响由此遍及南北。释道安的弟子慧远南下庐山，他和他的弟子广泛传播佛教的教义，在南方有很大的影响。后来另一个西域僧人鸠摩罗什又将印度的大乘佛教传到中国，翻译为中文。佛教的传播基础和教义理论都具有了完整的体系，开始成为中国最重要的宗教。

西晋以后南北长期对立，南北两地的宗教发展也各有不同。南方宗教势力的社会基础是士族阶层。南方道教的主要流派被称之为“丹鼎派”，注重信奉者个人的成仙或长生，很适合士族阶层的要求。南方的佛教也具有类似的特点。东晋初年北方的僧徒支愍度渡江南下，与同行的僧徒商量，说如果用原来的那一套到江东去传教，恐怕连饭也吃不上，他们创“心无义”之说，以适应善于空谈玄理的南方士大夫。僧徒竺道潜是权臣王敦的弟弟，出入相府，谈玄讲经，在士族阶层中有很大的影响。另一个著名的僧人支遁，精通老庄，注释《庄子·逍遥游》，并擅长清谈，闻名于士大夫之间。这样南方的佛教就以义理分析、隐逸自然见长。

由于南朝两大宗教的社会基础是势力强大的士族阶层，而东晋南朝的君权相对软弱，所以朝廷的宗教政策总带有妥协性、调和性的特点。东晋时，僧人见了帝王都不按礼节致敬。权臣庾冰执政，在339年发布“沙门应尽敬王者”的诏书，可朝廷内部的很多大臣都表示反对，诏书毫无实效。60年后，权臣桓玄在其辖境内企图实施这一诏书，名僧慧远写《沙门不敬王者论》，针锋相对地进行反驳，主张出家人没有必要向帝王敬礼。桓玄倒台后，此事无人再提。直到133年后的公元462年，刘宋孝武帝颁布“沙门致敬人主”制书，规定僧尼必须向帝王跪拜致敬，违者鞭面后斩首，才算是在佛教面前树立起皇权的威严。可是孝武帝的继任人前废帝刘子业又把这个法令取消了。由此，可以看到东晋南朝的宗教政策是相当软弱的。东晋南朝的统治者对于宗教问题所持的态度，是在坚持传统儒家“名教”主导地位的同时，企图调和佛、道之间的矛盾，调和佛、道和儒家名教的矛盾。东晋南朝时期曾为此发生过多次激烈的辩论，但这些辩论从来都没有转变为武力压服。因为士族阶层总的来说是尊奉儒学的，他们做官、升官都要依靠名教，而信佛、信道只是部分人的个别行为，就整个士族阶层来说，都不愿为了宗教问题激化矛盾。

南朝朝廷的传统政策是妥协性的，但有不少皇帝是一味佞佛。宋武帝刘裕禅代晋朝的“理由”之一，是有名僧宣告嵩神的旨意：“江东有刘将军，汉家苗裔，当受天命。”表明宋武帝把佛教也作为统治的理论依据之一。他统治期间开始动用朝廷资产建造佛寺，请僧人到宫内设斋。宋文帝也常听佛教讲经，招徕名僧传教。宋孝武帝迫令僧尼礼拜帝王，但这并非出于对佛教的恶感，相反，他对佛教的活动还是很虔诚的。他曾在中兴寺与群臣斋戒 8 天，当发现有两个大臣偷吃鱼肉后竟将其免职。宋明帝将自己原来的住房施舍，兴造湘宫寺，极尽奢华，自以为是功德无量，老臣虞愿却说：“陛下起此寺，皆是百姓卖儿贴妇钱，佛若有知，当悲哭哀愍，有何功德。”宋明帝大怒，把虞愿赶出皇宫。

南齐皇室自高帝时起就尊崇佛教，尤其是齐武帝时长期辅政的竟陵王萧子良，以佞佛著称。他自号“净住子”，创立斋会，讲经论道，还曾舍身佛寺，手抄佛经。他的西邸文士范缜反对佛教，和他辩论因果报应并不存在。范缜又著《神灭论》，全面驳斥佛教的神不灭论。萧子良召集众僧和范缜辩论，都无法驳倒范缜，又暗示一些信佛的官员著文反驳，也不能取胜。萧子良派人对范缜说："你坚持神灭观点，恐怕就连名教也要反对了。以你的才能还怕官做不到中书侍郎吗？何苦要自以为是呢？"范缜说："我要是卖论取官，早就做中书令、仆射了，还在乎中书侍郎吗！"

梁武帝的佞佛更为出名。其他的皇帝佞佛只是相信、优待以至于放纵和尚而已，可梁武帝佞佛却是自己去当和尚，以自己舍身出家为筹码，让群臣用钱赎回自己，来为佛寺"创收"。他在发动内战推倒南齐皇朝后仅两年，就率领着两万多名僧徒在重云殿举行盛况空前的大法会，公开宣布自己愿意皈依佛门，为佛寺之奴。527 年，梁武帝下令建造同泰寺（据考证位于今南京鸡鸣寺），自己到同泰寺舍身为奴。他睡在寺中的便房里，床上挂着一顶百姓用的葛布帐子，用粗瓦盆吃饭喝水，身披袈裟，每天与和尚们一起随着晨钟暮鼓礼佛念经、打扫寺庙，做了两天和尚后才在群臣的劝谏下回来继续做皇帝。过了两年，梁武帝又来到同泰寺，召集僧徒，设四部无遮大会，讲解经文，宣布舍身，在寺中住了一二十天还不肯回宫。群臣惊慌失措，凑了 1 亿万钱，把这位"皇帝菩萨"给赎了回来。从此皇帝常常到同泰寺讲经，并勒令所有的和尚必须吃素。如此"坚持不懈"了十多年，算得上是同泰寺一名编外大法师。546 年 3 月他又到同泰寺讲经，不料晚上发生火灾，寺庙宝塔被烧毁。梁武帝下令重修，要造 12 层的浮屠（宝塔）。大约是为了替寺庙筹集经费，第二年他又到同泰寺舍身，住了 37 天仍不愿回宫，群臣只得再凑1亿万钱为这位“皇帝菩萨”赎身。

梁武帝除了自己佞佛，更要求全国民众都要信佛。他在全国到处建造佛寺，仅仅为了纪念他的双亲，就在钟山脚下造了大敬爱寺，在青溪河畔造了智度寺。建康城里由他下令建造的佛寺就有几十座。钟山一带原来有东晋士族首领王导留下的80多顷田产，梁武帝想把这笔田产买下来施舍给大敬爱寺，可是王导的六世孙王骞不肯卖，说：这田不卖，如果是下圣旨强夺，我也没办法。梁武帝不高兴了，就叫人把田产估价，硬把钱塞给王家。对于享有特权的士族都强买强卖，那对于一般的民众更是公然抢夺了，所以这些寺庙建设给人民带来的是深重灾难。梁武帝做皇帝做到第十年时，下诏宣布自己不再吃肉喝酒。过了6年，又宣布皇帝祭祀天地宗庙所用的牺牲一律改用麦米捏制，以及使用蔬果，不再使用传统的牛、羊、猪，要求民间祭祀活动也不得使用牲畜。更为荒唐的是下令不准民间在布帛之类的纺织品上染织动物形象，免得裁剪时“伤生”。同年他下令废除天下的道观，勒令道士还俗。在梁武帝的身体力行下，南梁的佛教兴盛一时，建康城里的佛寺多达700座，全境有佛寺2846座，僧尼8.27万人，达到了南朝的最高峰。

南陈的开国皇帝陈霸先（史称陈武帝），是吴兴的无赖，先为乡里小吏，后来作为南梁新喻侯萧映的亲兵，以战功起家。侯景之乱时乘机起兵，崭露头角，成为最有实力的将领。他利用佛教笼络人心，在废梁称帝的当年就召集无遮大斋会，祭祀他收藏的佛牙。第二年又学梁武帝的榜样，舍身大庄严寺，并多次到佛寺讲经。这成为南陈皇朝的惯例，以后的皇帝都曾到佛寺舍身。即使是荒淫的陈后主陈叔宝，也曾舍身佛寺。

北朝的宗教政策比南朝要强硬得多。北魏建国后沿袭十六国少数民族政权尊奉佛教的传统，有意识地将佛教作为少数民族皇权的统治工具。这样一来，北方的佛教就具有了国家色彩。信徒的主体也是大众化的，与北方士大夫不尚清谈的风气相适应，佛教教义注重法术及成佛的实践性。到达北方的西域僧人比南方要多，印度佛教的经典大量翻译为中文，僧人对于经典的研究重视承传，不像南方僧人那样好发议论，形成了北方佛教的传统。

北魏道武帝拓跋珪迁都平城的同时就已注意在都城建设中安排佛寺、佛像的位置。他特设专门管理僧徒的官职“沙门统”（后来曾改称道人统，南北朝时佛教僧人也称道人，道教的宗教职业者则称道士），请道安的弟子法果担任沙门统，统辖境内的僧徒，法果则以佛教僧众对朝廷的支持作为回报。他声称北魏的皇帝明智好佛，“即是当今如来”，沙门应该致敬，并说：“能够弘扬佛教的，是人主帝王。我不是拜天子，我是拜佛。”南方的慧远专门论证沙门不应致敬王者，而北方的法果却直截了当、毫不含糊地宣布沙门应该向帝王致敬，甚至称帝王就是如来，明确表明了北朝皇权与佛教的互为利用关系：皇权需要佛教支持，佛教希望皇权庇护。

北魏第三代皇帝太武帝拓跋焘即位后，起初依然沿袭前代尊崇佛教的政策，经常召见高僧，每年四月初八的佛诞节，都亲临检阅僧人及信徒的游行队伍。攻占关中地区后，延请鸠摩罗什的弟子昙始到平城，又与江南的高僧僧朗通信，请教有关佛教的问题。听说北凉有高僧昙无谶翻译佛教的《涅槃经》，而且法术精深，太武帝就威胁北凉国主沮渠蒙逊，要他送出昙无谶。沮渠蒙逊惧怕北魏，只得送出昙无谶，又派人在半路上刺杀昙无谶。然而北魏初年的这 3 位皇帝实际上对于佛教的义理并没有什么认识，他们注重的是佛教的法术、来世继续享受的许诺，所以他们同时对于道教的长生不老术及道教符咒的威力也很感兴趣。就在太武帝即位的当年，新天师道的“天师”寇谦之到平城献上了所著的道经，起初太武帝不怎么相信。以天文星象、足智多谋闻名朝廷，并且为太武帝辅政的唯一的汉族大臣崔浩，本来是讨厌老庄之学的，这时却迅速投到寇谦之的门下成为天师道的信徒，积极向太武帝推荐，并且极力诋毁佛教。太武帝同意在平城设立天师道坛，道教大盛。寇谦之几次献计、预言都得到应验，太武帝遂逐步信奉天师道教的神力，其宗教政策转向尊道贬佛。431 年，下令在各州镇设立道坛，每坛收习道的学生 100 人，7 年后又下令禁止 50 岁以下的人出家为僧。寇谦之称太武帝注定要先武后文，至天下太平，是有道真君。太武帝欣然在 440 年改年号为“太平真君”，442 年又接受天师所授的符箓，表示接受了统治汉族的天命。第二年废除民间神庙及自立的佛寺，禁止私养沙门。445 年发生胡人盖吴领导的反魏起义，席卷了整个西北地区。太武帝亲自前往镇压。途经长安，偶然在一个佛寺里发现了大量的兵器，进一步搜查后发现佛寺中另有州郡长官及当地富豪寄存的巨额财富，酿酒器具，供僧人与士女私通的密室。太武帝大怒，随行的崔浩乘机猛烈攻击佛教害国。太武帝下令杀光长安的沙门，捣毁所有佛寺，焚烧佛像，又下诏全国各地都照此办理。诏书痛斥佛教为“假西戎虚诞妄生妖孽”，规定王公以下在当年2月15日以前必须送出私养的沙门，否则沙门处死，窝藏者“诛一门”。这就是446年发生的“北魏太武帝灭佛”事件。

在平定了盖吴起义后，太武帝再次下诏痛斥佛教是“大奸之魁”“夸诞大言，不本人情”，是汉、晋昏君引入的“胡妖鬼道”。宣布自己要恢复华夏正统的伏羲、神农之治，铲除佛教，“有非常之人然后能行非常之事，非朕孰能去此历代之伪物”。规定“自今以后敢有事胡神及造形象泥人铜人者，门诛”。下令将各地的佛寺、佛像、佛经全部击破烧毁，所有僧人无少长全部处死。这件诏书完全是汉族皇帝的口吻，很可能是崔浩等汉族官员起草的，表明灭佛并不完全是宗教斗争，而是政治斗争的另一种表现形式。崔浩等汉族官员力图用灭佛行动来改造北魏朝廷的少数民族统治性质，为汉族士族阶层争得更多的统治权力。事实上道教天师寇谦之是极力反对崔浩用如此残酷的手段来灭绝佛教的，在这以前，太武帝灭北凉，曾下令屠杀3000多僧人，是寇谦之劝止的。灭佛的当年，寇谦之苦劝崔浩不要屠杀僧人，崔浩不听。

灭佛后的第四年，崔浩被灭族，两年后太武帝也被太监宗爱杀死。鲜卑族大臣源贺等杀死宗爱，拥立太武帝13岁的孙子拓跋浚（皇太子拓跋晃在这之前已死。拓跋浚，史称文成帝），当年（452年）就颁布了恢复佛教的诏书，规定各州郡县设佛寺一座，用财不限，出家大州限50人，小州40人，郡县10人。文成帝还亲自为一些僧人祝发，任命师贤为沙门统。当初灭佛时，皇太子拓跋晃就表示反对，并预先通知了不少僧侣，所以佛教并未被彻底灭绝，很多沙门逃脱性命，佛寺的财宝、佛经也大多转移秘藏。而力主灭佛的君臣竟然都死于非命，这对于僧人来说，是因果报应的绝好例证。佛教卷土重来，统治者的政策又开始回到崇佛佞佛的老路。当年下诏要为文成帝本人雕刻石像，第二年又下诏按照北魏已有的5位皇帝（拓跋浚之父拓跋晃被追谥为景穆帝）的形象铸造金佛像，各高1丈6尺，共使用了2.5万斤纯金，算是“如来即皇帝”这一北朝佛教原则的形象化说明。文成帝复兴佛教的同时并没有压制道教，尽管寇谦之在灭佛后两年病死，但此后北魏的每一代皇帝即位，都仍然要按传统举行接受符箓的仪式，表明承天命统治汉族人民。

文成帝为佛教的管理设立了完整的体系，沙门统（后来改称昭玄统）办事机构原称监福曹，后改称昭玄寺。各地设僧曹进行管理，首领也称沙门统，朝廷的沙门统一般也称沙门都统。这些僧官都由僧人担任。又按照僧人的戒律制订僧律、内律，僧人除犯杀人以上的罪行以外，都由僧曹、昭玄统依照僧律来处理。凉州来的僧人昙曜做了30多年沙门统，大兴佛教。460年按照文成帝的诏令开始在云冈开凿石窟寺，最早的5个窟为北魏的5个皇帝祈福，每窟的佛像都按皇帝的体貌雕刻如来佛，高大雄伟，其中复兴佛教的文成帝雕刻得最为逼真。还遵照北魏献文帝的命令建造了当时号称天下第一的平城永宁寺，其7层塔高达300余尺。昙曜还请求皇帝批准设立了“僧祇户”和“佛图户”制度。僧祇户是佛寺的佃户，每年向各地佛教僧人管理机构僧曹缴纳60斛粮食，就可免除政府的赋役。僧曹将这些收入用于放贷，收取利息，作为佛寺的一个稳定的经济来源。佛图户是佛寺的奴隶，由政府拨给佛寺一些重罪罪犯、官府奴婢，作为佛寺的劳动力，修造佛寺，耕种佛寺的土地。这样佛教势力获得了雄厚的经济基础，佛寺正式成为独立王国。

文成帝以后的北魏皇帝继续实行崇佛政策。孝文帝弘扬儒教，以图建立汉化的皇朝统治，但同时他也注重佛教的作用，并注意到佛寺和政府争夺剥削对象的问题，曾进行“沙汰僧尼”，清理僧尼的户籍。492年又规定禁止私度僧尼，僧曹佛寺每年只能在四月初八的佛诞节、七月十五的盂兰盆节才能剃度僧尼，剃度僧尼的人数也加以限制，大州100人，中州50人，下州20人。然而孝文帝迁都洛阳，客观上又为中原地区的佛教大流行提供了便利条件。他的继任人宣武帝元恪大力推行佛教，使用朝廷财力在中原大造佛寺，在洛阳兴建瑶光、景明、永明等大佛寺，瑶光寺有500多间尼姑房间，永明寺的僧房更多达1000多间，住着3000多名西域沙门。又仿照平城的云冈石窟寺，在洛阳的伊阙山开凿石窟，前后23年动用80多万民工。这位被称为“崇佛天子”的皇帝死的时候，北魏全境内的佛寺已多达1.3万多所，而在38年前他父亲孝文帝即位时北魏全境的佛寺还不到这个数字的一半。宣武帝曾下令僧满50人以上才可立寺，这1.3万多座佛寺至少拥有百万僧尼。佛寺控制下的人口越来越多，已严重影响北魏朝廷的财政收入，宣武帝的继任者孝明帝元诩曾重申孝文帝的度僧限制，并要求地方官监督僧曹剃度，禁止奴隶出家。可是与此同时，朝廷佞佛却变本加厉，如胡太后下令建造洛阳永宁寺，建100丈高的9层宝塔，装饰着120个金铎，5400个金铃。大殿有丈八金佛一座，稍小一点的金佛10座。寺内的楼观僧房1000多间。上行下效，各级贵族官僚也纷纷鼓励兴建佛寺，百姓为躲避政府赋役也纷纷出家或托庇于佛寺。北魏正式分裂距宣武帝之死才 20 年，可是全境的佛寺数量已达到 3 万多座，僧尼总数高达 200 多万人（如果确信佛教书籍的记载的话，这个数字还要翻一番），仅仅洛阳城就有 1367 座佛寺，平均每 80 户就摊到一个，城内二分之一的宅院都变成了佛寺。

北魏分裂后，东魏—北齐和西魏—北周采取了截然不同的宗教政策。东魏—北齐的统治者比北魏后期的皇帝更热衷于崇佛佞佛，并且在崇佛的同时推行贬黜道教的政策，最终进行灭道。而西魏—北周的统治者先是在佛、道之间维持平衡，后来便推崇儒教，佛、道皆废。

和东魏—北齐高氏统治集团推行鲜卑化的国策相匹配，高欢、高澄、高洋都尊崇佛教。尤其是北齐文宣帝高洋在其统治的后期，一方面荒淫暴虐，一方面又是佞佛无度。当时北齐境内的佛寺已多达 4 万余座，僧尼 200 多万。554 年文宣帝策问各地荐举上京的秀才：僧人道士几乎占了民户的半数，赋税大减，国用不足，应该废除哪一个？秀才们不敢乱说，没人提出可行的建议。文宣帝自己的结论是道教耗费钱财过多。第二年文宣帝召集佛、道两方的代表，辩论佛教与道教孰优孰劣。既然皇帝是崇佛的，辩论的结果自然是道教失败，文宣帝就此宣布禁止道教，凡道士一律强迫剃度为和尚，道观改建为佛寺，并杀死 4 个不愿剃度的道士作为榜样，北齐境内不再有道士。然而道士变和尚，政府的收入一点也没有增加，可见文宣帝灭道主要考虑的是要全面尊崇佛教，树立“胡神”的绝对权威。他自己滥杀无辜，可是却极为重视动物的生命，按照佛教不伤生的教义，他在当上皇帝的第7年起不再吃肉，第二年又下令禁止民间百姓捕捞河里的虾、蟹、蛤、蚬，只能捕鱼，还禁止豢养打猎用的鹰鹞。政府祭祀天地日月星辰所用的牺牲都到市场上购买，不准自行屠宰；祭祀社稷、蚕神只能用酒肉；祭祀风神、雨神等等神灵不能用荤腥，只用果饼酒脯。甚至规定民间烧荒集中仲冬之月（农历十一月），免得损伤昆虫草木。文宣帝要把全民化为佛教信徒，让百姓每月小斋6次，每年大斋3次，为佛斋戒祈祷。可他对于中原汉族的神灵就没有这么虔诚了，有一年因为祈雨不灵，把西门豹的祠堂给砸了，还挖了西门豹的坟墓。

文宣帝暴毙后，继任的皇帝依然佞佛。文宣帝时动用30多万民工在邺都建造了金凤、圣德、崇光三台，都高达百尺，穷极奢华，而他的弟弟武成帝高湛却把这三台施舍给了佛寺，三台被改建为大兴圣寺。据佛教书籍的记载，到北齐灭亡时，全境的佛寺已有4万多座，僧尼400多万。当时北齐控制下的全部人户不过303万多户，人口为2000万，平均每5个人要养1个僧尼。

西魏—北周的宇文氏集团势单力薄，割据关中对抗高氏集团，需要汉族士族豪强的帮助，而且也不允许庞大的佛教寺院和朝廷争夺本来就不宽裕的人力物力。宇文氏集团想以恢复西周的礼教文化为号召，对于佛教并不特别热衷。相反对于魏晋以来不太景气的儒学礼教则进行了大力鼓励，宇文泰时就依苏绰建议，朝廷行文仿照儒经《尚书·大诰》风格，按照周礼改建政治制度。

在宗教政策上大有作为的是周武帝宇文邕，他即位后多次在朝中为群臣宣讲儒经，立志要以儒教统一佛道。566年，他在皇宫大德殿召集文武百官、沙门道士，亲自宣讲儒经《礼记》。567年有个名叫卫元嵩的还俗僧人，写了佛道二论，上书周武帝，崇道贬佛，请求废除佛教。道士张宾也著书立说，猛攻佛教。佛教的高僧纷纷著文反击。周武帝在当年两次召集文武百官、道士僧人，讨论佛道的教义。第二次会议的出席人多达2000多人，从南梁来的名儒沈重以儒教的观点解释佛道，受到儒生的欢迎。佛教的名僧甄鸾不服，但不敢公然攻击儒教，第二年著《笑道论》，献给周武帝，专门攻击道教的伪妄。可周武帝看了之后，在朝会时向群臣宣布《笑道论》诋毁道教，应该付之一炬，当场烧毁。另一个名僧道安法师又上《二教论》，崇佛贬道。周武帝本人对道教颇有好感，572年亲自到长安玄都观，升法座宣讲道经，并主持公卿僧道关于佛道优劣的辩论。经过多次讨论，到574年，周武帝又召集文武百官、儒生及沙门道士讨论儒、道、佛三教的先后位次，最终判定以儒教为先，道教次之，佛教为后。佛教徒不甘心排为末尾，猛烈抨击道教。周武帝为了堵住佛教徒们的口，索性在5个月后宣布佛道两教全部废除，和尚道士一律还俗为民，承担政府的赋役；所有两教经典、造像予以毁坏，同时禁止一切国家未规定的淫祀。过了一个月又下诏设立“通道观”，挑选最有名望的120名沙门道士入观为学士，研究讨论两教如何沟通，一以贯之，弘阐“至道”。577年周武帝亲征攻灭北齐，当年就在邺都召集500名僧徒代表，宣布在原北齐地区实行废佛。名僧慧远法师当场抗争辩论，甚至以灭佛者要下阿鼻地狱来威胁周武帝，周武帝说只要百姓得福，我愿受地狱诸苦。僧徒无奈，只得遵命还俗。后来还俗僧人任道林又上书，要求辩论灭佛。周武帝把他召进皇宫，让他站着表达意见。任道林反复争辩，最后周武帝表明态度：佛生在西域，我不是五胡，对佛没有尊敬之心。佛教既然不是正教，就应该废除。任道林词穷，只得请求入通道观钻研。

周武帝宇文邕名为废除佛道两教，实际上是废除当时拥有庞大势力的佛教。整个北方因此而废除的佛寺有4万余座，佛寺的房屋有不少赏赐给了王公贵族做府第，佛寺的财产都被朝廷没收后散赐给群臣。被强迫还俗的僧人有300多万，大批的佛寺奴婢、部曲得到解放。由于准备比较充分，强调三教的融合统一，实施的手段也比较温和，因此没有引起社会的动荡，比北魏太武帝灭佛的成果更大。然而周武帝在578年病死，即位的宇文赟即位才一年就让位给自己8岁的儿子宇文阐，大权落入周宣帝的岳父杨坚手中。杨坚尊崇佛教，就在周静帝即位的当年，他通过这个小皇帝下诏，挑选120名已还俗的有道高僧披发“为国行道”。第二年又允许这120名僧人重新剃度，佛教又开始复兴。到581年杨坚称帝废周建隋后，正式宣布恢复佛教，重修佛寺。当渡江灭陈以后，隋文帝于593年忏悔北周武帝废佛之罪，为重兴佛教捐出财物。于是佛教又一次风靡全国。

南北朝时期各皇朝宗教政策的出发点主要有这样几个：一是要巩固朝廷统治，寻找进行统治的最佳精神支柱；二是企图以宗教势力来帮助进行统治，控制宗教“化民成俗”，为朝廷的统治服务；三是要防止宗教势力过于庞大，和朝廷争夺剥削对象。具体政策的出台就要看皇朝的统治者在这三点中侧重于哪一个。北魏、北齐的政策明显侧重于第一点，而北魏孝文帝、南朝的大多数皇帝及北周武帝的政策则侧重于第二点，同时也相当注意第三点。历史事实证明，完全搞神权政治、依托宗教，尤其是外来宗教对中国进行统治是很难维持下去的，相比较而言，北魏孝文帝、北周武帝等统治者的宗教政策还算是成功的。至少使佛教没有能够取得国教的地位，并且在不同程度上促使了佛教的中国化，促进了中外文化的交流与融合，是符合历史发展的总的趋势的。

宗教是一个复杂的社会现象，南北朝时期各封建皇朝这种大起大落、左右摇摆的宗教政策，反映了当时错综复杂的社会矛盾及政治形势，也反映了各个民族文化交流与融合的困难过程。然而宗教毕竟不是朝廷政策所能完全控制的，朝廷的宗教政策往往只能收效于一时，两次灭佛的成效都不过几年而已，佛教的大流行也并不完全是由于朝廷佞佛所导致的。北魏末年及北齐时期北方佛教有如此大的规模，从另一个角度来看，也反映了地方豪强势力的恶性膨胀，假借佛教名义来逃避政府的赋役，割据一方，朝廷对此也无良策。统治者的宗教政策、严厉的行政及司法手段能够影响到宗教的发展方向，在一定程度上左右宗教的发展，但总的来说不可能完全灭绝或彻底推行某一种宗教。

辉煌的典章
三国两晋南北朝时期的立法成就

春秋时郑国的子产向社会公开法律，晋国的名士叔向写信批评他，说是“国将亡，必多制”。这句话用在三国两晋南北朝时期是不幸而言中。每个朝代都制定有一套完整的法典法规，可是却都不过几十年就亡国，徒然成为改朝换代的摆设。真正发挥其立法成就的却是以后的隋唐时代。

战乱与法律似乎是完全无关的概念，然而有的时候这两个互相矛盾的概念却也会并行不悖，三国两晋南北朝时期就曾经发生过这样的情况。尽管这一时期战乱频繁，皇朝更迭如同走马灯，可是却留下了一部又一部辉煌的法典。这一时期制定的法典，在内容与立法的形式上都深刻地影响了后世的法律，世界 5 大法系之一的中华法系就是在这一时期得以定型的。

这个伟大的立法时代开始于曹魏。

曹操被后世公认为是一位法家人物。传说，有一次在行军时，他下了一道命令：凡损害麦苗者处死刑。可是不料他自己的马受惊窜入麦田，踩倒了一大片麦苗。他把负责军中文秘事务的主簿叫来确定自己的罪名，主簿认为罪名虽然成立，但按照儒家经典《春秋》的原则“罚不加尊”。曹操说：“自己制定法律而自己犯法，怎么能够指挥部下？只是我作为统帅，不能自杀，请允许我自刑。”于是他就拔剑割下自己的一缕头发，算是对自己处以剃光头发胡须的髡刑。

这个故事完全可以说明汉朝法制的特点。汉朝法律承袭自秦朝，而秦朝的法律又是从战国时魏国法家人物李悝的《法经》发展而来的。据说商鞅携《法经》自魏入秦，主持秦国的变法，即以《法经》作为秦国法律的蓝本。以后刘邦建立汉朝，帝王将相大多数是秦朝的小吏，成长在“欲学法令者，以吏为师”的环境中，很自然地承袭了秦朝法律为自己的施政方针。汉朝的法律主要由律和令两大部分组成，以现在的眼光来看，可以说律是以刑法为主的、稳定的成文法规；令则是皇帝发布的诏令，可以说是具有各方面内容的单行法规，其中有关刑事方面的条文在发布该项诏令的皇帝死后往往就改称为律。汉律条文在很大程度上反映了先秦法家的思想，比如法律的规定必须不折不扣地加以执行，“不急法之外，不缓法之内”；官僚贵族只能享受法律所规定的特权，犯了罪也要按照法律处理；法律高度专业化，只能在司法部门长期服务，才能按部就班逐条背诵掌握。当统治者的统治思想转为以儒家思想为主导以后，这些规定既不受官僚贵族的欢迎，也不受儒生出身的司法官员的欢迎。汉武帝时大儒董仲舒为司法部门解决疑难案件时，他撇开法律条文，援引儒家经典，尤其是《春秋》中的某些原则定罪量刑，号为“春秋决狱”。这在以后的汉朝司法实践中成为惯例，凡是被认为不宜照常适用法律条文的疑难案件都可以援引经义进行裁判。曹操让主簿为自己定罪，主簿就按照当时的惯例，以《春秋》经义来为曹操开脱，而曹操故作姿态，颇有法家“术”派的遗风。

汉朝律令众多，而且高级司法部门如廷尉所做出的典型判例（称为“决事比”）也可援引裁判，“春秋决狱”就是以这种形式逐渐推广的。另外东汉时一些儒学大师更进一步以儒家学说注释法律条文，号为“章句”，也具有司法效力。这样一来，法律芜杂不堪。仅司法时可以援引的章句就有十几家，每家几十万字，总共 2.62 万多条、773.22 万多字，没有哪个法官能够全部掌握。因此到了汉朝末年，法制改革已无法回避，主要必须解决的是两大问题：法律内容与业已改变的统治阶级指导思想的统一问题，众多法律形式的简化及法律解释的统一问题。

尽管曹操富于改革精神，但他执政时期忙于军事问题，而且“挟天子以令诸侯”，还需要汉朝这面旗帜，不便对汉朝法制动大手术，仅仅制定了一些单行条例，号为“甲子科”。还制定了大量的军事法令，如“军令”“军策令”“船战令”“步战令”等等。为了邀买人心，又曾下令，凡按照汉律判刑后，一律减半执行刑罚。在他死后，实现了改朝换代，才有可能、也有必要全面彻底地进行法制改革。不过曹丕统治时忙于稳定统治，也没有来得及制定新法典。直到注重法制的魏明帝曹睿登基后，制定新法典的工作才正式开始。229 年，公布了曹魏的《新律》，大约在此前后又整理编制了《州郡令》《尚书官令》《军中令》等等法规。

曹魏的这次立法活动意义深远。首先，它开创了开国之初就制定一整套法典的惯例，为以后各朝各代所继承。其次，它开始明确律作为完整的、自成体系的法典，与其他的各种法律形式不相混淆，在国家的法律体系中具有最高的地位。而令被作为规定国家各项制度的法规，不再直接和皇帝的诏令关联，这样就初步克服了汉朝法律的一个缺陷。再次，曹魏《新律》的编制体例有明显的进步。《新律》共由18篇组成，第一篇为“刑名”，由《法经》的“具法”、秦汉律中的具律改名扩充而成，集中规定全律定罪量刑的基本原则，相当于现代刑法典中的总则。过去具法在《法经》六篇之末，而具律夹杂于秦汉律各篇之中，地位不够突出，《新律》把总则性质的“刑名”置于律首，强调总则对于全律的统率作用，是立法技术的一大进步。这种开头设有总则的法典，欧洲要在1000多年以后才出现。

尤其重要的是，《新律》开始把儒家提倡的礼教原则制定为法律条文。比如儒家经典《周礼》有“八辟”之说，认为在西周时，凡国君的亲属、故旧、德行高尚的贤人、才干卓越的能人、立有大功的功臣、地位崇高的贵人、长期勤恳服务的大臣、前朝国君的后代，这8种人犯罪，都不能直接按照法律处理，应该由国君与宰辅大臣商议决定。《新律》按照这一说法，设立“八议”制度，凡这8种人犯罪都予以优待。又比如，曹丕时曾以族诛严厉处罚私自复仇的行为，《新律》则按照儒家君子仁人应为父母、兄弟、朋友报仇雪恨的说法，规定受害人亲属可以追杀逃犯。《新律》还正式废除了商鞅变法时确定的成年男子必须与父亲分家的法律，以图实现儒家提倡的父子无异财的理想，这样就开始解决法律内容与统治者现行指导思想不完全吻合的矛盾。

曹魏《新律》开创的法制改革在35年后得到进一步发展。264年司马昭统揽曹魏朝政，封为晋王。他在当年就下令组织人员修订法律，历时5年，至西晋代魏后的泰始四年（268年）才正式完成，颁行全国。其中的律也称“新律”，历史上一般称之为“泰始律”、晋律，共有20篇，620条（一说1530条）。晋律将曹魏《新律》的刑名改为刑名、法例两篇，置于律首，集中规定全律的适用原则。同时颁行的晋令共有40篇，2306条，详细规定政府各部门的活动规则及社会生活各方面的制度，从而使令最终与皇帝的诏令脱钩，成为与律并行的、独立的、完整的法典。律令之外又有“故事”30卷，记载政府各部门活动的惯例。为了解决汉朝时对法律的解释出自各家、影响司法的问题，在公布了晋律后，又将张裴、杜预对律条所作的注解尊为权威，效力高于其他的注解，号为“张杜律”。在法律的内容上，晋律进一步将儒家的学说原则定为法律。最突出的是将儒家按照丧服划分亲属的学说确定为法定亲等制度，号为“准五服以制罪”。另外又按照“罚不加尊”的经义，规定凡公侯有罪都不受体罚刑讯，只需以钱赎罪；官员犯罪，免去官职就可以抵三岁刑，所谓“以官当徒”。

在西晋以后的岁月里，与南北分治的政治形势相一致，法律的发展也分为南北两支。南方的东晋依然沿袭晋律、令、故事，以后的刘宋、萧齐也仍然沿用这套法律。237年间，皇朝换了3代，而法律却依然故我，保持着稳定。萧齐时曾试图把张裴、杜预的注解合为一书，可即使是这样有限的改动也没能贯彻实施。这与其说是表明晋律的完美无缺，还不如说是东晋及宋齐统治者根本不重视法律、因循守旧的明证。南梁代齐的当年，梁武帝就下令修改法律，公元503年颁行了新的梁朝的法律。梁律的篇章结构一如晋律，仍为20篇，只是篇名略有调整。梁律是按照萧齐合并"张杜律注"的底本修订晋律的，不少律注的内容加入律条，因此条文增加至2529条。梁令有30卷，也由晋令脱胎而来。南梁又将晋朝的故事改称为"科"，编为梁科30卷。以后南陈代梁，又将梁律、令、科修订一通，基本沿袭。较有特色的是创立了"官当"制度：做官的人若是犯有应判四岁、五岁刑的，可以用官品抵当两年，剩下的年份才需要"居作"服劳役；若是犯有应判三岁刑的，可以用官品抵当两年，余下的一年只需交钱赎罪就可以了。这样就把"罚不加尊"的经义进一步法条化了。

和因循守旧的南方不同，北方的法律改革要频繁得多。即使在十六国战乱时期，石勒、苻坚也曾制定法律，对原有的晋律略加变动。鲜卑拓跋氏原来活动于蒙古高原时期还没有成文法，建立代国后仍然实行习惯法，杀伤、偷盗都以赔偿马牛了事，明显具有游牧民族习惯法的特点。自建立北魏入主中原，统治者深感本族原有的习惯法无法统治广大的汉族人民，因此在汉族世家大族的帮助下进行了5次大规模的立法，所制定的法律完全按照中原汉族的法律传统，以成文法典为主体，并且对于魏晋法律进一步加以改进，成为后世立法的基础。

拓跋珪建魏的当年就以简易为原则对中原旧有的法律进行改造。33 年后北魏太武帝请汉族士族首领崔浩改订法律，这时的法律仍然比较简单，共 391 条，但鲜卑族遗风已不多见。以后北魏还进行了几次法律修订，不过最重要的是 477 年开始的由北魏孝文帝主持的法律修订工作。北魏孝文帝极其重视法律，在位时期多次与臣下讨论修订法律，并亲自执笔定律。比如他认为当时的法律规定，子女对父母不礼貌只不过判处髡刑，有悖于儒家礼教所说的“三千之罪，莫大于不孝”的教条，要求加重处罚。这次制定的魏律在 491 年颁行全国，共 20 篇、832 条。同时颁行的还有魏令。

北魏分裂后，东魏和西魏都曾修改法律。西魏大统元年（535 年），西魏将最重要的法规汇编为“大统式”。西魏的苏绰又制定“新制二十四条”为官员应遵守的主要法规，以后又颁行“六条诏书”。541 年东魏也将现行的一些单行法规编为一部，因为是在皇宫麟趾殿进行的修订工作，所以称之为“麟趾格”。不久以后，北齐代东魏，北周代西魏，又开始新一轮的法典编制。

北齐正式建国 14 年后，经过长期的准备，于 564 年颁行了全新的律、令。北齐律的主要起草人是封述，封氏一族为河北大姓，先祖累世为西晋、前燕、后燕、北魏各代高官，封述本人长期担任主管审判的大理寺卿，以精通律令制度而闻名。其他参加修律工作的官员中也有不少硕学大儒，对于历代法律进行了充分的讨论研究，史称“校正古今，所增损十有七八”。因此北齐律结构紧凑，文字简练，是南北朝时期最优秀的法典，后来成为隋唐立法的蓝本。北齐律总共 949 条，由

12篇组成，第一篇为“名例”，是将晋律的刑名、法例两篇合为一篇，规定全律定罪量刑的基本原则，恰似近代刑法典的总则。从此以后中国历代的法典第一篇都为名例律。以下各篇分别规定各类主要罪名及其刑罚，与近代刑法典的分则相当。在内容上，北齐律继承了魏晋以来法律改革的成果，最具特色的是创立“重罪十条”制度，即将全律中被认为对统治秩序危害最大的罪名归为10类，即：反逆、大逆、叛、降、恶逆、不道、不敬、不孝、不义、内乱，凡犯有这10类罪名的罪犯，一律不得在大赦时赦免罪行，官员贵族也不例外，而且还不得享受八议、赎免之类的特权。这些后来被隋律稍加改动后改称为“十恶”（即：谋反、谋大逆、谋叛、恶逆、不道、大不敬、不孝、不睦、不义、内乱），一直沿用到中国封建社会的结束。北齐的令是由魏晋的令及惯例“故事”改编而成，按照中央行政机构尚书省的28曹分篇，共有40卷。还把一些被认为不宜于作为“定法”的法律编为“权令”，把单行条例总称为“格”。

与北齐对峙的北周，一心想用西周继承人的名义号令天下，宇文泰事事仿照儒家所传承的周礼，制定法律也不例外。他命令主管审判的廷尉赵肃按照儒家经典《尚书》《周礼》来起草法典。赵肃是素族出身，历任的官职都是司法职务，实在无法将深奥迂阔的儒经和现行实用的法律捏合在一起，几年都没有成功，忧愁交加，以至于得了心脏病，只得辞职，回家不久就死了。他的遗稿在经过进一步修订后，于公元562年颁行，为了与儒经《尚书》中周公告诫臣民的《大诰》相当，称为“大律”。大律共有25篇，1537条。从现存的史籍记载来看，北周大律确实如史籍所评论的那样“烦而不当”，今古杂糅，礼律凌乱。有的规定明显是不可能实行的。比如，大律设定5种刑罚，每种5等，其中的流刑按照《周礼》的说法，从500里到4500里分为5等，可是北周当时统治的只不过是关中地区，无论从东到西，还是从南到北都没有4000里，绝没有把罪犯流放到4500里以外的可能。因此虽然在政治上、军事上是北周打败了北齐，可是北齐的法律却战胜了北周，当杨坚废周建隋后，把北周的法律抛在一边，主要依据北齐的法律来制定隋朝的法律。这就是开皇三年（583年）颁行的隋《开皇律》，12篇篇名与北齐律几乎完全相同，共500条。以后唐朝又以《开皇律》为蓝本，制定了举世闻名的唐《永徽律》及其法定解释《永徽律疏》（两者在后世被合称为《唐律疏议》）。而唐律不仅被宋朝沿用，在颁行700多年后又被明朝奉为制律蓝本，是中华法系最具代表性的法典。追根寻源，北齐律对中华法系的发展功不可没。

总之，这300多年间的立法成就主要有：形成每一个皇朝建立之初就制定颁行整套法典的惯例；规范了各类法律形式，尤其是确立了律（作为以刑法为主的法典）、令（作为以规定政治、社会各方面制度的法典）两类法典，并辅之以科或格或式的（作为单行法规的汇编形式）中华法系特有的法律体系；完善了法典编制的体例，尤其是律的编制体例；初步实现了儒家的礼教与原本发源于法家理论的法律的完美结合，即所谓“礼法合流”，法律与统治阶级政治主导思想基本实现了统一。可以说这些立法成就最终奠定了中华法系的基础，对于后世中国法律的发展具有极其深远的影响。

令人惊异的是，在地球另一边的欧洲，也在这同一时期进行着大规模的法典编纂活动。当时统治着环地中海地区的罗马帝国，尽管在政治上正走下坡路，内部纷争不断，外部异族入侵，然而在法律的改革及法典编纂上却是硕果累累。公元2—3世纪，罗马法学家英才辈出，公元426年的《引证法》确立了5大法学家的权威，统一了对于法律的解释。从公元295年的《格里哥安法典》，公元438年的《狄奥多西法典》，直至公元528—534年先后公布的、集罗马法大成的《查士丁尼法典》《法学总论》《学说汇纂》《查士丁尼新律》（以上四者在后世被合称为“国法大全”“民法大全”），将古罗马法发展为完整、严密的体系，其影响力一直延续至今天的大陆法系国家的法律。世界的两大文明几乎完全在同一时刻、在相似的环境下进行着法律的改革定型，这真是人类历史的惊人巧合。

然而需要指出的是，三国两晋南北朝时期的立法有着就法律言法律、脱离社会实际的倾向。当时的立法在很大程度上是各皇朝争取正统地位的政治策略，尤其是北朝的立法，出于吸引汉族士族阶层支持少数民族皇朝、认同少数民族皇朝统治的政治需要，力求比南朝的法律更符合儒家礼教的要求，其中最为典型的就是北周，居然完全按照儒家的经典来进行立法。至于这些立法是否符合当时的社会实际、是否能够切实实施，并不是当时的统治者所考虑的重点。因为这一时期统治者大多以武立国，统治秩序的维护主要是依靠军事手段，法律只是辅助性质的统治工具。在这样的历史背景之下，立法却可以进行纯法理的探讨，不用顾忌法律的实施问题，按照法理完善法律的条文。所以从现存的北朝法律内容来看，几乎找不到少数民族统治及少数民族习惯法的痕迹，完完全全是以儒家正统礼教为主导、辅之以法家手段的“正宗”的中原传统法律体系。可是正因为如此，这些辉煌的法典常常成了束之高阁的“书面法律”，对于少数民族统治者来说只是装点门面的摆设，其切实实施还有待于一个和平、清明的政治环境。

“急于黎庶，缓于权贵”
三国两晋南北朝的司法

据说古代的“法”字的三点水部首就是代表法律应该像水一样公平的意思。可是在三国两晋南北朝时期，不仅法律本身不公平，司法审判更是不公平，有权有势者可以公然凌驾于法律之上。于是社会混乱、法制威信扫地也就是必然的结果了。

南梁时，有一次梁武帝到南郊去祭祀上天，车驾走到半路上，忽然道旁有个白发老人高声喊叫，要拜见皇帝。梁武帝下车接见老汉，以为老汉是要当众对他歌功颂德，可是没想到那位老汉对他说的是：“陛下为法，急于黎庶，缓于权贵，这不是长久之术。如果能够改正，天下人都有救了。”

实际上这位老汉所说的“急于黎庶，缓于权贵”这句话，不仅可以用来指责梁武帝，而且也可以说是对三国两晋南北朝时期司法状况的高度概括。

所谓“急于黎庶”，就是指司法机构对于普通平民百姓犯罪案件，苛求罪名，轻罪重刑。

南齐时，王敬则为吴兴太守，当地社会秩序不良，经常有拦路抢劫的案件发生。王敬则的对策是用重刑滥杀来遏制。有一个十几岁的少年在路上拾到了别人遗失的包裹，王敬则不分青红皂白，就将少年抓起来当作强盗，在大路上砍头示众。据说从此“路不拾遗，郡无劫盗”。

南齐时孔琇之为吴县令，县里有个10岁的儿童偷割了邻居田里一束稻，孔琇之知道了，下令把那个孩子抓起来治罪。手下的僚属劝他宽大为怀，他却说：“十岁便能为盗，长大何所不为。”照旧判刑，“县中皆震肃”。

北魏时李洪之为秦、益二州刺史，到任后宣布，凡带刀行走的与抢劫同罪。他先遍请两州境内的豪强长老，宣布这项命令。然后派人在各个交通要道拦路搜查行人，发现带刀的就抓起来送到州衙门判刑，枉杀无辜百姓数百人。

还有的司法官员从儒家的礼教观念出发，无中生有判人有罪。如刘宋时，沛郡相县有个叫唐赐的，到邻村饮酒回家后生病，吐出十几条蛔虫，不久就病死了。他临死前嘱咐妻子张氏，自己死后要剖腹验尸，查明死因。张氏在丈夫死后按照丈夫的遗嘱进行了尸体解剖，她的儿子知道了这件事，并没有阻拦。不料有人去告发他们，说他们母子残害家长的遗体。按照当时的法律：伤害他人尸体，处四岁刑；妻子打伤丈夫，处五岁刑；子不孝父母，弃市。可这3条法律都不能适用于这个案件。而且这件事被告发以前朝廷刚发布过大赦，按照古代法律，官府不得受理赦前发生的案件，以赦前事告发他人的要按诬告罪处以反坐。所以，官府根本就不能受理这件案子。有的官员认为张氏是遵从丈夫的遗命行事，不是存心损害丈夫的遗体，应该无罪。吏部尚书顾觊之却说："法律规定移动路上的尸体都算是不道重罪，更何况妻子行常人所不行之事。不能曲通小情，应当按大道理来办。"他建议判处张氏为不道罪，唐赐的儿子为不孝罪——两个都是死罪。这个意见得到了皇帝的批准。

同样在刘宋时，曾有百姓杀死当地行政长官的案件，由于正好遇到大赦，罪犯被赦免死罪，按照当时的规定，死罪罪犯遇赦应该迁徙遣送至2000里外避仇，防止冤冤相报、复仇不已。尚书右仆射刘秀之不同意这种说法，认为："法律上虽然没有平民杀死官长的特别规定，但如果罪犯可以因赦而迁徙遣送的话，就和普通的杀人没有一点区别。民敬长官，比之父母，罪犯即使是遇赦，仍应该终身服苦役，家属应该补兵（编入士兵的专门户籍）。"他的观点也得到了皇帝的批准。

值得注意的是，上述的这些案例都是在政治局势比较稳定的时候，由司法机构按照正常的司法程序做出的判决，而且是被当时的史学家作为正面的、被认为是正确的做法而记载下来的。三国两晋南北朝时期，由于战争频繁，很多情况下都采用"军法从事"，滥用死刑、重刑的现象比比皆是，至于滥杀无辜、草菅人命的事例更是举不胜举。如北魏虽然有正式的律令，但实际上常常以军令从事，每年处死的人常在万人以上。史称北魏"刑罚滥酷"，百官"咸以深酷为无私，以仁恕为容盗"。由此可见，三国两晋南北朝时期实际的司法状况是如何"急于黎庶"的。

所谓"缓于权贵"，就是千方百计为有权有势的人开脱罪名。除了图谋反对皇帝以外，其他的罪名很少会加在皇亲国戚、世家大族的头上。两晋时“举贤不出世族，用法不及权贵”，这方面的事例更是不胜枚举。

东晋时名士孙盛为长沙太守，贪赃枉法，秽声四闻。荆州刺史桓温派出的部从事前来监察，明知道孙盛的劣迹，可因孙盛的名气太大，并不弹劾。孙盛与当时的清谈名士殷浩齐名，殷浩谈论老庄号为天下无对手，可和孙盛清谈就无法折服对方。有一次两人整整谈了一天，饭菜端上了桌也顾不上吃，孙盛谈到得意之处，奋力抖动麈尾，麈尾的毛都掉在了饭菜里。这在东晋朝野传为美谈。孙盛知道部从事曾到郡中巡查后，毫不在意，竟然写信给桓温，嘲笑那位包庇他的部从事：“进无威凤来仪之美，退无鹰鹯搏击之用，徘徊湘川，将为怪鸟。”桓温觉得这太不给自己面子了，又派了一位部从事前去彻底清查，揭露孙盛“赃私狼藉”，把这位大名士关入囚车，押到荆州。可是等到真抓来了，桓温又不愿意因此得罪世家大族，把孙盛放了，这事就不了了之。后来孙盛照旧升官，仍居清要高职。

东晋时有的世家大族代表也看到了这种司法的弊病，比如大姓庾氏掌权时，庾翼写信给主持朝政的哥哥庾冰，说江东的政治弊病就在于讨好豪强，祸害百姓，“时有刑罚，辄施之寒劣”，而放过豪强。他在信中举例说，当时建康卫城石头城的粮仓里累计被盗仓粮上百万斛，盗贼全是守城的主将，可结果是把看守粮仓的小吏拿来顶缸，处死一批了事。有个叫山遐的官员担任余姚县令，到任才 80 天，就清查出豪强挟藏的户口 2000 多户。按照当时的法律规定，私自挟藏户口是死罪。山遐逮捕了当地挟藏户口的豪强虞喜，准备按照法律处以死刑。当地豪强群起而攻之，纷纷到朝廷为虞喜辩护，说虞喜屡次被推荐为官都不就行，是有“高节”，并诬告山遐擅自多造了县衙门的房屋。当时主持朝政的王导居然下令将山遐逮送朝廷问罪。山遐向所属的会稽内史请求宽限他百日，抓住全部挟藏户口的罪犯后再去京城受审，可朝廷不同意。最后山遐被免官，虞喜的案子也不了了之。

中国古代的法律都规定一户犯罪，左右邻里都要连坐受罚，在法律上并没有规定如果邻里是士大夫就可以免除连坐。但两晋南北朝时，士大夫从不受左右邻里的连坐，邻里有罪，应该连坐的士大夫都被法官宽大放过，即使是重大案件，上报朝廷后也都是被皇帝“恩宥”。造成士大夫犯罪庶人邻里连坐，而庶人犯罪士大夫邻里无须连坐的现象，引起了庶族阶层的强烈不满。刘宋初年为了解决这个司法难题，朝廷专门召开会议讨论。经过激烈的争论，最后得出的结论是：庶人平民仍然必须受犯罪士大夫的连坐，而士大夫原则上没有不受连坐的特权，但如果庶人邻里犯重大罪行，士大夫可以以自己的奴婢去顶连坐的罪名，由奴婢代受处罚，没有奴婢的士大夫之家也可以用钱财来赎连坐之罪。就连这个调和性的结论也没有形成正式的法律，对于司法部门并没有什么必须执行的权威性。尤其是在世家大族集中的建康城，士大夫仍然丝毫不受邻里的连坐。

自东汉起，按照儒家所言西周时“鞭作官刑”的说法，法律规定上级官员有权对犯轻微罪行的或办公事出差错的下级官员进行鞭打或杖责。曹操统治时，曾经很严厉地施行这项法律，但从曹丕开始，这项法律就逐渐被架空了。两晋时期，士大夫犯罪从不受体罚，法律规定形同具文。刘宋建国后，宋武帝刘裕下诏，说杖罚虽有法律规定，可是要确证某项罪名却很麻烦，真的施行杖罚，官员们又都受不了，法律等于虚设，不行杖罚又对犯罪无法处罚。他要求司法部门研究解决办法。然而司法部门似乎也没有拿出什么好办法，这个问题直到南梁时依然存在，梁武帝也曾下诏要求对此做出明确的规定，可是结果又是不了了之。只有少数民族统治的北朝，对犯罪官员是确实施行杖罚的。

中国古代审理案件总是要动用刑讯的，秦汉以来的法律都规定对于犯罪的官员也要进行刑讯。南朝时刑讯有“测立”制度，犯罪嫌疑人要先受鞭二十、笞三十，然后戴上枷等戒具站在一个高 1 尺的圆顶土垛上，每天站立两次，每次时间为 7 刻；间隔 3—5 天，重复进行，经过测立拷打累计达 150 下还不认罪的，可免死罪。士大夫官员给予优待，用断食代替测立：断食 3 昼夜（古代每 100 刻 1 昼夜）可进粥 1 次，总共 1000 刻后仍然不认罪的，可算无罪。尽管已有这样的优待，可实际上士大夫官员极少有受测的。南梁时，武昌太守何远被诬告贪赃枉法，关在廷尉府受审，他不服罪，自愿受测立摆脱罪名，算是当时绝无仅有的硬汉。

南梁梁武帝是这一时期执法“缓于权贵”的最为典型的代表。他登上皇帝宝座后，总结刘宋、萧齐短命而亡的历史经验，认为主要是朝廷对皇族、权贵过于提防猜疑，造成骨肉相残的惨剧。他当了皇帝，就力图以骨肉恩爱来代替骨肉猜疑，这种恩爱的具体表现就是凡皇族权贵犯法都免予追究，朝廷大臣犯法都暗示或明示司法机构予以宽大处理。比如梁武帝的弟弟临川王萧宏，公元505年担任诸军都督，统率梁军大举北伐。梁军声势浩大，装备精良，北魏的将领认为是100多年以来未曾见到过的南方劲旅。可是萧宏胆小如鼠，逗留在洛口近一年不敢前进，兵疲师老，在一个暴风雨之夜一哄而散，萧宏带了几个亲信抢先逃命。如此丧师辱国的逃兵统帅，居然一点都没受到处罚。萧宏热衷于巧取豪夺，恣意聚敛财富，他在建康放债，债务人要以土地、房产为抵押，债务一到期就把债务人赶出家门，造成大批居民流离失所。他家里的库房有上百间，平时严加封锁，有人向梁武帝告密，说临川王密谋造反，在库房里藏着大批兵器。有一次梁武帝到萧宏家里喝酒，故意借着酒醉，闯到萧宏的库房去查看。萧宏唯恐自己来路不正的财产被发现，一脸惊恐，梁武帝更加怀疑，执意逐间细看，发现这些库房堆满了钱财：铜钱每百万一聚，树一个黄榜；每千万一库，树一个紫榜；一共有30多库。其他房间里堆积着布、绢、丝、绵、漆、蜜、苎、蜡、朱砂等。梁武帝知道萧宏只是聚敛钱财就放心了，根本不问这些钱财是怎么得来的，说："阿六，你日子过得真是不错！"萧宏的儿子萧正德，曾过继给梁武帝为子，后来梁武帝有子又回本房，因此心中悻悻，投奔北魏，自称是"被废太子"。在北魏没有得到重用，再逃回南方。梁武帝对这样的叛逆只是垂泪教训一番，依旧让他官复原职。萧正德和弟弟萧正则以及另外两名权贵子弟，号为建康城里的"四凶"，经常带领一批无赖在道路上杀人，号为"打稽"，抢劫钱财，夺人妻妾，略人子女，无恶不作。司法部门对他们却无法执法。建康城里居民晚出早归，不敢单独行走。后来萧正则劫杀和尚，才惹恼了梁武帝，被迁徙到岭南。

梁武帝这种骨肉恩爱造成的结果是比宋齐时更为丑恶的骨肉相残局面。当侯景起兵反叛时，萧正德与侯景勾结，迎侯景进入建康城，自称皇帝。侯景攻破台城（宫城）时，他还亲自操刀要杀梁武帝，后来又与侯景发生冲突，被侯景杀死。梁武帝的儿子萧纶乘乱割据郢，萧绎割据江陵，萧纪割据益州，梁武帝的孙子萧詧割据襄阳，他们以勤王的名义起兵，都自称是皇位继承人，彼此交兵，并都向北朝称臣请求援助，坐等梁武帝及其太子萧纲被侯景杀死，最终导致南梁的灭亡。

南梁时政府的监察机构已不能正常履行职责。世家大族环环相扣，得罪哪一家都不行。尤其是有关名声的弹劾及因此而受到的刑罚处罚，两家就成为世仇，子孙三世不再交往。被弹劾者的子孙弟侄必定要到皇宫前面光头赤脚地喊冤求情，儿子们还要穿上草鞋、粗布衣裳，蓬头垢面，在街道上拦截宰执大臣申诉冤枉，甚至磕头流血。如果是被判刑的，子孙弟侄还要在官府门首守候静坐。这样一来，很少有人愿意完全撕破脸面和别人结下世仇，监察机构只能是形同虚设，被弹劾的只是些没有世家大族背景的小官而已。

值得注意的是，这一时期法律本身的发展趋势就是“急于黎庶，缓于权贵”的。三国两晋南北朝时期由于社会矛盾尖锐，统治者往往以儒家所谓“刑乱国用重典”的理论，颁行种种苛刻残酷的法令。曹魏时规定士兵有逃亡的，妻子也要处死，儿女没为官奴婢。在皇室划定的禁地内杀死一只鹿就要处死刑，财产全部没官。曹操亲自制定的“军中令”凡有关作战的条文几乎没有适用死刑以外刑罚的。为了迅速稳定统治秩序，这一时期的法律对劫盗罪处刑极重。东晋时曾规定本犯及其家人都要处死，同一户籍的近亲补兵。南朝沿袭这个规定，凡劫盗即使遇到赦免，仍要在脸上刺字，终生拘锁为政府炼铁。北朝时的治盗法令也与之类似。相反，对于官僚贵族的犯罪行为，处罚则日益减轻（参见“辉煌的典章”一章），贵族高官可以享受“八议”，普通官员在诉讼程序上可以享受“上请”（请求将案件上报皇帝处理），在适用实体法律时可以享受“以官当徒”“官当”等等特权。除了被认为是反对皇帝的罪行以外，实际上绝大多数官员犯罪都是用行政处罚来代替刑罚的，至重也不过是“除名”（除去官员的身份）及“禁锢”（不得再做官）而已。

除了“急于黎庶，缓于权贵”以外，三国两晋南北朝时期的司法还有另一个突出的特点，这就是滥赦。中国古代皇帝经常发布大赦，在规定的某一时间以前所有的已被告发或未被告发案件都因大赦而撤销，已被判刑或尚未结案的罪犯都可以由于大赦而免除罪责。根据近人徐式圭《中国大赦考》的统计，在这 381 年间，由各位皇帝发布的大赦令多达 428 次（包括三国两晋南北朝各对立政权，但不包括十六国时期各割据政权发布的大赦），其中两晋的 157 年间，共发布了 116 次大赦，平均每 1.35 年就有一次大赦；而南朝各代大赦更为频繁，178 年中发布了 146 次大赦，平均每 1.22 年就有一次大赦。这是中国历史上大赦最滥的时期。改朝换代要大赦，算是“与民更始”；新皇帝登基要大赦，算是“荡涤积弊”；皇帝结婚、生子也要大赦，叫作“普天同庆”；打了大胜仗要大赦，那是显示皇朝武功；发生灾荒时也要大赦，算是应上天的谴告，皇帝罪己宽民，实际是唯恐社会矛盾尖锐，昭示“法不责众”；有了各种祥瑞吉兆，也会发布大赦，表示“奉天承运”，如此等等，不一而足。但是严重危害统治秩序的犯罪在大赦令中特别列举，不准赦免。到了北齐还特意在法律中规定“常赦所不原”的“重罪十条”，所以真正得到赦免的罪名本身就是些鸡毛蒜皮的轻微犯罪，而有权有势的罪犯正可以玩弄花招，将自己的案子拖到发布大赦时不了了之。

法律是阶级统治的工具，它代表着统治阶级的国家意志，划定一个压迫、剥削被统治阶级的限度，让被统治阶级成员有一定的活动范围。儒家对此是相当重视的，孔子说过：“刑罚不中，则民无所措手足”，即法律要适当，否则百姓就不知道怎么做才行。而这一时期在司法中“急于黎庶”的做法，将对被统治阶级的压迫超出了法律的限度，大大压缩了被统治阶级成员的活动范围，造成孔子早就警告过的“民无所措手足”的局面，其结果只能是激化阶级矛盾，导致人民只能以武力进行反抗。

另外，法律同时也具有规范统治阶级内部行为准则的意义。封建时代的法律都是特权法，战国时期法家所谓的“刑无等级”，实际只是强调贵族官僚只能享受法律所明文规定的特权，而儒家强调“刑不上大夫”，是要贵族官员享受法律之外的特权。后者的主张在世家大族势力强大的两晋南北朝时期，就是以用法“缓于权贵”的形式而得以部分实现。造成的结果是，统治阶级中的部分集团被允许突破统治阶级的内部行为准则，这些集团的势力得以恶性膨胀，在激化其与被统治阶级的阶级矛盾的同时，也激化了统治阶级内部的矛盾冲突，最终导致社会的剧烈动荡，封建皇朝的统治被倾覆。这是三国两晋南北朝时期战乱频繁、走马灯般的皇朝更迭的重要原因之一。

至于频繁公布大赦的做法，是早在战国时期就被很多思想家予以否定的政治下策。如《管子》就曾指出："赦出则民不敬。"汉朝时也有"一岁再赦，奴儿喑哑"的谚语。就统治者的本意而言，是想借助大赦来缓解统治危机，缓和社会矛盾。但是结果却往往适得其反，由于频繁滥赦，大大降低了法律的权威性，暴露出统治阶级力量的衰落，反而更容易触发统治危机。纵观三国两晋南北朝时期的大赦情况就可以发现，每当皇朝统治力量比较强大时，大赦是相当有节制的。比如在皇朝开国时期，一般大赦都比较少。到了统治的末期，朝廷统治力量衰落，就求助于大赦来平息种种危机，造成危机——大赦——更大危机——再次大赦的恶性循环，直至皇朝的灭亡。最典型的例子就是西晋。晋武帝司马炎正式废魏建晋，统治 25 年，发布 11 次大赦。而他的儿子、白痴皇帝晋惠帝在位 16 年，发生八王之乱及其导致的大规模战乱，朝廷完全控制在一轮又一轮的野心家手中，为了缓和危机，笼络政治敌手，竟然发布 23 次大赦。可是每一次大赦都会触发更大的危机，引起更大规模的战乱。

· 楚汉之争，为什么流氓战胜了贵族？
· 为什么武则天尤其看重科举？
· 封建制、郡县制究竟有什么不同？
· 是贡献还是阻碍？

历史告诉你答案

【权力的游戏】
从秦汉到明清的权力更迭

【“神器”古代史】
博物馆文物让历史倒回重演

【史事挖掘机】
有哪些出了名的馊主意？
康乾盛世竟然不是盛世？